KB275759

안양대HK+
동서교류문헌총서
17

Բարոյախոս
피지올로구스 아르메니아어본 역주
중세 그리스도교 우화집

안양대학교 신학연구소
안양대HK+ 동서교류문헌총서 17
피지올로구스 아르메니아어본 역주
중세 그리스도교 우화집

초판인쇄 2025년 10월 16일
초판발행 2025년 10월 25일

지은이 Physiologus
번역 및 주해 김근호

펴낸곳 동문연
등 록 제2107-000039호
전 화 02-705-1602
팩 스 02-705-1603
이메일 sukjookim182@gmail.com
주 소 서울시 용산구 청파로 40, 1602호 (한강로3가, 삼구빌딩)
제 작 (사)동서지행포럼

값 24,000원 (＊파본은 바꾸어 드립니다.)

ISBN 979-11-990374-8-9 (94230)
ISBN 979-11-974166-0-6 (세트)

• 이 저서는 2019년 대한민국 교육부와 한국연구재단의 HK+사업의 지원을 받아 수행된 연구임
  (NRF-2019S1A6A3A03058791).

안양대HK+
동서교류문헌총서

17

Բարոյախոս

피지올로구스 아르메니아어본 역주

중세 그리스도교 우화집

Physiologus 지음

김근호 번역 및 주해

동문연

안양대학교 신학연구소의 인문한국플러스(HK+) 사업단은 소외·보호 분야의 동서교류문헌 연구를 2019년 5월 1일부터 수행하고 있다. 다시 말하여 그동안 소외되었던 연구 분야인 동서교류문헌을 집중적으로 연구하면서, 동시에 연구자들의 개별 전공 영역을 뛰어넘어 문학·역사·철학·종교·언어를 아우르는 공동연구를 진행하고 있다. 서양 고대의 그리스어, 라틴어 문헌이 중세 시대에 시리아어, 중세 페르시아어, 아랍어 등으로 어떻게 번역되었고, 이 번역이 한자문화권으로 어떻게 수용되었는지를 추적 조사하고 있다.

또한 체계적으로 연구하기 위해서 동서교류문헌을 고대의 실크로드 시대(Sino Helenica), 중세의 몽골제국 시대(Pax Mongolica), 근대의 동아시아와 유럽(Sina Corea Europa)에서 활동한 예수회 전교 시대(Sinacopa Jesuitica)로 나누어서, 각각의 원천문헌으로 실크로드 여행기, 몽골제국 역사서, 명청 시대 예수회 신부들의 저작과 번역들을 연구하고 있다. 이제 고전문헌학의 엄밀한 방법론에 기초하여 비판 정본을 확립하고 이를 바탕으로 번역·주해하는 등등의 연구 성과물을 순차적으로 그리고 지속적으로 총서로 출간하고자 한다.

본 사업단의 연구 성과물인 총서는 크게 세 가지 범위로 나누어 출간될 것이다. 첫째는 "동서교류문헌총서"이다. 동서교류문헌총서는 동서교류에 관련된 원전을 선정한 후 연구자들의 공동강독회와 콜로키움 등의 발표를 거친 다음 번역하고 주해한다. 그 과정에서 선정된 원전 및 사본들의 차이점을 비교 혹은 교감하고 지금까지의 연구에 있어서 잘못 이해된 것을 바로잡으면서 번역작업을 진행하여 비판 정본과 번역본을 확립한다. 그런 다음 최종적으로 그 연구 성과물을 원문 대역 역주본으로 출간하는 것이다.

둘째는 "동서교류문헌언어총서"이다. 안양대 인문한국플러스 사업단은 1년에 두 차례 여름과 겨울 동안 소수언어학당을 집중적으로 운영하고 있다. 이 소수언어학당에서는 고대 서양 언어로 헬라어와 라틴어, 중동아시아 언어로 시리아어와 페르시아어, 코카서스 언어로 아르메니아어와 아제르바이잔어와 조지아어, 중앙아시아 및 동아시아 언어로 차가타이어와 만주어와 몽골어를 강의하고 있는데, 이러한 소수언어 가운데 우리나라에 문법이나 강독본이 제대로 소개되어 있지 않은 언어들의 경우에는 강의하고 강독한 내용을 중점 정리하여 동서교류문헌언어총서로 출간할 것이다.

셋째는 "동서교류문헌연구총서"이다. 동서교류문헌연구총서는 동서교류문헌을 번역 및 주해하여 원문 역주본으로 출간하는 과정과 우리나라에 잘 소개되지 않는 소수언어의 문법 체계나 배경 문화를 소개하는 과정에서 깊이 연구된 개별 저술들이나 논문들을 엮어 출간하려는 것이다. 이 본연의 연구 성과물을 통해서 동서교류의 과거·현재·미래를 가늠해 볼 수 있고 궁극적으로 '그들'과 '우리'를 상호 교차적으로 비교해 볼 수 있을 것이다.

안양대학교 신학연구소 인문한국플러스 사업단장

곽 윤 석

1. 가능한 한 아르메니아어 원문을 그대로 옮기고자 직역을 기본 원칙으로 삼았으나, 우리말로 옮겼을 때 그 의미가 통하도록 하기 위하여 일부는 의역하였다. 이러한 경우에는 각주로 직역한 의미도 함께 기술하였다.

2. 저본으로 삼은 원문에서 문법적 오류, 필사본의 오사 등으로 뜻이 분명하지 않을 때에는 다른 사본들을 대조하여 교정하였으며, 각주로 그 사유를 자세히 설명하였다.

3. 번역에서 [ ] 안에 있는 말은 아르메니아어의 특성으로 인해 생략된 말이며, 우리말로 이해하기 쉽도록 별도로 추가한 것이다. 또한 ( ) 안에 있는 말은 해당 낱말의 부가설명이 필요한 경우에 낱말 옆에 추가한 것이다. { } 안의 내용은 사본 간 이문으로 인해 일부 사본에만 있는 부분이며, 이 경우 각주로 별도의 설명을 추가하였다. 위와 마찬가지로 《 》안의 내용도 사본 간 이문으로 인해 일부 사본에만 있는 부분이지만, 그 이문들 간에도 서로 이문이 발생할 경우에 전체 이문을 포괄하는 기호이다.

4. 본문이 인용하는 모든 성구은 역자가 성경 원문에 맞게 사역(私譯)한 것이다.

5. 본문의 구약성경 인용은 그리스어 구약성경인 70인역(이하 LXX) 성경을 다시 고대 아르메니아어로 번역한 성경에서 인용된 것이다. 이로 인해 히브리어 성경을 번역한 우리말 구약성경과 장절이나 내용에 차이가 있을 수 있다. 이런 경우 각주에 우리말 성경의 장절이나 내용을 함께 표기하였고, 내용에 차이가 있을 경우 각주에 별도로 그 이유를 간단히 설명하였다.

6. 본 번역서의 저본은 다음과 같다. 이것은 학술적으로 출판된 피지올로구스의 첫 번째 고대 아르메니아어 사본이다.

Pitra, Jean-Baptiste, ed. "Բարոյախօս." In *Spicilegium solesmense complectens Sanctorum Patrum scriptorumque ecclesiasticorum anecdota hactenus opera*. Vol. 3. Paris: Didot, 1855, 374-390.

7. 저본의 원문이 분명하지 않은 경우에는 일부 내용을 교정하였으며, 이때 참고한 아르메니아어와 그리스어 사본들은 다음과 같다.

Marr, Nikolaj Akovlevich. *Физиолог: Армяно-грузинский извод*. Sankt-Peterburg: Tip. Imp. akademii nauk, 1904.

Muradyan, Gohar. *Physiologus: The Greek and Armenian Versions with a Study of Translation Technique*. Leuven: Peeters Publishers, 2005.

Sbordone, Francesco ed. *Physiologus*. Mediolanum: In Aedibus Societatis "Dante Alighieri Albrighi, Segati et c.", 1936.

8. 본문 목록의 순서는 기본적으로 이 책의 저본인 Pitra의 순서를 따르나, 가장 원문과 가까워 학술적 가치가 높은 Marr의 본문(M2101)과 순서가 다를 경우에는 별도로 각주로 Marr의 사본의 순서를 표기하였다.

제1부

————

피지올로구스 해제

피지올로구스의 중세 그리스도교 아르메니아어 우화집[1]

본 작품의 제목인 '피지올로구스'는 익명의 저자가 작품에서 스스로를 지칭하는 표현인 Φυσιολόγος에서 따온 것으로서, 문자적으로는 '자연본성을 말하는 자', 즉 '자연학자'를 뜻한다. 이 책은 대략 서기 2–3세기에 알렉산드리아에서 기록된 것으로 추정되는데,[2] 이는 고대 알렉산드리아의 달력의 이름을 사용한다는 점과 이집트와 관련된 지명이나 그곳에 서식하는 동물들이 빈번하게 등장한다는 점, 동물의 습성과 성서를 연결시켜 우의적(allegorical)으로 성서를 해석한다는 점에서 그 이유를 찾을 수 있다.[3] 현존하는 여러 그리스어 사본들의 존재여부를 볼 때, 『피지올로구스』는 고대 교회에서 큰 인기를 끌었음을 알 수 있으며, 이것은 비단 그리스어 문화권에서만 통용되지 않고, 그리스도교의 전파와 발을 맞추어 라틴어, 시리아어, 아르메니아어, 조지아어 등 여러 나라의 언어로도 함께 번역되었다. 그중에서도 현대의 『피지올로구스』 연구에서 동의하는 바, 『피지올로구스』의 가장 이른 시기의 번역본은 고대 아르메니아어 번역본(이하 아르메니아어본)이다.

---

1 본 해제는 『한국교회사학회지』 제71집에 게재된 역주자의 글의 일부 내용을 수정·보완한 것이다. 김근호, "『피지올로구스』의 아르메니아어 번역과 전승: 5세기 번역운동과 문화적 수용의 관점에서," 『한국교회사학회지』 제71집(2025. 9): 1-38.

2 Alan Scott, "The Date of the Physiologus," *Vigiliae Christianae* vol. 52, no. 4 (November 1998), 430; Horst Schneider, "Introduction to the Physiologus," in *The Multilingual Physiologus: Studies in the Oldest Greek Recension and Its Translations*, edited by Caroline Macé and Jost Gippert (Belgium: Brepols, 2021), 31.

3 곽문석, 이삭 역주, 『피지올로구스 라틴어본 역주』 (서울: 동문연, 2024), 10.

이 아르메니아어본은 아르메니아어 아이브벤(알파벳)이 고안된 5세기에 아르메니아어 성경 번역과 맞물려 일어난 번역운동에서 기원한다. 아르메니아의 번역운동은 단순히 성경만이 아니라 그리스도교 신학과 철학 분야의 여러 작품들도 함께 번역의 범주에 포함시켰고, 플라톤이나 아리스토텔레스, 알렉산드리아의 필론과 같은 철학자들의 작품은 물론, 카이사레이아의 바실레이오스(Basil of Caesarea), 나지안조스의 그레고리오스(Gregory of Nazianzus), 요한 크리소스토모스(John Chrysostom)와 같은 교부들의 저작도 아르메니아어로 번역하였다. 이 뛰어난 업적의 결과로, 원본이 소실된 많은 그리스어나 시리아어 작품들이 아르메니아어 역본으로 현재까지 남아 있으며, 이는 고대 교회 연구에 큰 도움을 주고 있다. 이러한 대표적인 작품으로는 카이사레이아의 에우세비오스(Eusebius of Caesarea)의 『연대기』, 리옹의 이레나이우스(Irenaeus of Lyon)의 『사도적 선포의 논증』, 시리아인 에프렘(Ephrem the Syrian)의 『디아테사론 주석』과 『니코메디아에 관한 메므라』 등이 있으며, 『피지올로구스』의 아르메니아어본 역시 이러한 번역운동의 산물 중 하나이다.

『피지올로구스』의 아르메니아어본을 최초로 학술적으로 편집하여 출판한 것은 피트라(Jean-Baptiste Pitra)이다. 그는 1855년에 『피지올로구스』의 라틴어본, 그리스어본과 함께 아르메니아어본을 출판하였다.[4] 그러나 그의 편집본의 본문은 다른 아르메니아어 사본들과 비교했을 때, 원문에 있던 본문의 일부가 누락되거나 낱말과 문장의 문법적 오류와 파괴가 자주 나타났으므로, 새로운 편집본이 계속하여 요구되었다. 이후 마르(Nikolaj Akovlevich Marr)가 현재까지도 아르메니아어 사본 중에서 가장 원문과 가까워 높은 평가를 받는 M2101 사본을 본문으로 하는 아르메니아어본을 조지아

---

4 Jean-Baptiste Pitra, *Spicilegium solesmense complectens Sanctorum Patrum scriptorumque ecclesiasticorum anecdota hactenus opera*, vol. 3 (Paris: Didot, 1855), 374-390.

어 역본과 함께 새로운 편집본으로 출판하였다.[5]

이후 2005년에 무라디안(Gohar Muradyan)이 마르의 본문과 함께 현존하는 아르메니아어 사본을 모두 대조하여 새로운 비평본을 내놓으며, 현재까지의 『피지올로구스』의 아르메니아어본에 관한 연구들이 체계화될 수 있었다.[6] 특히 무라디안의 연구가 가치있는 점은 아르메니아어본을 사용하여 『피지올로구스』의 그리스어 원문 재구성까지 시도하였다는 것인데, 그는 현존하는 그리스어 사본 중 가장 순수한 원형의 모습을 간직한 사본인 Π 사본의 본문과 아르메니아어 본문을 일치시켰다. 이것이 가능한 것은 아르메니아어본이 가장 이른 시기에 번역된 『피지올로구스』의 번역본이라는 점과 이 번역본이 가능한 한 원문에 가깝게 문자적으로 옮기려는 특징을 가졌기 때문이며, 이는 아르메니아어본이 그리스어 원문을 재구성하는 데 있어서 매우 큰 역할을 할 수 있음을 시사한다. 특히 마르가 본문으로 사용한 아르메니아어 M2101 사본은 그리스어 Π 사본과 본문 구성과 전개 방식에 있어서 매우 유사하며, 심지어 본문 목록의 순서에 있어서도 매우 유사하다.

주요 그리스어 사본과 아르메니아어 사본군

그리스어 『피지올로구스』 전승사에 관한 연구에서 마세(Caroline Macé)는 그리스어 사본들 중에서 가장 초기 유형의 사본들을 I 유형으로 분류하고, 이를 다시 원문과 가까운 α와 이를 수정하거나 편집한 β라는 두 개의

---

5   Nikolaj A. Marr, *Физиолог: Армяно-грузинский извод* (Sankt-Peterburg: Tip. Imp. akademii nauk, 1904).

6   Gohar Muradyan, *Physiologus: The Greek and Armenian Versions with a Study of Translation Technique* (Leuven: Peeters Publishers, 2005).

사본군으로 나눈다. 그의 분류에서 주요한 그리스어 사본들은 네 가지로 볼 수 있는데, α 전승군에 속하는 A[7]와 Π[8], β 전승군에 속하는 M[9]와 G[10]이 바로 그것이다. 이중에서 M 사본과 A 사본은 고전적으로 스보르도네(Francesco Sbordone) 이후로 본문의 편집 기준이 되어왔으며, 오늘날에는 Π 사본과 G 사본이 이들에 비해 더 원문에 가까운 본문으로 여겨지고 있어서 이 두 사본 역시 매우 가치가 있다.

마찬가지로 무라디안과 톱치얀(Aram Topchyan)도 아르메니아어본을 세 가지 사본군으로 나눈다. 그들은 먼저 그리스어 『피지올로구스』의 초기 번역본으로서 다른 두 개의 사본군의 모체가 되는 α 사본군을 분류하고, 나머지 두 개의 사본군을 β와 γ 사본군으로 명명한다.[11] 이중 β 사본군은 α 사본

---

7   마세의 분류에서 I 유형의 α 사본군에 속하는 16세기 사본으로서, 처음 『피지올로구스』의 아르메니아어 역본을 편집하여 출판한 피트라(Jean-Baptiste Pitra)가 이 사본을 자기의 편집본에 활용하였다. Jean-Baptiste Pitra, *Spicilegium solesmense complectens Sanctorum Patrum scriptorumque ecclesiasticorum anecdota hactenus opera*, vol. 3, 338-373. 그리스어 『피지올로구스』의 수용본문을 처음으로 출판한 스보르도네 역시 A 사본을 적극 참고하였다.

8   마세의 분류에 따르면 Π 사본은 α 사본군에 속하는 초기 유형의 사본이며, 라틴어본 y나 아르메니아어의 초기 역본과 구성이나 내용면에서 가장 유사하다. 그는 특히 이 사본을 아르메니아어본의 대본(Vorlage)으로 여겨지는 Ms II 사본과 함께 『피지올로구스』의 가장 순수한 초창기 형태의 본문으로 보았다. 이 사본은 카르네예브(Alexander Karnejev)에 의하여 전문이 소개되었다. Alexander Karnejev, "Der Physiologus der Moskauer Synodalbibliothek: Ein Beitrag zur Loesung der Frage nach der Vorlage des armenischen und eine alten lateinischen Physiologus," *Byzantinische Zeitschrift* vol. 3 (1894): 26-63.

9   마세의 분류에서 I 유형의 β 사본군에 속하는 11-12세기 사본이다. 스보르도네는 이 사본을 가장 오래된 사본으로 보고 편집 기준을 삼았으나, 오페르만스가 G 사본을 새롭게 소개함으로써 그 중요도는 다소 떨어지게 되었다.

10 이 사본은 그리스어 『피지올로구스』 사본 중에서 비교적 최신에 소개된 사본으로서, 10-11세기에 필사된 것으로 보인다. 오페르만스(Dieter Offermanns)는 이 사본을 기존의 『피지올로구스』 본문을 수정한 새로운 편집본을 출판하며 처음으로 제시하였으며, 최근에 마세는 이 사본을 활용하여 새롭게 그리스어 『피지올로구스』의 전승사를 재편하였다. 특히 이 사본은 마세의 분류에서 I 유형의 β 사본군에 속하며, 특히 β 사본군에 속하는 사본들 중에서도 가장 오류가 적은 본문을 가지고 있다. Dieter Offermanns, *Der Physiologus nach den Handschriften G und M* (Meisenheim am Glan: Anton Hain Verlag, 1966); Caroline Macé, "The Greek Tradition of the First Recension (Phys. Gr. I)," in *The Multilingual Physiologus: Studies in the Oldest Greek Recension and Its Translations*, edited by Caroline Macé and Jost Gippert (Belgium: Brepols, 2021), 49-107.

11   Gohar Muradyan and Aram Topchyan, "The Armenian Tradition," in *The Multilingual Physiologus: Studies in the Oldest Greek Recension and Its Translations*, edited by Caroline Macé and Jost Gippert (Belgium: Brepols, 2021), 286-294.

군을 기반으로 하지만, 내용이 원본보다 더 추가되어 더 많아지고 내용의 전개 방식이나 본문 순서가 원본과 다르게 수정되는 특징이 있으며, γ 사본 군은 전자와 반대로 본문의 내용이 오히려 축약되어 단순해지는 경향을 보인다. 따라서 α 사본군을 제외한 두 사본군들은 모두 후대에 특정한 목적으로 편집되었음을 알 수 있다.

그리스어본과 아르메니아어본의 제목과 순서

마세가 분류한 주요 그리스어 사본과 무라디안과 톱치얀이 제시한 아르메니아어본 사본군 간의 본문 순서를 비교하면 다음과 같다.[12] 나열하는 본문 순서는 스보르도네가 출판한 수용본문의 순서를 따른 것이다.[13]

본문 순서　　　사본	주요 그리스어 사본				아르메니아어 사본군		
	A	Π	M	G	α	β	γ
사자	1	2	1	1	2	1	1
햇살도마뱀	2	1	2	2	1	-	-
물떼새	3	6	3	3	6	5	5
사다새	4	7	4	4	7	6	6
해오라기	5	8	5	5	8	7	7
독수리	6	9	6	6	9	8	8
피닉스	7	10	7	7	10	-	-
후투티	8	11	24	8	11	-	10
들나귀	9	12	25	30	12	-	-
독사	10	13	28	31	13	11	11
뱀	11	14	10	12	14	12	12

12　Caroline Macé, "The Greek Tradition of the First Recension (Phys. Gr. I)," 70-71; Gohar Muradyan and Aram Topchyan, "The Armenian Tradition," 293-294.

13　Francesco Sbordone, *Physiologus* (Mediolanum: Aedibus Societatis "Dante Alighieri Albrighi, Segati et c.", 1936).

본문 순서 ／ 사본	주요 그리스어 사본				아르메니아어 사본군		
	A	Π	M	G	α	β	γ
개미	12	15	26	13	15	13	-
세이렌과 히포켄타우로스	13	16	12	14	16	14	-
고슴도치	14	17	27	15	17	15	-
여우	15	18	-	32	18	16	13
표범	16	19	13	16	19	17	-
아스피도켈로네	17	20	-	27	20	18	-
자고새	18	21	-	26	21	22	-
대머리독수리	19	22	19	28	22	-	-
개미귀신	20	32	-	29	23	-	-
족제비	21	33	-	33	24	-	-
일각수	22	34	-	34	25	26	-
비버	23	23	-	35	26	21	-
하이에나	24	24	-	36	27	-	-
수달	25	-	17	24	28	-	-
이집트몽구스	26	-	18	25	29	-	-
까마귀	27	26	29	9	31	-	-
산비둘기	28	27	8	10	32	23	-
개구리	29	30	9	11	-	24	-
사슴	30	29	14	17	34	25	-
도롱뇽	31	31	15	18	-	-	-
금강석 1	32	32	33	20	-	-	-
제비	33	28	30	19	33	-	-
페리덱시온	34	25	38	21	30	-	-
비둘기	35	-	11	37-38	-	-	-
영양	36	3	20	23	3	2	-
부싯돌	37	4	37	40	4	3	3
자석	38	-	34	39	-	4	4
톱상어	39	5	16	22	5	-	-
따오기	40	-	-	47	-	-	-
노루	41	-	31	48	-	-	-
금강석 2	42	-	-	41	-	-	-
코끼리	43	-	23	42	-	-	-
마노석과 진주	44	-	36	43	-	-	-
들나귀와 유인원	45	-	32	44	-	-	-
인도석	46	-	35	45	-	-	-

본문 순서 \ 사본	주요 그리스어 사본				아르메니아어 사본군		
	A	Π	M	G	α	β	γ
왜가리	47	-	21	46	-	-	-
돌무화과나무	48	-	22	-	-	-	-
뻐꾸기	-	-	-	49	-	-	-
곰	-	-	-	-	35	M2285 포함	14
근면한 새(할키온)	-	-	-	-	36	M2285 포함	15
꿀벌	-	-	-	-	37	-	16
까마귀	-	-	-	-	38	-	-
대추야자	-	-	-	-	-	9	9
갈매기	-	-	-	-	-	10	-

그리스어본과 아르메니아어본의 비교

아르메니아어본의 특징 1.

내용과 구성의 일치이다. 위의 본문 순서의 비교를 분석하면 대체적으로 아르메니아어본의 α 사본군의 본문 순서가 그리스어 사본들과 가장 유사하며, 특히 그리스어본의 Π 사본과 가장 유사하다는 것을 알 수 있다. 이는 초기 역본인 α 사본군이 그리스어본의 구성을 거의 그대로 반영하였고, 아르메니아어본이 그리스어 원문과 가까움을 보여준다. 그런데 아르메니아어본은 그리스어본의 본문을 번역하는 것 외에도 몇 개의 본문을 새로 추가하기도 하는데, 〈곰〉, 〈근면한 새(할키온)〉, 〈꿀벌〉, 〈까마귀〉가 그것이다. 이것은 무라디안에 따르면 아르메니아어본의 첫 번째 고유 본문에 속하며, 다른 역본들에서는 찾아볼 수 없는 아르메니아어 『피지올로구스』만의 본문이다.[14] 다만 β와 γ 사본군에만 존재하는 〈대추야자〉와 〈갈매기〉는 여기에 속하지 않으며 나중에 추가된 본문이다.

본문 순서만이 아닌 내용면에서도 그리스어본과 아르메니아어본 간의 유사점은 발견된다. 다음은 이러한 것을 보여주는 한 예시로서, 그리스어 Π 사본과 아르메니아어 α 사본군에 속하는 대표적인 사본인 M2101의 〈일각수(유니콘)〉의 본문을 문장별로 나란히 대조한 것이다.

절	그리스어 사본 Π 본문	아르메니아어 사본 M2101 본문
1	Περὶ μονοκέρωτος 일각수에 관하여	*Վասն միեղջերն* 일각수에 관하여
2	ὁ Φυσιολόγος ἔλεξεν περὶ τοῦ μονοκέρωτος, 자연학자가 일각수에 관하여 말하기를,	*Բարոյախաւան ասէ զմիեղջերէ,* 자연학자가 일각수에 관하여 말하기를,
3	ὅτι τοιαύτην φύσιν ἔχει· 그것은 이러한 본성이 있다.	*Թէ այնպիսի բնութիւն ունի.* 그것은 이러한 본성이 있다.
4	μικρὸν ἐστιν, ὅμοιον ἐρίφῳ, δριμύτατον δὲ σφόδρα· 그것은 작고, 사슴과 같으며, 매우 사나워서,	*փոքր է, նման ուլոյ, եւ սատիկ է <u>գազան</u> յոյժ,* 그것은 작고, 사슴과 같으며, 매우 사나운 <u>동물이고</u>,
5		*<u>եւ մի եղջերը է ի գլուխն,</u>* <u>머리에 뿔 하나가 있어서</u>,
6	οὐ δύναται δὲ κυνηγὸς αὐτό πιάσαι. 사냥꾼은 그것을 붙잡을 수 없다.	*եւ ոչ կարէ որսորդ ունել զնա.* 사냥꾼은 그것을 붙잡을 수 없다.
7	πῶς δὲ ἀγρεύεται; 그렇다면 그것이 어떻게 잡히는가?	*եւ եթէ զիարդ ըմբռնիցի՝ <u>ասացից:</u>* 그렇다면 그것이 어떻게 잡히는가? <u>내가 말하리라.</u>
8	παρθένον ἁγνὴν ῥίπτουσιν ἔμπροσθεν αὐτοῦ, 사람들은 깨끗한 처녀를 그것의 앞에 던져둔다,	*Կոյս սուրբ <u>տանին</u> ընկենուն առաջի նորա,* 사람들은 깨끗한 처녀를 <u>데려다가</u> 그것의 앞에 던져둔다,
9	καὶ ἄλλεται εἰς τὸν κόλπον τῆς παρθένου. 그러면 그것은 처녀의 품으로 달려든다.	*եւ նա դիմէ ի ծոց կուսին,* 그러면 그것은 처녀의 품으로 달려든다.
10	καὶ ἡ παρθένος θάλπει <u>τὸ ζῷον</u>, 그리고 처녀는 <u>그 동물을</u> 품으며,	*եւ ջերուցանէ <u>պատրէ</u>* 그리고 그는 품으며 <u>속여서</u>
11	καὶ αἴρει εἰς τὸ παλάτιον τῶν βασιλέων. 왕들의 궁궐로 옮긴다.	*եւ ածէ ի պաղատ թագաւորին:* 왕의 궁궐로 옮긴다.
12	ἓν δὲ κεράτιον ἔχει. 또한 그것은 뿔 하나를 가지고 있다.	*միեղջերն մի եղջեր ունի.* 일각수는 뿔 하나를 가지고 있다.

---

14   Gohar Muradyan, *Physiologus: The Greek and Armenian Versions with a Study of Translation Technique*, 189-194.

13	διότι εἶπεν·	ըստ այնմ թէ
	이에 이르기를,	이에 이르기를,
14	ἀπὸ κεράτων μονοκερώτων τὴν ταπείνωσίν μου.	
	"일각수들의 뿔로부터 나의 수치를."(시 21:22)	
15	ὅτε δὲ εἶπεν ὁ Χριστός·	
	또한 그리스도께서 이르시기를,	
16	ἐγὼ καὶ ὁ πατὴρ ἕν ἐσμεν.	Ես եւ Հայր իմ մի եմք:
	"나와 아버지는 하나이다."(요 10:30)	"나와 아버지는 하나이다."
17		Դարձեալ թէ
		다시 이르기를,
18	ἐξήγειρεν γὰρ ἡμῖν κέρας σωτηρίας ἐν οἴκῳ Δαυὶδ τοῦ παιδὸς αὐτοῦ.	յարոյց մեզ եղջերր փրկութեան ի տանէ Դաւթի ծառայի իւրոյ,
	"그분의 종 다윗의 집안에서 구원의 뿔을 우리에게 일으키셨도다."(눅 1:69)	"그분의 종 다윗의 집안에서 구원의 뿔을 우리에게 일으키셨도다."
19	ἐξελθὼν γὰρ ἐκ τῶν οὐρανῶν,	եւ իբրեւ էջ յերկնից,
	그분께서 하늘로부터 내려오실 때,	그분께서 하늘로부터 내려오실 때,
20	οὐκ ἠδυνήθησαν αἱ ἀγγελικαὶ δυνάμεις αὐτὸν κρατῆσαι.	ոչ կարացին հրշտակք եւ զաւրութիւնք ունել զնա:
	천사들의 권능들도 그분을 붙잡을 수 없었다.	천사들과 권능들도 그분을 붙잡을 수 없었다.
21	μετὰ πάντων πάντα γενόμενος,	Ընդ ամենայնի ամենայն եղեւ,
	그분은 모든 것들과 함께 모든 것이 되셨다,	그분은 모든 것들과 함께 모든 것이 되셨다,
22	ἕως ἦλθεν εἰς τὴν γαστέρα <u>Μαρίας</u> τῆς παρθένου καὶ Θεοτόκου·	մինչեւ եկն յարգանդ Կուսին,
	<u>동정녀 마리아이자 테오토코스</u>의 태로 내려오시기까지,	동정녀의 태로 내려오시기까지,
23	καὶ ὁ Λόγος σὰρξ ἐγένετο, καὶ ἐσκήνωσεν ἐν ἡμῖν.	եւ Բանն մարմին եղեւ եւ բնակեաց ի մեզ:
	그리고 말씀은 몸이 되시어, 우리 가운데 거하셨다.	그리고 말씀은 몸이 되시어, 우리 가운데 거하셨다.

위에서 밑줄 친 부분은 내용이 추가되어 본문 간 차이가 나타나는 부분으로서, 대부분 아르메니아어본이 의미를 분명하게 전달하기 위한 목적으로 추가한 것이다. 이는 전체 본문에서 적은 분량을 차지할 뿐이며, 전체적인 그리스어 본문의 구성이나 전체적인 내용, 동물의 습성과 인용되는 성구, 그에 따른 신앙적 해설은 그대로 유지된다. 이는 원문을 충실하게 전달하는 것을 목적으로 하는 아르메니아어 번역의 특징을 잘 보여준다.

아르메니아어본의 특징 2.

고유명사의 음차, 보충설명의 추가, 고유명사의 문자적 번역이다. 이렇게 원문의 의미를 충실하게 번역하는 또 다른 사례는 동물이나 식물의 이름이 번역되는 과정에서 나타난다. 다음은 그리스어본과 아르메니아어본의 〈표범〉과 〈이크니몬(이집트몽구스)〉, 〈페리덱시온〉 본문의 도입부를 순서대로 대조한 것이다.

그리스어 사본 G, Π 본문	아르메니아어 사본 M2101 본문
Ἄλλο μὲν ὁ προφήτης προεφήτευσεν καὶ εἶπεν· ἐγενόμην ὡσεὶ λέων τῷ οἴκῳ Ἰούδα, καὶ ὡσεὶ πάνθηρ τῷ οἴκῳ Ἐφραῒμ. 예언자가 다른 것을 예언하며 말하였다. "나는 유다의 집안에 사자와 같아지겠고, 에프라임의 집안에는 판테르와 같아지리라." (호 5:14)	*Մարգարէն ասէ, ի Տեառնէ եղիցի նա որպէս առեւծ տանդ Յուդայ եւ որպէս պանթեր տանդ Եփրեմի, որ է լովպազ:* 예언자가 말한다. "주님께는 그가 유다의 집안에 사자와 같아지겠고, 에프라임의 집안에는 판테르, 곧 표범과 같아지리라."
Ἔστι ζῷον λεγόμενον ἰχνεύμων· 이크네우몬이라고 불리는 동물이 있다.	*է երէ ինչ որ կոչի իքնիմոն, որ Թարգմանի ՀետատՀան.* 이크니몬이라고 불리는 어떤 동물이 있는데, 그것은 번역하면 흔적을 쫓는 자이다.
Ἔστι δενδρον ἐν τῇ Ἰνδικῇ περιδέξιον καλόυμενον· 인도에 페리덱시온이라고 불리는 나무가 있다.	*է ծառ ինչ որ կոչի պերիդիքսիոն, որ Թարգմանի կշտապանակ, եւ է ի Հնդիկս.* 페리딕시온이라고 불리는 어떤 나무가 있는데, 그것은 번역하면 팔찌이며, 인도에 있다.

위의 비교에 따르면, 세 가지 아르메니아어 본문 모두 그리스어 본문의 고유명사를 그대로 음차하며, 이에 따라 πάνθηρ(판테르)는 *պանթեր*(판테르)로, ἰχνεύμων(이크네우몬)은 *իքնիմոն*(이크니몬)으로, περιδέξιον(페리덱시온)은 *պերիդիքսիոն*(페리딕시온)으로 각각 옮겨진다. 하지만 독특하게 아르메니아어본은 보충설명을 음차한 고유명사 바로 뒤에 덧붙이는데, 밑줄로 표시된 부분에서 나타나듯, 음차한 고유명사 뒤에는 "*որ է*"(그것은 무엇이다) 또는 "*որ Թարգմանի*"(그것은 번역하면 무엇이다) 라는 구문이 추가된다. 이에 따라 〈표범〉 본문에서는 πάνθηρ를 음차한 *պանթեր*의 바로 뒤에 "그것은

표범이다.” 라는 보충설명이 추가되며, 또한 〈이크니몬〉 본문에는 *ἰχνεύμων*을 음차한 *իքնիմոն*의 뒤에 “그것은 번역하면 ‘흔적을 쫓는 자’[15]이다.” 라는 설명이 붙는다. 마찬가지로 〈페리덱시온〉 본문에서도 *περιδέξιον*을 음차한 *պերիդիքսիոն*의 뒤에 “그것은 번역하면 ‘팔찌’이다.” 라는 설명이 더해진다. 실제로 *ἰχνεύμων*은 추적함을 뜻하는 *ἰχνεύειν*에서 파생된 말이므로 ‘흔적을 쫓는 자’로 번역될 수 있고, *περιδέξιον*도 문자적으로 ‘오른팔에 두르는 것’을 뜻하기 때문에 ‘팔찌’로 번역될 수 있다.

이와 다르게 고유명사를 음차하지 않고 아예 문자적으로 번역함으로써 새로운 고유명사를 만들어버리는 경우도 있다. 이것은 〈세이렌과 히포켄타우로스〉와 〈아스피도켈로네〉 본문에서 나타나며, 이것들을 의미하는 *σειρήν*(세이렌), *ἱπποκενταύρος*(히포켄타우로스), *ἀσπιδοχελώνη*(아스피도켈로네)는 각각 *յուշկապարիկ*(유쉬카파리크), *իշացուլ*(이샤출), *վահանակրիայ*(바하나크리아이)로 옮겨졌다. 먼저 세이렌의 번역어인 *յուշկապարիկ*는 문자적으로는 당나귀와 악령의 합성어이며, 이는 반인반수의 괴물인 세이렌처럼 반쪽은 당나귀 반쪽은 악령의 모습을 한 모습을 그대로 옮긴 것이다. 또한 히포켄타우로스의 번역어인 *իշացուլ* 역시 문자적으로는 당나귀와 황소의 합성어이며, 이는 그리스어로 말과 황소의 합성어인 *ἱπποκένταυρος*를 그대로 번역한 것이다. 마찬가지로 아스피도켈로네의 번역어인 *վահանակրիայ* 역시 문자적으로 방패와 거북이의 합성어이며, 이는 그리스어로 방패와 거북이의 합성어인 *ἀσπιδοχελώνη*를 번역한 것이다. 이러한 사례들은 모두 아르메니아어본이 원문의 의미를 가능한 한 그대로 전달하려는 특징을 가진 번역본임을 잘 보여준다.

15 이것에 해당하는 *հետահան*은 ‘흔적’을 뜻하는 *հետ*와 ‘쫓다’를 뜻하는 동사 *հանեմ*의 어근인 *հան*의 합성어이다.

아르메니아어본의 특징 3.

문화, 지명, 단위의 현지화이다. 『피지올로구스』가 아르메니아어로 번역되는 과정에서 당연히 아르메니아의 지리, 문화로의 현지화 역시 나타났다. 다음의 비교는 〈피닉스(불사조)〉 본문의 일부를 대조한 것으로, 이러한 사례를 잘 보여준다.

절	그리스어 사본 Π 본문	아르메니아어 사본 M2101 본문
1	Περὶ φοίνικος πετεινοῦ 피닉스라는 새에 관하여	*Վասն փիւնիկս թռչնոյ* 피우닉스라는 새에 관하여
2	Ὁ Κύριος ἡμῶν Ἰησοῦς Χριστὸς ἔλεγεν· 우리 주 예수 그리스도께서 말씀하셨다.	*Տէրն մեր Յիսուս Քրիստոս ասէ.* 우리 주 예수 그리스도께서 말씀하신다.
3	ἐξουσίαν ἔχω θεῖναι τὴν ψυχήν μου, "나는 내 생명을 내려놓을 권세를 가졌고,	*Իշխանութիւն ունիմ դնել զանձն իմ* "나는 나의 생명을 내려놓을 권세를 가졌고,
4	καὶ ἐξουσίαν ἔχω πάλιν λαβεῖν αὐτήν. 그것을 다시 취할 권세도 가졌다."(요 10:18)	*Եւ իշխանութիւն ունիմ մետասնգամ առնուլ զսա:* 그것을 다시 취할 권세도 가졌다."
5	καὶ οἱ Ἰουδαῖοι ἠγανάκτησαν ἐπὶ τούτῳ. 그러나 유대인들은 그것에 대하여 비난하였다.	*Հրեայքն ամբաստանէին զբանն:* 유대인들은 그 말씀에 대하여 비난하였다.
6	Ἔστιν πετεινὸν ἐν τῇ Ἰνδικῇ, φοῖνιξ λεγόμενον. 인도에 새 하나가 있는데, 그것은 피닉스라고 불린다.	*է թռչուն ինչ ի Հնդիկս որ կոչի փիւնիկս.* 인도에 새 하나가 있는데, 그것은 피닉스라고 불린다.
7	καὶ κατὰ πεντακόσια ἔτη ἔρχεται εἰς τὰ ξύλα τοῦ Λιβάνου, 그것은 500년마다 레바논의 나무들(숲)로 간다.	*բատ .Շ. ամին գայ նա ի ծառան Լիբանանու* 그것은 500년마다 레바논의 나무들(숲)로 간다.
8	καὶ γομοῖ τὰς δύο πτέρυγας αὐτοῦ ἀρωμάτων. 그리고 자기의 두 날개를 향으로 채운다.	*Եւ լնու զերկուսին թեւան իւր խնկաւք* 그리고 자기의 두 날개를 향으로 채운다.
9	καὶ σημαίνει τῷ ἱερεῖ τῆς Ἡλιουπόλεως 그리고 헬리오폴리스의 사제에게 나타낸다	*Եւ երթայ պատ առնէ քրմին Արեգ քաղաքի* 그리고 가서 태양의 도시의 사제에게 나타낸다
10	ἐν τῷ μηνὶ τῷ νέῳ, Νήσω ἢ Ἀδαρεῖ, 새로운 달(월), 곧 니산 또는 아다르 월,	*յամսեանն Փասնուդ կամ ի Պարմովփի,* 파스누드 또는 파르무피 월,
11	τουτέστιν Φαμενωθὶ <ἢ> Φαρμουθί. 즉 파메노티 또는 파르무티 월에.	*այսինքն Արեգ կամ ի Քաղոց:* 즉 아레그(태양) 또는 칼로츠(불꽃) 월에.

위의 비교를 분석하면 아르메니아어본은 그리스어본을 거의 대부분 문

자적으로 옮겼으나, 일부 의미를 명확하게 전달하기 위한 보충 어구에서는 매우 경미한 차이를 보인다. 또한 헬리오폴리스를 태양의 도시로 번역함으로써 앞서 논한 문자적인 번역의 사례를 보여주며, 이러한 것은 원문을 충실하게 옮기는 아르메니아어본의 번역 특징을 잘 드러낸다. 하지만 10-11절에 밑줄로 표시된 부분은 아예 본문이 편집되어 서로 다르다. 그리스어 본문의 9절은 "새로운 달, 곧 니산 또는 아다르 월, 즉 파메노트 또는 파르무티 월에"이지만, 아르메니아어 본문은 "파스누드(파메노트) 또는 파르모피(파르무티) 월, 즉 아레그 또는 칼로츠 월에"로서, 아예 낱말이 대체되었다. 이것은 아르메니아어본이 그리스어본의 "니산 또는 아다르 월"을 삭제하는 대신에 고대 알렉산드리아의 달력인 "파메노트 또는 파르무티 월"을 남기고 아르메니아의 달력인 "아레그 또는 칼로츠 월"을 추가한 것으로서, 히브리 달력에 익숙하지 않은 아르메니아 사람들에게 의미를 친근하고도 명확하게 전달하기 위하여 행한 현지화로 이해할 수 있다.

또한 지명이나 단위가 현지화되는 경우도 존재하는데, 이러한 사례는 〈영양〉과 〈톱상어〉 본문에서 나타난다. 지명의 현지화는 〈영양〉 본문에서 나타나는데, 그리스어 본문의 에우프라테스(Euphrates) 강이 아르메니아어 본문에서는 아라차니(Արածանի) 강으로 바뀐다. 아라차니 강은 아르메니아 고원의 아라랏 산에서 발원하여 메소포타미아 지방으로 흘러가는 에우프라테스 강의 동쪽 상류이며, 아르메니아인들에게 익숙한 강 이름이다. 또한 단위의 현지화는 〈톱상어〉 본문에서 나타나며, 그리스어본이 사용하는 그리스의 거리 단위인 στάδιον은 아르메니아어본에서 브타브안(վտաւան)으로 변경된다. 브타브안은 활을 쏘았을 때 화살이 닿는 거리를 뜻하는 아르메니아의 거리 단위로서, 이는 그리스의 단위에 익숙하지 않은 아르메니아 사람들을 위해 자국의 단위로 변경하는 현지화 사례로 이해할 수 있다.

참고문헌

곽문석, 이삭. 『피지올로구스 라틴어본 역주: 중세 그리스도교 우화집』. 서울: 동문연, 2024.

김근호. "『피지올로구스』의 아르메니아어 번역과 전승: 5세기 번역운동과 문화적 수용의 관점에서." 『한국교회사학회지』 제71집(2025. 9): 1-38.

Clement of Rome. *Epistola ad Corinthios*. Edited by Annie Jaubert. *Sources Chrétiennes* 167. Paris: Les Éditions du Cerf, 1971.

de Lamberterie, Charles. "De la Grèce à l'Arménie, et d'Homère à la Bible: Transpositions culturelles dans la version arménienne de la grammaire de Denys de Thrace." In *Armenia through the Lens of Time: Multidisciplinary Studies in Honour of Theo Maarten van Lint*. Edited by Federico Alpi et al. Leiden: Brill, 2023.

Karnejev, Alexander. "Der Physiologus der Moskauer Synodalbibliothek: Ein Beitrag zur Loesung der Frage nach der Vorlage des armenischen und eine alten lateinischen Physiologus." *Byzantinische Zeitschrift* Vol. 3 (1894): 26-63.

Macé, Caroline. "The Greek Tradition of the First Recension (Phys. Gr. I)." In *The Multilingual Physiologus: Studies in the Oldest Greek Recension and Its Translations*. Edited by Caroline Macé and Jost Gippert. Belgium: Brepols, 2021.

Macé, Caroline and Jost Gippert. "Preface." In *The Multilingual Physiologus: Studies in the Oldest Greek Recension and Its Translations*. Edited by Caroline Macé and Jost Gippert. Belgium: Brepols, 2021.

Marr, Nikolaj Akovlevich. *Физиолог: Армяно-грузинский извод*. Sankt-Peterburg: Tip. Imp. akademii nauk, 1904.

Muradyan, Gohar. "The Hellenizing School." In *Armenian Philology in the Modern Era: From Manuscript to Digital Text*. Edited by Valentina Calzolari. Leiden: Brill, 2014.

__________. *Physiologus: The Greek and Armenian Versions with a Study of Translation Technique*. Leuven: Peeters Publishers, 2005.

Muradyan, Gohar and Aram Topchyan. "The Armenian Tradition." In *The Multilingual Physiologus: Studies in the Oldest Greek Recension and Its Transla-*

tions. Edited by Caroline Macé and Jost Gippert. Belgium: Brepols, 2021.

Nersessian, Vrej Nerses. "Armenian Christianity." In *The Blackwell Companion to Eastern Christianity*. Edited by Ken Parry. Oxford: Blackwell Publishing, 2007.

Offermanns, Dieter. *Der Physiologus nach den Handschriften G und M*. Meisenheim am Glan: Anton Hain Verlag, 1966.

Pitra, Jean-Baptiste. *Spicilegium solesmense complectens Sanctorum Patrum scriptorumque ecclesiasticorum anecdota hactenus opera*. Vol. 3. Paris: Didot, 1855.

Sbordone, Francesco. *Physiologus*. Mediolanum: Aedibus Societatis "Dante Alighieri Albrighi, Segati et c.", 1936.

Schneider, Horst. "Introduction to the Physiologus." In *The Multilingual Physiologus: Studies in the Oldest Greek Recension and Its Translations*. Edited by Caroline Macé and Jost Gippert. Belgium: Brepols, 2021.

Scott, Alan. "The Date of the Physiologus." *Vigiliae Christianae* Vol. 52, No. 4 (November 1998): 430-441.

Thomson, Robert W. "Early Armenian Christianity and Edessa." In *Armenian Tigranakert/Diarbekir and Edessa/Urfa*. Edited by Richard G. Hovannisian. Costa Mesa, CA: Mazda Publishers, 2006.

. "The Formation of the Armenian Literary Tradition." In *East of Byzantium: Syria and Armenia in the formative period*. Edited by Nina G. Garsoïan, Thomas F. Mathews and Robert W. Thomson. Washington, D.C.: Dumbarton Oaks, 1982.

제2부

———

피지올로구스 번역

자연본성을 말하는 자, 피지올로구스

ԲԱՐՈՅԱԽԱՒՍ[1]

*Ջբարս իւրաքանչիւր անասնոց քրննեալ արտասանեալ ունի
յինքեան տառս, եւ զանազան կերպարանօք նշանակէ զոմանս
գերագանցեալ՝ վերնոյն կերպարանօք, եւ զոմանս ստորանկեալ՝
սանդարամետականացն: Եւ վասն այսոցիկ սկացուք ասել վասն
առիւծուն որ Թագաւոր է ամենայն գազանաց:*[2]

자연본성을 말하는 자, 피지올로구스

[이 글은] 각 동물의 습성에 관하여 탐구하여 전하며 그것들의 습성을 담고
있습니다. 또한 [이 글은 동물의] 다양한 모습과 더불어, 어떠한 것들은 저

---

1 *Բարոյախաւս*는 태생적인 습성을 뜻하는 *բարք*와 말함을 뜻하는 *խաւսել*의 합성어로서 '자연본성을 말하는 자', 즉 '자연학자'를 뜻하며, 그리스어 φυσιολόγος의 문자적인 아르메니아어 번역이다. 우리말로는 '피지올로 구스'로 통일하였다.

2 도입부에 해당하는 이 부분은 그리스어본에는 존재하지 않으며, 아르메니아어역 중 일부 사본에만 존재한다. Nikolaj A. Marr가 조지아어와 대조하여 출판한 아르메니아어 역본(이하, Marr)과 약간의 차이를 보이며, 기존 아르메니아어 번역본들과 그리스어 Π 사본의 본문을 대조하여 Gohar Muradyan이 새롭게 출판한 비평본(이하, Muradyan)에는 나타나지 않는다. Marr의 본문과 번역은 다음과 같다. "*Ջբարս իւրաքանչիւր ազգաց քաղափարելով արտասանեալ ունի յինքեան տառս եւ զանազան կերպարանս նշանակէ. զոմանս գերագանցեալս վերնոյն կերպարանի եւ զոմանս ստորանկեալս սանդարամետականացն հոգւոյն եւ է վասն այսոցիկ:*" ([이 글은] 각 종(genus)의 습성을 묘사하면서 그 안에 [종의] 구성요소와 상징에 의한 다양한 습성을 담고 있다. 어떠한 것들은 저 위의 모습에 속하는 뛰어난 것으로, 어떠한 것들은 저열한(지옥에 속한) 것들의 영에 종속되는 것으로 보여주며, [다음은] 이러한 것들과 관련된다.)

위(하늘에 속한)의 것의 모습으로써 우월한 것으로 보여주고, 어떠한 것들은 저열한(지옥에 속한) 것, 즉 복종되는 것들로 보여줍니다. 그렇다면 모든 동물들의 왕인 사자에 관하여 이야기해봅시다.

제1장　햇살이라 불리는 도마뱀에 관하여

Arm1[3]. վասն մողէզի որ կոչի արանգ նոյն[4]

Որպէս բարոյախաւսան ասէ, թէ յորժամ ծերասցի եւ վատնիցի[5]
յերկոցունց աչացն եւ շկարիցէ տեսանել զլոյս արեգականն. զինչ
ճնար ճնարեցցի իւր գեղեցիկ բնութեանն. երթայ խնդրէ որմ ինչ
ընդ արեւելս եւ ի ծագել արեգականն բանան աչքն եւ մանկանայ:

---

3 이 책의 본문의 저본(Vorlage)이 되는 Pitra의 아르메니아어 본문(이하, Pitra)에는 햇살도마뱀에 관한 내용이 없다. 그러나 그리스어 원문에 가장 가까운 Muradyan과 Marr는 모두 이 장을 추가하고 있으므로, 이 책에서는 Marr를 기초로 한 본문을 이곳에 싣는다. Marr를 기초로 하는 이유는, Pitra와 Marr는 모두 피지올로구스의 아르메니아어 번역본 중 Π 사본의 본문을 저본으로 삼는 α 사본군에 속하며, 특히 α 사본군에 속하는 사본 중에서도 가장 이른 시기에 기록되었고 그리스어 원문을 충실하게 번역하여 학술적 가치가 높은 사본으로 여겨지는 M2101 사본의 본문을 Marr가 사용하기 때문이다. 이에 관하여 해제를 보라. 또한 다음을 참조하라. G. Muradyan, *Physiologus: the Greek and Armenian versions with a study of translation technique*, 4; 7-9.

4 아르메니아어에는 արանգ նոյն이라는 말이 없다. 하지만 Muradyan은 Π 사본과 Marr의 조지아어 역본의 본문을 바탕으로 이 어구가 태양에서 파생된 것으로 보고서, 이 낱말이 본래 արեգակնային으로 옮겨졌지만 나중에 필사되는 과정에서 오사(誤寫)되었다고 설명한다. 따라서 이 책은 그의 설명을 따라 արանգ նոյն을 '햇살'로 번역한다. 자세한 설명은 다음을 참조하라. G. Muradyan, *Physiologus: the Greek and Armenian versions with a study of translation technique*, 86.

5 이 낱말은 Muradyan에서 վատիցի로 기록되었다.

Arm1. 햇살이라 불리는 도마뱀에 관하여

피지올로구스가 말한 것처럼, 도마뱀은 늙고 눈이 약해지면 햇빛을 볼 수 없습니다. 도마뱀의 좋은 본성을 위하여 어떤 방법이 고안될 수 있을까요? 그것은 가서 동쪽을 향하는 어느 벽을 찾습니다. 그러면 해가 뜰 때, 눈이 열리고 도마뱀은 젊어집니다.

Նոյնպէս եւ դու, ով մարդ, թէ զհին մարդոյն ունիցիս հանդերձ, զգոյշ լեր, գուցէ կուրասցին աչք սրտի քո, եւ եթէ կուրանայցես, է տեղի ինչ զարմանալի,[6] ուստի ծագեսցէ քեզ փրկութիւն Յիսուս Քրիստոս, որ եւ նոյն արեւելք կոչի ի մարգարէէ.[7] եւ արեգակն արդարութեան բանայցէ զաչս քո եւ փոխանակ հնոյն նոր հանդերձ զգեցցիս:

오 사람이여! 그대도 이렇게 옛 사람의 옷을 가졌다면,[8] 그대는 주의하십시오, 그대의 마음의 눈이 멀지 않도록 말입니다. 만일 그대가 눈 멀거든, 어느 놀라운 장소가 있으니, [거기서] 마침내 그대에게 구원이신 예수 그리스도가 떠오르실 것입니다. 그분은 예언자에 의해 돋는 해(동쪽)이라 불린 바로 그분이십니다. 공의의 태양이 그대의 눈을 여실 것이며,[9] 그대는 낡은 [옷] 대신 새 옷을 입게 될 것입니다.

---

6   Muradyan에 기록된 문장은 다음과 같다. *"խնդրեա տեղի ինչ զիմանալի:"* (어느 가지적(可知的)인 장소를 찾으라.)

7   LXX 스가랴 6장 12절 상반절 참조: "καὶ ἐρεῖς πρὸς αὐτόν Τάδε λέγει κύριος παντοκράτωρ Ἰδοὺ ἀνήρ, Ἀνατολὴ ὄνομα αὐτῷ." (너는 그에게 말하여라. 그러므로 전능자 주님께서 말씀하신다. '보아라, 한 사람이 있으리니, 그의 이름은 동녘이라.')

8   골로새서 3장 9절 참조.

9   말라기 4장 2절 참조.

*Ապա ուրեմն բարեաւք խաւսեցաւ բարոյախաւսն վասն անուանց
իւրաքանչիւր ազգաց։*

그러므로 피지올로구스는 각 종의 이름들에 관하여 잘 말해주었습니다.

제2장   사자에 관하여

Arm2. վասն առիւծուն

{Սկսցուք ասել վասն առիւծուն, որ թագաւոր է ամենայն
գազանաց կամ թէ ամենայն իսկ անասնոց։ Թանգի յորժամ Յակոբ
աւրՀնէր զՅուդա եւ ասաց. "կորիւն առիւծու Յուդա, ի շառաւեղէ
բղխեցեր որդեակ։"[10] եւ այլն։ Բարոյախաւան ասէ,}[11] Երեք բարք է
առիւծու.

Arm2. 사자에 관하여

{모든 동물 또는 모든 야수의 왕인 사자에 관하여 우리 이야기해 봅시다.
야곱은 유다를 두고 노래하며 말하였습니다. "유다는 새끼 사자로다. 너는
새싹에서부터 솟아오르는구나, 아들아." 기타 등등. 피지올로구스가 말하
기를,} 사자에게는 세 가지 습성이 있습니다.

---

[10] 창 49.9.

[11] 이 부분은 도입부의 일부와 1장의 뒷부분의 내용을 담고 있다. 이로 인해 Pitra는 이 부분을 생략한 것으로 보
인다. 하지만 Marr와 Muradyan은 모두 이 부분을 포함하고 있으므로, 이 책도 이 부분을 추가한다.

Ա. Առաջին բարքն. Յորժամ գնայ կամ ճեմէ, Հոտ Հարկանի նմա
որսորդաց. ազգւն գՀետն խաղադէ զի մի՛ գՀետն վարիցեն
որսորդքն եւ գտանիցեն ի մորոջն եւ կալցեն։
Նոյնպէս իմանալի է եւ աներեւոյթ առիւծն որ յաղթեաց աշխարհի՛
ծագելով յազգէն Յուդայ եւ յարմատոյն Յեսսեայ, որ առաքեցաւ ի
մշտնջենաւոր Հօրէ, ծածկեցաւ եւ խաղաղեաց գիմանալի եւ
գաներեւոյթ գՀետ իւր, այս ինքն գաստուածութիւնն։ Ընդ
Հրեշտակս Հրեշտակ երեւեցաւ, եւ ընդ աթոռս աթոռ, եւ ընդ
իշխանութիւնս իշխանութիւն, մինչեւ ի ժամանակ ողջանալոյն
իւրոյ։ Քանզի էջ յարգանդ Կուսին, որպէս զի վիրկեցցէ զազգս
մարդկան. "Բանն մարմին եղեւ."12 եւ անձանօթ լեալ ի նմանէ
վերին գուարթնոցն։ Քանզի էջ յերկիր, եւ ասէին. "Ո՞վ է սա
Թագաւոր փառաց։"13 Ապա Հոգին սուրբ ասէր, "Սա է Թագաւոր
փառաց։"14

1. 첫째 습성. 사자가 길을 가다가 사냥꾼들의 냄새를 맡으면, 꼬리로 발자
국을 지웁니다. 이는 사냥꾼들이 발자국을 이용하여 굴에서 [그것을] 찾아
내서 잡지 못하도록 하기 위함입니다.

이렇게 가지적(可知的)[15]이며 보이지 않는 사자께서는 유다 족속과 이새의
뿌리에서 나타나셔서 세상을 이기셨습니다. 그분은 영원하신 아버지께로부

---

12 요 1.14.

13 시 24.8; 10(LXX 23.8).

14 시 24.10(LXX 23.10).

15 여기서 '가지적(可知的)'으로 번역된 아르메니아어 *իմանալի*는 그리스어 νοερός 또는 νοητός를 아르메니
아어로 옮긴 것으로, 서양 고대 철학에서 감각을 통해 지각되는 감각적인 실재가 아니라 지성을 통해 인식되
는 이데아의 세계나 비물질적이고 지성적인 실재를 나타낸다. 본문에서는 감각적 실재에 대한 문자 그대로의
의미를 넘어서는 영적인 의미를 가진다.

터 보냄을 받으셨고, 가지적(可知的)이며 보이지 않는 그분의 흔적, 즉 신성을 감추고 숨기셨습니다. 그분은 탄생하시기까지,[16] 천사들과 함께 천사로, 권좌들과 함께 권좌로, 권세들과 함께 권세로 계셨습니다. 그리고 인류를 구원하기 위하여, 그분은 동정녀의 태로 강림하셨습니다. "말씀이 몸이 되셨다." 천군천사보다 더 높으신 분이 감추어지신 것입니다. 그분이 땅으로 강림하셨으므로, [어떤 이들은] 말하였습니다. "누가 영광의 왕이신가?" 이에 성령이 말씀하셨습니다. "이분이 영광의 왕이시다."

Բ. Երկրորդ բարք առիւծուն. Յորժամ ննջէ արթուն են աչք իւր, քանզի բաց լինին, որպէս Օրհնութիւն օրհնութեանցն թէ "Ես ննջեմ եւ սիրտ իմ արթուն է:"[17] Թէպէտ եւ մարմինն ննջէր, այլ աստուածութիւնն հանապազ արթուն էր եւ անքուն, ըստ այնմ, թէ "Ոչ ննջէ եւ ոչ ի քուն երթայ պահապանն Իսրայելի:"[18]

2. 사자의 둘째 습성. 사자가 잘 때, 그것의 눈은 깨어있습니다. 이는 눈이 열려있기 때문입니다. 아가에서 말한 것처럼 말입니다. "나는 잠을 잘지라도 나의 마음은 깨어있다." 비록 [그분의] 몸은 잠들었을지라도, [그분의] 신성은 항상 깨어 있었고 잠들지 않았습니다. "이스라엘을 지키시는 자는 졸지도 아니하시고 주무시지도 아니하신다." 라고 한 것처럼 말입니다.

---

16 직역하면 다음과 같다. "그의 회복의 때까지." *ողջանալ*의 어간이 되는 *ողջ*는 '살아있는'을 뜻하므로, 이 책은 이 낱말을 탄생의 의미를 담아 번역하였다. Muradyan은 이 문장을 "*մինչեւ ի ժամանակ իջանելոյն իւրոյ:*" 로 기록하면서, Marr처럼 *ողջանալ*을 *իջանել*로 고쳐 읽을 것을 권한다. 이를 따라 번역하면 다음과 같다. "그의 강림하심의 때까지." 자세한 설명은 다음을 참조하라. G. Muradyan, *Physiologus: the Greek and Armenian versions with a study of translation technique*, 88.

17 아 5.2.

18 시 121.4(LXX 120.4).

Գ. Երրորդ բարք առիւծուն. Յորժամ ծնանի մատակ առիւծն
զկորիւնն, մեռեալ ծնանի եւ նստի պահէ. գայ հայրն յաւուր
երրորդի, եւ փչէ ի ճակատն՚ եւ յարուցանէ զնա։
Նոյնպէս եւ ամենակալն Աստուած Հայրն ամենայնի յարոյց
զՈրդին իւր զանդրանիկ զՏէր մեր Յիսուս Քրիստոս, զԱստուած
կատարեալ ընդ Հօր։ Ապա բարիոք ասաց Յակոբ, "Կորիւն
առիւծու Յուդա։"[19]

3. 사자의 셋째 습성. 암컷 사자가 새끼를 낳을 때 사산(死産)하면, 앉아서
[새끼를] 지킵니다. 그러면 셋째 날에 아비가 와서, [새끼의] 얼굴에 바람을
불고, 그것을 일으킵니다.

이렇게 전능하신 만유의 아버지께서도 당신의 첫째 아들이시며 아버지와
함께 완전한 하나님이신, 우리 주 예수 그리스도를 일으키셨습니다. 그러
므로 야곱은 잘 말해주었습니다. "유다는 새끼 사자로다."

*{Բարեւք խաւեցաւ բարոյախաւսն վասն առեւծուն եւ վասն
կորեանց իւրոց։}*[20]

{피지올로구스는 사자와 그것의 새끼에 관하여 잘 말해주었습니다.}

---

19 창 49.9.

20 Pitra에는 생략되어 있지만, 다른 사본들에서는 나타난다.

제3장   이드로프스(영양)라는 동물에 관하여

Arm3. վասն իդրոպայ գազանին[21]

Վասն նահատակելոցն որ ոչ հանիցեն զառաքինութիւն ի գլուխ:[22]
է երէ ինչ իդրոպս գազան, սատիկ երէ. որսորդաց չէ հնար գնա
ըմբռնել: Եղջերքն երկայնք եւ սղոցաձեւք, մինչեւ զծառս
մեծամեծս սղոցել: Եւ յորժամ ծարաւեցցի՛ գնայ յՍնրածանի գետ եւ
ըմպէ ջուր. են պրակք ինչ մանրոստք որ կոշին երեկինք, եւ
սկսանի ոգորալ երէն ընդ երեկին պրական, եւ խառնեալ ծայր
ոստոցն ընդ եղջերան, եւ կապին ընդ պրական. եւ գոչէ թէ
գերձանի,[23] եւ չեհաս, քանզի պատեալ շաղեալ կայ: Եւ լս զգոշին
որսորդն, եւ գնայ սպանանէ գնա:

---

21 Marr의 표제어는 다음과 같이 기록되어 있다. "*վասն աւթողոպու.*" (아우톨로포스에 관하여.) 아우톨로포스
는 '영양'을 뜻하는 그리스어 ἀνθόλοψ(안톨로프스)를 아르메니아어로 음차한 것으로서 아르메니아어로는
다양하게 표기되며, 본문의 이드로프스와 같은 동물이다.

22 이 본문에 대한 또 다른 표제어이다. 다른 사본들과 달리, 그리스어 ∏ 사본도 이 표제어를 삽입한다.

23 다른 사본들은 다음과 같이 기록한다. "*Եւ ի գոշին հարկանի, քանզի գերձանել կամի եւ չէ ձեռնհաս:*"
(그것은 포효로 울부짖는다. 이는 그것이 탈출하기를 원하기 때문이다. 하지만 그것은 그렇게 할 수 없다.)

Arm3. 이드로프스(영양)라는 동물에 관하여

미덕을 끝까지 옮기지 않는 분투자들에 관하여.

매서운 짐승인 '이드로프스'라는 어떤 동물이 있습니다. 사냥꾼들의 술책도 그것을 잡을 수 없습니다. 이드로프스의 뿔은 길고 톱 모양을 하고 있어서, 거대한 나무들도 베어버립니다. 이드로프스가 목이 마르면 아라차니(Ar-atsani)²⁴ 강으로 가서 물을 마시는데, [거기에는] 에레킨(Erekin)²⁵이라 불리는, 잔가지들을 가진 어떤 관목이 있습니다. 그 짐승은 에레킨 나무를 들이받기 시작하는데, 그러면 그 가지들의 끝자락이 뿔과 섞이게 되고, 그것은 관목에 묶이고 맙니다. 이드로프스는 벗어나고자 울부짖지만, 그렇게 하지 못하는데, 이는 [관목에] 둘러져 얽혔기 때문입니다. 그러면 사냥꾼은 그 포효를 듣고, 와서 그것을 죽여버립니다.

Եւ դու նախատակեալդ կրօնաւոր, մինչդեռ վատահ էիր յերկոքին
եղջեւր քո, սպոցեցեր գշատխոսութիւն, գարձաթախիրութիւն,
գցանկութիւն հակառակորդին աշխարհիս, եւ գպատրանս
սատանայի. ուրախ լինին ընդ քեզ հրեշտակք, եւ բերկրին
գուարթունք: Եւ երկոքին եղջեւրք քո երկու կտակարանք են: Այլ
զգոյշ լեր, գուցէ խաղասցես եւ ողորեցիս ընդ երեկին պրակունս,
ընդ սակաւ ինչ վաճառս²⁶, ընդ հանդերձս կամ ընդ այլ ինչ բարուց,
շաղկապեալ պատեցիս յորոգայթս նորա, որով դիւրաւ

---

24 에우프라테스 강 동쪽에 있는 강으로서, 아르메니아 고산지의 아라랏 산에서 발원하여 에우프라테스 강으로 흐르는 강이며, 오늘날의 튀르키예의 무라트(Murat) 강이다. 그리스어본에는 에우프라테스 강으로 기록되어 있다.

25 이 낱말은 그리스어 ἐρείκινη(에리키네)에서 유래한 말로서, 황야에서 자라는 관목을 뜻한다.

26 이에 해당하는 낱말 վաճառս는 다른 사본들에서는 վատառս로 기록되었는데, վաճառս가 '상품, 물건'을 뜻하므로 같은 문장에 병렬적으로 나타나는 բարուց와 의미가 중복된다고 보았기 때문에 다른 단어로 대치된 것으로 보인다.

ընբռնեցցիս ի մահ աննհարին: Մի՛ գոցէ զքեզ որսորդն սատանայ: {ի գինոյ եւ ի կնոջէ խոտորեաց²⁷, այր իմաստուն:}²⁸

분투하는 수도자여[29], 그대는 그대의 두 뿔에 대하여 자신하면서, 수다스러움과 탐욕, 이 세상 적대자의 정욕, 곧 사탄의 기만을 베어버렸습니다. 천사들이 그대와 함께 기뻐하고, 천군천사들도 즐거워합니다. 그대의 두 뿔이란 두 계약[30]입니다. 하지만 그대는 조심하십시오. 그대가 에레킨 나무, 즉 어느 작은 재물들, 의복들이나 어떤 행실들에게로 달려가서 들이받지 않도록 말입니다. 그대가 그것들과 하나되어 버리면 사탄의 덫들로 둘러질 것이며, 이로 인해 그대는 두려운 죽음에 쉽게 사로잡힐 것입니다. 사냥꾼인 사탄이 그대를 잡지 못하도록, {그대는 술과 여자로부터 스스로 벗어나서, 지각 있는 자가 [되십시오].}

---

27 다른 사본들에는 이 말이 *խոտորեա*, 즉 중간수동태 명령법이 아닌 능동태 명령법으로 기록되었다. 하지만 이 책에서는 Pitra의 본문을 최대한 살리기 위하여 중간태 명령법으로 옮긴다.

28 집회서(시락서) 19.2a: "술과 여자는 지각 있는 이를 타락시킨다." 다른 사본들은 이 문장을 다음 장인 '부싯돌' 본문의 머릿말에 삽입한다.

29 이 표현은 그리스어본이나 라틴어본에서는 그리스도인을 뜻하는 '자유인'으로 나타난다.

30 두 계약, 곧 옛 계약(구약)과 새 계약(신약)으로 이루어진 성경을 말한다.

Arm4. վասն Հրոհան քարանց

Են եւ քարինք ինչ հրահանաց՝ արու եւ էգ. մինչ բացեալ լինին ի միմեանց, չհարկանեն ուրեք հուր. ապա թէ մօտ իցէ արուն չէգն, հուր բորբոքի եւ այրէ զվայրս բազումս[31]։

Arm4. 부싯돌에 관하여

불을 붙이는 것들 중에 어떤 돌들이 있는데, 숫[돌]과 암[돌]로 이루어져 있습니다. 그 돌들은 서로에게서 떨어져 있는 동안에는, 아무데도 불 붙게 하지 않습니다. 하지만 만일 숫[돌]이 암[돌]에게 가까워지면, 불이 붙어서 많은 곳을 태워버립니다.

Ո՛վ առաքինիդ, որ ի նահատակութիւնդ իցես. Յովսէփ եւ Սամփսոն արդարք էին, եւ ի փորձութիւն մտին վասն կանանց։ Ապա ուրեմն բարուք խաւսեցաւ բարոյախաւսան վասն

---

31 Pitra에는 *ս*가 빠져있다. 아르메니아어는 형용사가 어떤 명사를 꾸며줄 때 후치수식을 할 경우, 꾸며주는 명사의 수와 격에 일치시켜야 한다. 다른 사본들에도 이러한 문법을 따라 *ս*가 붙어있다. 따라서 이 책에서도 *ս*를 추가한다.

կրաւնաւորաց {զի ապրեսցին}[32][33]:

오 복된 사람이여! 그대는 분투함 중에 있습니다. 요셉과 삼손은 의로웠지만, 여자로 인하여 유혹을 받았습니다. 그러므로 피지올로구스는 수도자들에 관하여 잘 말해주었습니다, {이는 그들로 하여금 구원 받게 하려는 것입니다}.

---

32 Marr에는 { } 부분이 생략되어 있지만, Muradyan에는 나타난다.

33 Pitra에는 이 문장 전체가 생략되어 있지만, 다른 사본들에는 나타난다.

Arm5. Վասն գազանին որ կոչի սղոց

Է գազան ի ծով որ կոչի սղոց։ Թեւս երկայն ունի, յորժամ տեսանէ զնաւ առագաստեալ, նմանի նաւորդացն, եւ հակառակի ընդ նաւս վտաւանս երեսուն կամ քառասուն։ Իբրեւ վատտակի, խոնարհեցուցանէ զթեւսն եւ յինքն ամփոփէ, եւ ալիքն[34] առնուն զնա, եւ տանին յառաջին տեղին։

Arm5. 톱상어라고 불리는 동물에 관하여

바다에는 톱상어라고 불리는 동물이 있습니다. 톱상어는 긴 날개(지느러미)를 가지고 있는데, 항해하는 배를 보면, 항해자들을 모방합니다. 그리고는 이 배와 30이나 40 브타브안[35] 정도를 경주합니다. 그러다가 지치면, 날개(지느러미)를 내려서 자기에게로 접습니다. 그러면 파도가 톱상어를 잡아다가, 원래 있었던 그 장소로 옮겨놓습니다.

---

34 이 낱말은 Pitra에서 원래 '다른 이들'을 뜻하는 այլքն으로 기록되어 있다. 하지만 이는 맥락과 무관하며, Marr와 Muradyan에는 이 낱말이 '파도'를 뜻하는 ալիքն으로 기록되어 있다. 그리스어본과 라틴어본 역시 '파도'를 뜻하는 κυματα와 undae로 기록하고 있는 것을 볼 때, 낱말이 유사한 까닭에 필사하는 과정에서 오사(誤寫)된 것으로 보인다. 따라서 이 책은 다른 사본들을 따라서 이 낱말을 ալիքն(파도)로 바로잡는다.

35 이 낱말에 해당하는 아르메니아어 վտաւան은 본래 '활을 쏘았을 때 화살이 닿는 거리'를 의미하며, 그리스어 στάδιον (스타디온)을 아르메니아어로 번역한 것이다. 이 거리는 약 185m 정도이다.

Ծովն՝ աշխարհիս օրինակ է, եւ նաւն՝ սրբոց մարգարէից՛ որ իբրեւ ընդ ծով անցին ընդ աշխարհս եւ ընդ հակառակութիւնս, եւ սղոցն որ ոչ տեւեաց ընդ նաւն՝ այնք են որ առ ժամանակ մի՛ առաքինանան եւ ոչ կարեն իսպառ տոկալ, շկարացեալ հանել ի գլուխ վասն արծաթսիրութեան եւ ամբարհաւաճութեան կամ շնութեան կամ պոռնկութեան, կամ վասն այլ իրաց որ իբրեւ զալիս ծովու տատանիցին։

바다란 이 세상의 예형이며, 배는 이 세상이자 역경인 바다를 가로질렀던 거룩한 예언자들에 관한 것입니다. 배와 함께 인내하지 못했던 톱상어는, 잠깐은 덕스러워 보여도 마지막까지 [미덕을] 옮기지 못한 이들입니다. 탐욕과 오만 때문에, 또는 간음이나 간통 때문에, 또는 바다의 파도를 흔드는 다른 것들 때문에, 이러한 이들은 마지막까지 [미덕을] 옮기지 못하였습니다.

제6장 카라드리오스(물떼새)에 관하여

Arm6. վասն քարադրին[36]

Է թռչուն ինչ որ կոչի քարադրիոս, զոր եւ յերկրորդ օրէնս յիշէ Մովսէս:

Բարոյախոս {ասէ}[37]. Համակ սպիտակ է, եւ ամենեւին սեւութիւն ոչ գոյ ի նմա. այլ փորոյն բժշկէ զաչս շլացեալս. ի թագաւորաց յարքունիս գտանի: Թէ ի հիւանդութեան ոք իցէ, եւ հիւանդութիւնն մահու իցէ, իբրեւ տեսանէ զհիւանդն, դարձուցանէ զերեսս {իւր}[38] քարադրն, եւ ամենայն ոք ճանաչէ թէ մեռանելոց է: Ապա թէ կենաց իցէ հիւանդն, այշնու ընդ նա քարադրն, եւ զհիւանդութիւնն յինքն կլանէ, եւ փարատի ցաւն եւ ապրի հիւանդն:

Arm6. 카라드리오스(물떼새)에 관하여

'카라드리오스(물떼새)'라고 불리는 어떤 새가 있는데, 모세는 신명기에 이 새를 기록합니다.[39]

---

36 '물떼새'를 뜻하는 그리스어 χαλαδριος(칼라드리오스)를 아르메니아어로 음차한 것이다.

37 다른 사본들에는 이에 해당하는 *ասէ*가 추가되어 있으나, Pitra에는 빠져 있다.

38 다른 사본들에서는 재귀대명사 *իւր*가 있으나, Pitra에는 빠져 있다.

피지올로구스는 {말합니다}. 카라드리오스는 온통 하얗고, 그 안에 거무스
름함이 하나도 없습니다. 카라드리오스의 내장의 배설물은 멀어버린 눈을
낮게 하며, 왕들의 궁궐에서 발견됩니다. 만약 어떤 사람이 병에 걸렸는데
그 병이 죽을 병이라면,[40] 카라드리오스는 병든 사람을 보았을 때 {자기의}
얼굴을 돌려버리고, 그래서 어느[41] 누구라도 그가 죽을 것임을 알게 됩니
다.[42] 그런데 그 병든 사람이 살 수 있다면,[43] 카라드리오스는 그를 응시하고
서, 그 병을 자신에게 흡수해버립니다. 그러면 그 고통은 제거되고, 그 병
든 사람은 살아납니다.

Քարադրն միանգամ օրինակ կերպարանն բերէ. զի ամենեւին
սպիտակ է Տէր մեր, եւ սեւութիւն ոչ գտանի ի նմա. որպէս ինքն
ասէ. "Գայ իշխան այսորիկ եւ յիս ինչ ոչ գտանէ:"[44] Քանզի եկն
յերկնից առ Հրեայսն, եւ մերժեցին յաշաց զբժիշկն. եկն առ
հեթանոսս, եւ եբարձ զհիւանդութիւնս եւ զցաւս նոցա. վերացաւ ի
խաչն եւ գերեաց զգերութիւն. "Յիւրան եկն եւ իւրքն զնա ոչ
ընկալան:"[45]

카라드리오스는 자기 모습을 [주님의] 좋은 예형으로 보여줍니다. 우리 주
님은 온통 하얗고, 거무스름함이 그분에게서 발견되지 않기 때문입니다.

---

39 신명기 14장 18절 참조. 개역개정 성경에는 '황새'로 번역되어 있다.

40 직역하면 다음과 같다. "만일 어떤 사람이 병 중에 있는데, 그 병이 죽음에 속한다면."

41 다른 사본들에서는 이에 해당하는 *np*가 빠져 있지만, Pitra는 이를 추가하고 있다.

42 직역하면 다음과 같다. "어느 누구라도 그가 죽은 자들 중에 있음을 알게 된다."

43 직역하면 다음과 같다. "그런데 만일 그 병든 사람이 생명 중에 있다면."

44 요 14.30.

45 요 1.11.

그분께서 친히 말씀하신 대로입니다. "이 세상의 지배자가 온다. 그러나 그는 내게서 아무것도 찾아낼 수 없다." 그분은 하늘로부터 유대인에게로 오셨지만, 그들은 눈에서 의사를 몰아내 버렸습니다. 그분은 이방인에게 오셔서, 그들의 질병과 고통을 짊어지셨고(없애셨고),[46] 십자가에 오르사, 포로됨을 포로로 삼으셨습니다.[47] "그분은 당신의 소유에게 오셨지만, 당신의 소유는 그분을 맞아들이지 않았습니다."

{Ապա ուրեմն բարեաւք ասաց բարոյախաւսն ի վերայ
քաղանդրին։ Այլ թերեւս ասիցես. քաղանդր պիղծ թոշուն է, եւ
զիա՞րդ աւրինակ բերիցի Քրիստոսի։ Աւձն[48] պիղծ է, եւ զիա՞րդ
վկայեաց աւետարանիչն Յովհաննէս եւ ասաց. "որպէս Մովսէս
բարձրացոյց զաւձն յանապատին, նոյպէս բարձրանալ պարտ է
որդւոյ մարդոյ։"[49] Այլ գոյ ինչ եւ յաւձին բարի, զի իմաստուն է. եւ
յառեւծն, զի հզաւր է. եւ յոշխարն, զի հանդարտ է։ քանզի կրկնակ
են ամենայն արարածք՝ կարծեն թէ յոռութիւն ինչ իցէ, այլ բարի
է։}[50]

{그러므로 피지올로구스는 카라드리오스에 관하여 잘 말해주었습니다. 그러나 아마도 그대는 이렇게 말할 것입니다. "카라드리오스는 부정한 새인데, 어떻게 그리스도의 예형을 가질 수 있는가?" 뱀은 부정합니다. 하지만 복음사가 요한이 증언하며 말하였습니다. "모세가 광야에서 뱀을 들어올림

---

46   마태복음 8장 17절 참조.

47   시편 68장 18절; 에베소서 4장 8절 참조.

48   Muradyan의 본문에는 큰 뱀이나 용을 뜻하는 վիշապ로 기록되어 있다.

49   요 3.14.

50   { } 부분은 다른 사본들에는 나타나지만, Pitra에는 빠져 있다.

같이, 사람의 아들도 들려야 하리라." 뱀에게도 좋은 무언가가 존재하는데, 이는 뱀이 지혜롭기 때문입니다.[51] 또한 사자도 그러한데, 이는 사자가 강력하기 때문입니다. 또한 양도 그러한데, 이는 양이 온순하기 때문입니다. 모든 피조물은 이중적이기 때문에, [사람들은 그것에] 나쁜 면이 있다고들 생각하지만, 오히려 좋은 점도 있습니다.}

51　마태복음 10장 16절 참조.

제7장 사다새(펠리칸)에 관하여

Arm7. վասն Հաւալսան

Դաւիթ. "Եղէ որպէս Հաւալսան:[52]"[53]

Բարոյախօս ասէ թէ կարի որդեսէր է. եւ յորժամ հանէ գձագսն եւ փոքր մի աճեն, ապտակեն զերեսս հօրն եւ զմօրն, եւ նոքա կուիեն եւ սպանանեն զնոսա. յետոյ ի գութ եւ ի գորով դարձեալ՝ սուգ առնեն երեք օր՝ թէ ընդէ՞ր սպանաք զորդեականն: Եւ յերրորդ աւուրն գայ հայրն[54] եւ հերձու զկող իւր, եւ արիւնն իջանէ ի մեռեալ մարմինս ձագուցն եւ յարուցանէ զնոսա:

Arm7. 사다새(펠리칸)에 관하여

다윗은 [말합니다]. "나는 사다새[55] 같이 되었구나."

피지올로구스가 말하기를, 사다새는 매우 자식을 사랑합니다. 사다새가 새끼들을 낳고 그들이 조금 자라나면, 새끼들은 아비와 어미의 얼굴을 칩니

---

52 다른 사본들에서 이 문장은 다음과 같다. "Բարեաւք Դաւիթ ասէ. նմանեցայ եւ Հաւալսան յանապատի." (다윗은 잘 말해준다. '나는 광야에 있는 사다새와 같구나.')

53 시 102.6(LXX 101.7): "ὡμοιώθην πελεκᾶνι ἐρημικῷ." (나는 광야의 사다새와 같구나.)

54 Marr와 Muradyan에는 '어머니, 어미'를 의미하는 *մայրն*으로 되어있다.

55 개역개정 성경에는 '올빼미'로 되어 있다.

다. 그러면 부모는 새끼들을 짓밟아 죽여버립니다. 부모는 동정과 연민으로 돌아서서, 3일 동안 '어째서 우리가 자식들을 죽여버렸을까?' 하며 흐느껴 웁니다. 그리고 셋째 날에 아비가 와서 자신의 옆구리를 가릅니다. 그러면 피가 새끼들의 사체에 떨어지고, 그들을 일으킵니다.

Նոյնպէս եւ Տէր մեր ասաց ի բերանոյ Եսայեայ. "Որդիս ծնայ եւ բարձրացուցի, եւ նոքա զիս անարգեցին:"[56] *Արարիչն ծնաւ զմեզ, եւ մեք զան հարաք զնա. զի պաշտեցաք զարարածս եւ ոչ զարարիչն: Եկն եւ ի խաչ, եւ կաթեցոյց զարիւն իւր ի ճաշակումն կենաց, եւ զջուրն ի լուսաւոր մկրտութիւն եւ ի թողութիւն ապաշխարութեան: {զոր ասաց բարոյախաւան վասն հաւալսանն:}*

이같이 우리 주님께서도 이사야의 입을 통하여 말씀하셨습니다. "내가 아들들을 낳아서 들어올렸건만, 그들은 나를 경멸하였도다." 창조주께서 우리를 낳으셨건만, 우리는 그분을 채찍질하였습니다. 이는 우리가 창조물을 경배하였으나 창조주는 경배하지 않았기 때문입니다.[57] 그분은 오셔서 십자가에 오르시어, 생명의(생명을 위한)[58] 성찬을 위하여 당신의 피를 흘리셨고, 찬란한 세례와 참회의 용서를 위하여 물을 [흘리셨습니다]. {이것은 피지올로구스가 펠리칸에 관하여 말한 것입니다.}[59]

---

56 사 1.2.

57 로마서 1장 25절 참조.

58 본문의 해석은 속격을 그대로 옮긴 것이다. 그런데 아르메니아어의 속격의 형태는 여격의 형태와 같으므로, 이를 유익의 여격으로 해석하면 괄호 안의 해석도 가능하다.

59 직역하면 다음과 같다. "피지올로구스는 사다새에 관하여 이것을 말하였다." 이 부분은 Pitra에는 없으며, 다른 사본들에만 나타난다.

제8장 올빼미에 관하여

Arm8. վասն բուոյ

Զբուէ[60] ասեն թէ զգիշերն քաջ սիրէ քան զաււ։
Եւ Տէր մեր Յիսուս Քրիստոս սիրեաց զմեզ որք նստեաք ի խաւարի
եւ ի ստուերս մահու, զժողովուրդն հեթանոսաց առաւել քան
զՀրէից, որոց որդեգրութիւնն էր եւ աւետիք Հարցն։ Եւ անտի իսկ
ասէր կենարարն[61]․ "Մի՛ երկնչիր հօտ փոքրիկ։[62]"[63]

Arm8. 올빼미에 관하여

[사람들이] 올빼미에 관하여 이르기를, 올빼미는 낮보다 밤을 더욱 사랑한다고들 말합니다.

우리 주 예수 그리스도께서도 어둠과 죽음의 그림자 가운데 나앉아온 우리

---

60 Pitra에서는 *բու*의 탈격 형태로 *բուէ*를 제시하고 있으나, 다른 사본들은 *բուոյ*로 기록하고 있다.

61 '구원자'를 뜻하는 그리스어 σωτήρ를 옮긴 것으로서, 문자적으로는 '생명을 주시는 분'이라는 뜻을 가진다. 이는 의미 중심의 초창기 아르메니아어 번역 방식을 보여준다. 헬레니즘 학파(Hellenizing School)로 불리는 전문 번역자들에 의하여 그리스어와 아르메니아어의 문자적인 일대일 대응 체계가 갖춰진 이후에는 σωτήρ는 주로 *փրկիչ*로 옮겨진다.

62 다른 사본들에는 이 인용구 전체가 추가로 삽입되어 있다. "*զի հաճեցաւ հայր ձեր տալ ձեզ զարքայութիւնն։*" (너희의 아버지께서 그 나라를 너희에게 주시기를 기뻐하시기 때문이다.)

63 눅 12.32.

를 사랑하셨습니다.[64] 입양(양자됨)과 성조(聖祖)[65]들의 약속이 있는 유대인들보다, 이방인들을 더욱 말입니다. 그러므로 구원자(생명을 주시는 분)께서 말씀하셨습니다. "두려워 말아라, 어린 양떼여!"

Եւ թէ ոք ասէ,[66] թէ "բուն[67] պիղծ է ըստ պատուիրանացն, զիարդ բերիցես օրինակ Քրիստոսի," ասեմ թէ զկենարարէն ասէր Առաքեալ, թէ "Այն որ զմեղս ոչ գիտէր՝ վասն մեր մեղս արար, եւ խոնարհեցոյց զանձն. զի ընդ ամենայնի ամենայն եղեւ զի կեցուցէ զամենեսեան:" {Ապա ուրեմն բարեաւք խաւսեցաւ բարոյախաւսն վասն բուոյ:}[68]

만일 누군가가 "율법에 따르면 올빼미는 부정하다.[69] 그런데 당신은 왜 그것을 그리스도의 예형으로 드는 것이오?" 라고 말한다면, 나는 이렇게 말하겠습니다. "사도가 구원자에 관하여 말하기를, [하나님은] 우리를 위하여 죄를 알지 못하시는 그분께 죄를 뒤집어 씌우셨고,[70] 그분은 자신을 낮추셨습니다.[71] 참으로 그분은 모든 이에게(모두를 위하여) 모든 것이 되어주셨으니,[72] 이는 모두를 구원하시기 위함입니다." {그러므로 피지올로구스는 올빼

---

64 이사야 9장 2절, 마태복음 4장 16절, 누가복음 1장 79절 참조.

65 거룩한 조상들, 즉 구약의 이스라엘 민족의 조상인 아브라함, 이삭, 야곱을 뜻한다.

66 다른 사본들에는 이 문장이 다음과 같이 기록되어 있다. "*Այլ թերեւս ասիցես*" (그런데 아마 그대는 말할지도 모른다.)

67 원래 Pitra에는 *բոյն*으로 기록되었는데, 이는 아마도 *բուն*을 오기한 것으로 보인다. Π 사본의 본문에서는 분명히 주격 형태의 ὁ νυκτικόραξ로 기록되었고, 다른 사본들에는 주격 형태인 *բու*로 기록되어 있다. 그러므로 이 책은 다른 사본들을 따라서 이 낱말을 주격으로 교정한다.

68 { } 부분은 Pitra에는 없으며, 다른 사본들에만 나타난다.

69 신명기 14장 17절 참조.

70 고후 5.21. 이를 직역하면 다음과 같다. "그는 죄를 알지 못한 분을 죄로 삼으셨다."

71 빌립보서 2장 8절 참조.

72 고린도전서 9장 22절 참조.

미에 관하여 잘 말해주었습니다.}

제9장 독수리에 관하여

Arm9. վասն արծուոյն

Դաւիթ. "Նորոգեսցի որպէս զարծուի մանկութիւն քո:"[73]
Բարոյախոս (ասէ) թէ յորժամ ծերասցի, ծանրանան թեւքն, եւ
շլանան աչքն, եւ խնդրէ աղբեւր զրոյն, եւ թռչի դէպ աղբեւր զրոյն[74]
յեթերն ի բարձրաւանդակ երկին. եւ խարակի թեւքն ի ջերմու} թենէ
արեգականն, եւ աշաց շլացութիւնն լուսաւորի: Եւ իջանէ յաղբերն
եւ երիցս անգամ մկրտի եւ մանկանայ:

Arm9. 독수리에 관하여

다윗은 [말합니다]. "그대의 청춘이 독수리처럼 새롭게 되리라."

피지올로구스가 말하기를, 독수리는 나이가 들면, 날개가 무거워지고, 눈이 어둑해집니다. 그러면 그것은 물의 근원(샘)을 찾으며, 물의 근원을 향하면서 높은 하늘에 있는 에테르로 날아갑니다. 그러면 날개는 태양빛에 의해 불태워지고, 눈의 어둑함은 밝아지게 됩니다. 그리고 독수리는 샘으로

---

73 시 103.5(LXX 102.5): "ἀνακαινισθήσεται ὡς ἀετοῦ ἡ νεότης σου." (그대의 젊음이 독수리처럼 새롭게 되리라.)

74 Π 사본의 본문에는 "물의 근원을 향하며" 부분이 생략되어 있다.

내려가, 세 차례 씻고 젊어집니다.

Եւ դու թէ ունիցիս զհին մարդն եւ վատեալ ինչ աչք քո, եւ խնդրիցես զիմանալի աղբերն այն՝ որ ասէ. "Զիս թողին աղբեւր չրոյ կենդանւոյ"[75] *զՅիսուս Քրիստոս. եւ նա աւարէ զհին հանդերձն զոր զգեցար ի սատանայէ, եւ չլսիցես զոր ինչ ծերքն լուան թէ "Հնացեալ աւուրբք չարութեան." Եւ մկրտիցիս ի մշանչենաւոր աղբերն յանուն Հօր եւ Որդւոյ եւ Հոգւոյն սրբոյ, եւ մերկանայցես զհին մարդն գործովք իւրովք հանդերձ, եւ զգենուցուն զնորա որ ըստ պատկերին Աստուծոյ հաստատեցաւ բարի եւ օգուտ: {Ապա ուրեմն բարեաւք ասաց բարոյախաւան վասն արծուլոյն.}*[76]

그대도 낡은(늙은) 사람이 되고 눈이 약해지면, 가지적(可知的)인 샘이신 그분을 찾으십시오. 그분은 "그들이 생수의 근원인 나를 버렸다." 라고 말씀하신, 예수 그리스도이십니다. 그분은 사탄에 의해 그대가 입었던 낡은 옷을 없애버리시니, 그대는 어느 노인들이 들었던, "악행의 세월로 나이든 자여!"[77] 라고 듣지 않게 될 것입니다. 그리고 영원한 샘에서 아버지와 아들과 성령의 이름으로 씻음을 받으십시오. 또한 낡은 사람을 그것의 행실들과 함께 벗어버리고, 하나님의 모상을 따라 선하고 유익하게 창조된 새로운 [사람]을 입으십시오.[78] {그러므로 피지올로구스는 독수리에 관하여 잘 말해주었습니다.}

---

75 렘 2.13.

76 { } 부분은 Pitra에는 없으며, 다른 사본들에만 나타난다.

77 단 13.52(LXX 수산나 1.52): "πεπαλαιωμένε ἡμερῶν κακῶν" (악행의 날들로 나이든 자여.)

78 에베소서 4장 24절 참조.

제10장   피우니크(불사조)라고 불리는 새에 관하여

Arm10. Վասն թռչուն որ կոչի փիւնիկ

Տէրն մեր Յիսուս Քրիստոս ասէ, "Իշխանութիւն ունիմ դնել զանձն իմ, եւ իշխանութիւն ունիմ միւս անգամ առնուլ."[79] եւ Հրեայքն ամբաստանեին զբաննն։

Arm10. 피우니크(불사조)[80]라고 불리는 새에 관하여[81]

우리 주 예수 그리스도는 말씀하십니다. "나는 내 생명을 내려놓을 권세를 가졌고, 다시 얻을 권세도 가졌다." 그러나 유대인들은 그 말씀을 비난하였

---

79   요 10.18.

80   그리스어 Φοῖνιξ(피닉스)를 아르메니아어로 음차한 것으로, 오늘날 흔히 불사조로 알려진 그 새를 말한다.

81   피닉스 전설을 그리스도의 부활에 비유하는 전승은 꽤나 이른 시기부터 있었다. 이와 유사한 내용이 초대교회 교부인 로마의 클레멘스(Clement of Rome) 코린토스(고린도) 사람들에게 보내는 편지에서 그리스도교 문헌 최초로 나타난다. 이 내용은 다음과 같다. "우리는 해 뜨는 곳, 즉 아라비아 근방에서 일어나는 역설적인 표징을 본다. '피닉스'라고 불리는 어떤 새가 있다. 이것은 500년을 한 번 살아가며, 죽을 때가 되면 죽기 위하여 유향과 몰약과 기타 향료들로 자기를 위한 무덤을 만들고, 때가 되면 그 무덤으로 들어가서 최후를 맞는다. 그 살이 썩으면 어떤 벌레가 태어나는데, 그것은 최후를 맞은 생물(피닉스)의 습기(자양분)로 양육되며 깃털이 자라난다. 이후 그것이 고귀한 모습을 갖춘 이후에 그 이전에 살았던 것(피닉스)의 뼈가 있는 그 무덤을 들어 올려서, 아라비아 지방에서 이집트의 헬리오폴리스라고 불리는 곳까지 옮긴다. 낮 동안, 모두가 볼 때, 그것은 태양의 제단 위로 날아와서 그 무덤을 올려놓고, 다시 떠나간다. 그러므로 사제들은 역대기록을 살펴보고 그것이 500년을 다 채운 후 왔음을 발견한다." 〈클레멘스 1서〉, 25,1-5. 이것의 본문은 다음에 의한다. Clement of Rome, *Epistola ad Corinthios*, edited by Annie Jaubert, *Sources chrétiennes* 167 (Paris: Les Éditions du Cerf, 1971).

습니다.

Է թոշուն ինչ որ կոշի փիւնիկ. յետ հինգհարիւր ամի դառնայ ի
ծառան Լիբանանու, եւ լնու գերկու թեւան իւր խնկովք, եւ երթայ
ազդ առնէ քրմին Արեգ քաղաքի յամսեանն պարեմոդի կամ
փարմութի, այսինքն արեգի կամ ահկի: Եւ քուրմն իբրեւ իմանայ,
մտանէ լնու զբագին[82] որթափայտով. եւ ելանէ ի քաղաքէն ի
բագինն, իւրովի լուցանէ եւ զկրակն, եւ անձամբ զանձն այրէ: Ի
վաղիւն մտանէ քուրմն եւ որոնէ զբագինն, եւ գտանէ որդն ի
մոխրին: Եւ յերկրորդ աւուրն թեւս գործէ, եւ գտանի ձագ թոշնոյ.
Եւ յերրորդ աւուրն հրաժարի որպէս զառաջինն ի քրմէն, եւ թոշի
երթայ բնակէ ի հին տեղին:

'피우니크'(불사조)라고 불리는 어떤 새가 있습니다. 피우니크는 500년이 지나면 레바논의 나무(숲)로 돌아가서 자기의 날개를 유향으로 가득 채우고, 떠나서 파메노트 달[83] 또는 파르무티 달[84], 즉 태양의 달[85] 또는 불꽃의 달[86]에 태양의 도시(헬리오폴리스)의 사제에게 [자기가 왔음을] 알립니다. 그러면

---

82 Pitra에는 이 낱말이 '발톱'을 뜻하는 *ճագիլ*의 복수 대격 형태인 *ճագիլսն*로 기록되었다. 하지만 다른 사본들은 이 낱말을 '제단'을 뜻하는 *բագին*으로 기록한다. 이는 낱말의 형태가 유사함에 따른 오기로 보인다. 따라서 문맥상 제단으로 보는 것이 더 옳으므로, 다른 사본들을 따라 이 낱말을 수정한다.

83 그리스어 Φαμενώθ(파메노트)를 아르메니아어로 음차한 것으로서, 고대 이집트 달력의 7번째 달에 해당한다.

84 그리스어 Φαρμουθί(파르무티)를 아르메니아어로 음차한 것으로서, 고대 이집트 달력의 8번째 달에 해당한다.

85 이에 해당하는 아르메니아어 *արեգ*(아레그)는 문자적으로 태양을 뜻하며, 고대 아르메니아 달력의 8번째 달이다. 이는 오늘날의 달력으로는 3월 초부터 4월 초까지의 기간에 해당한다.

86 이에 해당하는 아르메니아어 *ահկի*(아흐키) 또는 *Ահեկան*(아헤칸)은 어원적으로 불꽃(*կրակ*)과 관련되며, 고대 아르메니아 달력의 9번째 달이다. 이는 오늘날의 달력으로는 4월 초에서 5월 초까지의 기간에 해당한다. Marr에는 이 낱말이 *բաղոց*로 기록되어 있다.

사제는 이를 알아차리고, [제단에] 들어가서 제단을 포도나무로 가득 채웁니다. 그러면 피우니크는 도시에서 제단으로 올라가, 스스로 불을 붙여서, 자기 자신을 불태웁니다. 그 다음날에 사제가 들어가서 제단을 살피는데, 그는 잿더미 속에서 벌레를 발견합니다. 그리고 둘째 날에 벌레는 날개를 만들어내고 새의 새끼의 모습으로 나타납니다. 그리고 셋째 날에 그것은 이전 것(처음 것)[87]으로서 사제를 떠나서, 예전의 장소로 날아가 거합니다.

Իսկ երէ թողուՆն իշխանութիւն ունի սպանանել զանձն, անմիտք, ընդէ՞ր ամբաստանէք զբանն Քրիստոսի որ ասէր, "Իշխանութիւն ունիմ դնել զանձն իմ, եւ իշխանութիւն ունիմ միւսանգամ առնուլ զնա:"[88]

그러므로 새도 자기를 죽일 권세를 가지고 있거늘, 어리석은 사람들이여, 그대들은 어째서 "나는 내 생명을 내려놓을 권세를 가졌고, 이것을 다시 얻을 권세도 가졌다." 라고 말씀하신 그리스도의 말씀을 비난합니까?

Փիւնիկ օրինակ զՓրկչին բերէ. քանզի նա յերկնից եկն եւ երեր զերկոսին թեւան[89] անուշահոտ խնկովք առաքինութեան՝ երկնաւոր

---

87 죽기 이전의 모습으로 부활하였기 때문에 '이전 것'이라고 말한다.

88 요 10.18.

89 이 낱말의 본래 형태는 *թեւքն*이다. 이를 살려 원래 문장을 직역하면 다음과 같다. "팔은 미덕의 감미로운 향, 즉 하늘의 선물로 [채워서] 두 [팔]을 가져오기 때문이다." 이 괴상한 문장이 만들어진 것은 다른 사본들과 달리 Pitra에서는 이 낱말이 주어로 사용되기 때문이다. 이것은 대격인 *թեւս*를 주격인 *թեւք*로 오사한 것으로 보이는데, 다른 사본들은 이를 분명히 *թեւս*로 기록하고 있다. 이러한 경우 이 전체 문장의 주어는 *նա*(그분)가 되며, 문장의 뜻이 문맥과 일치한다. 따라서 이 책은 다른 사본들을 따라서 이 낱말을 *թեւս*로 교정한다. Marr 는 다음과 같이 이 문장을 기록한다. "*քանզի նա յերկնից եկն և երեր զերկոսին թեւն մի խնկովք անուշահոտութեան առաքինութեամբ և երկնաւոր պարգևաւք:*" (이는 그분께서 하늘로부터 오셨고 두 팔에 미덕의 향기와 하늘의 선물인 유향을 한가득 채워서 풍기기 때문이다.)

պարգեւօք: Անբարձցուք զձեռս մեր եւ առաքինացուք զհոտ անուշից գործովք մերովք: {Ապա ուրեմն բարեաւք խաւսեցաւ բարոյախաւսն գիւիւնիքս թռչնոյ.}[90]

피우니크는 구원자의 예형을 보여줍니다. 이는 그분께서 하늘로부터 오셨고, 두 팔로 하늘의 선물인 미덕의 감미로운 향기를 풍기시기 때문입니다. 우리도 우리의 손을 높이 들어올려서 우리의 행실로 감미로운 향기를 냅시다.[91] {그러므로 피지올로구스는 피우니크에 관하여 잘 말해주었습니다.}

90　{ } 부분은 Pitra에는 없으며, 다른 사본들에만 나타난다.

91　직역하면 다음과 같다. "우리의 행실로 감미로움의 향기를 미덕으로 보이자."

제11장　후투티라고 불리는 새에 관하여

Arm11. Վասն թոչնոյն որ կոչի յոպոպ

{Գիրք ասեն թէ "որ բամբասէ զհայր կամ զմայր՝ մահու մեռցի:"[92]*}*[93]

Եւ թոչուն ինչ որ կոչի յոպոպ: Յորժամ տեսանեն զհայրն կամ զմայրն ծերացեալ, կամ յաչացն վատեալ, փետտեն որդիքն զթեւան ծնողացն, եւ լեզուն զաչս նոցա եւ ջերուցանեն ընդ թեւօքն իւրեանց: Եւ անուցանեն զնոսա, եւ ասեն զհայրն եւ զմայրն.

Որպէս դուք զմեզ ի ձուլոջ ջերուցիք, նոյնպէս եւ մեք փոխարէն արասցուք:

ՉՀամրդ մարդիկ խօսուն եւ իմացուն անարգեն զհայր եւ զմայր:

Arm11. 후투티라고 불리는 새에 관하여

{성경은 말합니다. "아버지나 어머니를 험담하는 자는 죽음으로 죽을 것이

---

92 출애굽기 21장 17절 참조. '죽음으로 죽으리라'는 말은 히브리어 문법에서 부정사 절대형이라는 용법을 문자적으로 옮긴 것으로서, 동사와 같은 어원의 부정사를 함께 사용함으로써 강조하는 용법을 나타낸다. 따라서 우리말로는 '반드시 죽으리라'로 옮길 수 있다. LXX는 히브리어 본문을 문자적으로 번역하였으므로 같은 뜻이 중복되는 식으로 나타나며, LXX를 고대 아르메니아어로 번역한 아르메니아 구약성경에서도 이와 같은 모습이 그대로 나타난다.

93 { } 부분은 Pitra에는 없으며, 다른 사본들에만 나타난다.

다.”}

후투티라고 불리는 어떤 새가 있습니다. 자식(새끼)들은 아비와 어미가 나이 들거나 눈에서 시력이 약해지는 것을 보면, 부모의 깃털[94]을 뽑아주며, 그들의 눈을 핥고 자기들의 날개 아래에서 [그들을] 따뜻하게 품어줍니다. 그리고 부모를 먹여주면서, 자식들은 아비와 어미에게 이렇게 말합니다. “우리가 아직 알이었을 때부터 당신들께서 [우리를] 따뜻하게 해주신 것처럼, 우리도 그렇게 보답할 것입니다.”

하물며 이성적이고 생각할 줄 아는 인류가 어떻게 아버지와 어머니를 멸시할 수 있겠습니까?

94　라틴어 b, c 사본에는 ‘오래된’ 또는 ‘낡은’이 추가되어 있다. 즉 오래된 깃털을 솎아내주는 것으로 이해할 수 있다.

제12장   들나귀에 관하여

Arm12. վասն ցռուց

Գրեալ է թէ "Թող զցիռ ազատացեալ."⁹⁵

Վասն ցռուց ասէ. Յորժամ ծնանիցի մատակն, գայ հայրն եւ ծամէ, զկարևորս նորա, վասն զի մի́ զօրասցի ի վերայ մեր ասէ։ Առաքեալ զեկեղեցւոյ մանկունքն ի ժուժկալութեան կրթէ յերկնաւոր կրօնան, եւ որպես ասեն գիրք, "Ուրախ լեր ամուլ որ ոչ ծնանեիր."⁹⁶ եւ այլք հին կտակարանին աճումնխոստատանան: {եւ նորքս ժուժկալութիւն կրթեն:}⁹⁷

Arm12. 들나귀에 관하여

"들나귀를 풀어주어 가게 하여라." 라고 기록되었습니다.

들나귀에 관하여 [피지올로구스는] 말합니다. [들나귀] 암컷이 출산하면, 아비는 와서 새끼의 생식기를 씹어버리며, 이는 우리 이상으로 번식하지 않

---

95 욥기 39장 5절 상반절을 일부 인용한 것이다. Marr는 다음과 같이 전체 성구를 인용한다. *"Ո́վ եթող զցիռ ազատացեալ."* (누가 들나귀를 풀어주어 가도록 하였는가?)

96 사 54.1a.

97 { } 부분은 Pitra에는 없으며, 다른 사본들에만 나타난다.

기 위함이라고 말합니다.

교회로부터 보냄을 받은 종들인 사도는 절제로써 하늘의 삶(규범)을 가르쳤습니다. 성경이 "아이 없는 자, 곧 아이를 낳지 않는 자여, 기뻐하여라!" 라고 말한 것과 같습니다. 구약의 다른 [책]들은 번성을 약속합니다. {하지만 신약[의 책]들은 절제를 가르칩니다.}

<h1 style="text-align:center">제13장 독사에 관하여</h1>

Arm13. վասն իժին

Ասէ աւետարանն gՓարիսեցիսն, "Ծնունդք իժից."[98]

Arm13. 독사에 관하여

복음은 바리새인들을 두고서 이렇게 말합니다. "독사의 자식들아!"

Ասէ վասն իժին թէ յորժամ արուն ընդ իգին, ընդ բերանն յղանայ, եւ էգն յորժամ զսերմն կլանէ, զկարեւորս արուին կործէ եւ չինքն առնու, քանզի գիտէ արուն թէ յորժամ ընդ իգին լինի, մեռանի, բազում գայ եւ գտանէ զէգն եւ փախչի.[99] *Ապա չետոյ ոչ կարէ հանդարտել յանձն, լինի ընդ իգին եւ մեռանի. Եւ իգին քանզի չիք որովայն, որ կրէ զծնունդն. Յորժամ աճէն կորիւնքն, ծակէն զկողս մօր իւրեանց եւ ելանէն, եւ այնպէս հայրակերք են եւ մայրասպանք.*

---

98 마 3.7, 12.34, 23.33; 눅 3.7.
99 이 문장은 다른 사본들에는 나타나지 않는다.

[피지올로구스가] 말하기를, [독사] 수컷은 암컷과 교미할 때, [암컷의] 입을
통해 임신시킵니다. 그러면 암컷은 정액을 삼키고, 수컷의 생식기를 잘라
서 자기에게로 가져옵니다. 그러므로 수컷은 암컷과 함께 있으면, 자기가
죽는다는 것을 알게 됩니다. 수컷은 여러 번 가서 암컷을 찾아다니다가도
도망쳐버립니다. 그러다가 나중에 수컷이 스스로를 억누르지 못하면, 암컷
과 함께 있게 되고, 그것은 죽습니다. 그런데 암컷에게는 새끼를 품을 자궁
이 없습니다.[100] 새끼들이 자라나면, 그들의 어미의 옆구리를 꿰뚫고 나오는
데, 이렇게 그들은 부친 살해자이자 모친 살해자가 됩니다.

*Նոյնպէս եւ Փարիսեցիքն սպանին զՀայր իւրեանց զՅիսուս
Քրիստոս։ Եւ զիՃարդ կարեն փախչիլ ի բարկութենէն "որ գալոցն
է."[101] զի նա կենդանի է յաւիտեան։*

이렇게 바리새인들도 그들의 아버지이신 예수 그리스도를 죽였습니다. 그
들은 어떻게 "장차 임할" 진노로부터 도망칠 수 있겠습니까? 참으로 그분
은 영원히 살아계십니다.

---

100 원래 이 문장은 Pitra에 다음과 같이 기록되어 있다. *"Եւ սքանչելի է որովայն իգին որ զվիշապին
ծնունդն յինքն կրէ։"* (새끼 뱀을 그 안에 밴 암컷의 자궁은 놀랍다.) 하지만 이는 문맥과 크게 벗어나므로,
    이 책은 다른 사본들을 따라서 본문과 같이 교정한다.

101 마 3.7; 눅 3.7.

제14장 뱀에 관하여

Arm14. Վասն օձին

Տէր մեր ասէ . "Եղերուք խորագէտք իբրեւ զօձս։"[102]
Բարոյախօսն ասէ, թէ երեք բարք են օձին.

Arm14. 뱀에 관하여

우리 주님께서 말씀하십니다. "너희는 뱀처럼 지혜로워야 한다."
피지올로구스가 말하기를, 뱀에게는 세 가지 습성이 있습니다.

Ա. Առաջին բարքն. Յորժամ ծերանայցէ եւ աչքն վատիցեն, կամի մանկանալ ի պատահմանէ, եւ նահատակի եւ չուտէ զքառասուն տիւ եւ զքառասուն գիշեր, մինչեւ մորթն թուլանայցէ. եւ գտանէ քարածերպ ինչ եւ մտանէ եւ ընկենու զխորխն։ Ըստ այնմ թէ "Նեղ է դուռնն եւ անձուկ[103] *ճանապարհն որ տանի ի կեանս։"*[104]

---

103 Pitra에서 원래 이 낱말은 '광활한, 넓은'을 의미하는 형용사 *արձակ*이다. 이것은 마태복음 7장 13절 *"Համարձակ ճանապարհն որ տանի ի կորուստ։"* (파멸로 인도하는 길은 드넓다.)에서 나타나는 표현이다. 다른 사본들에는 *անձուկ*로 기록된 점을 볼 때, Pitra는 형태의 유사함으로 인하여 *արձակ*를 *անձուկ*로 오기한 것으로 보인다. 따라서 이 책은 다른 사본들을 따라서 이 낱말을 *անձուկ*로 교정한다.

1. 첫째 습성. 뱀은 나이가 들고 눈이 약해지면, 문득 젊어지기를 원합니다. 그리고는 껍질이 느슨해질 때까지, 분투하며 40일 낮과 밤동안 먹지 않습니다. 그리고 어느 바위틈을 발견하면 들어가서 껍질이 떨어져나가게 합니다. 이는 "생명으로 인도하는 문은 좁고 그 길은 험하다." 라는 말씀대로입니다.

Բ. Երկրորդ բարք օձի. Յորժամ երթայ ի գետ ըմբել ջուր, չտանի զթիւնս ընդ իւր, այլ ի յայր ուրեք կամ ի ծակ թափէ: Նոյնպէս եւ մեք պարտիմք յորժամ ժողովիցիմք ըմբել ջուր մշտնջենաւոր, եւ լսել զերկնաւոր[105] եւ զաստուածային երգան յեկեղեցւոջ, չբերել ընդ մեզ զթիւնան, այսինքն զերկրաւոր, զմոխրալից, զպղծախառն ցանկութիւն, եւ զայլ ամենայն:

2. 뱀의 둘째 습성. 뱀이 물을 마시러 강으로 갈 때면, 자기에게 독을 품지 않고 어느 동굴이나 구멍에 독을 쏟아 놓습니다. 이렇게 우리도 영원한 물을 마시고 하늘의 거룩한 노래를 듣고자 교회에 모였을 때, 세상적이고 재투성이이며 불결한 욕망과 다른 모든 것들인 그 독을 우리에게 옮겨서는 안 됩니다.

Գ. Երրորդ բարք օձին. Յորժամ տեսանէ զմարդն մերկ, ցանկայ եւ երկնչի. եւ թէ զգեստով տեսանէ՝ ի վերայ ընթանայ: Եւ մեք

---

104 마 7.14: "*անձուկ է դուռնն եւ նեղ ճանապարհն որ տանի ի կեանս:*" (생명으로 인도하는 문은 좁고 그 길은 험하다.)

105 Pitra에서 원래 이 낱말은 '세상에 속한'을 의미하는 형용사 *երանաւոր*이다. 그러나 다른 사본들에는 '하늘의'를 의미하는 형용사 *երկնաւոր*로 기록되었거나 아예 이 단어가 생략되어 있는 것을 볼 때, 아마 Pitra는 형태의 유사함으로 인해 오기한 것으로 보인다. 맥락상 다른 사본들처럼 이 말을 생략하거나 '하늘의'를 대신하여 쓰는 것이 더 적합하므로, 이 책은 다른 사본들을 따라서 이 낱말을 *երկնաւոր*로 교정한다.

զաներեւոյթեան իմասցուք։ Հայրն մեր Ադամ մինչ ի դրախտին էր չկարաց դիմել ի նա սատանայ։

3. 뱀의 셋째 습성. 뱀은 벗은 사람을 보면, [달려들기를] 원하지만 두려워합니다. 그런데 옷 입은[106] 사람을 보면, 그 사람의 위로 달려듭니다. 우리도 보이지 않는 것들을 알아야 합니다. 우리의 조상 아담이 낙원에 있었던 동안에 사탄은 그에게 달려들 수 없었습니다.

---

106   직역하면 다음과 같다. "[옷으로] 감싼."

제15장   개미에 관하여

Arm15. *Վասն մրջմանն*

Սողոմոն ասէ. "Երթ առ մրջիւն եւ ուսիր ի նմանէ."[107]
Բարոյախօսն ասէ, երեք բարք մրջմանն.

Arm15. 개미에 관하여

솔로몬은 말합니다. "개미에게 가서 그것에게서 배우라."
피지올로구스가 말하기를, 개미에게는 세 가지 습성이 있습니다.

*Ա. Առաջին, յորժամ տողեալ միմեանց զհետ երթան, իւրաքանչիւր
գիւր հատն ունի ի բերան. եւ այնք որ չունին՝ չասեն ինչ
ցբեռնաւորն՝ "տուք ի մեզ," եւ ոչ բունի հանեն եւ ոչ նախանձին թէ
"ընդէ՞ր ձրացեալ ժողովեցէք:" Այն իմաստուն կուսանացն օրինակ
է. բայց վայ իցէ յիմար կուսանացն որք ոչ երբէք ձրացան:*

1. 첫째 [습성]. 개미가 서로 정렬하여 길을 갈 때면 각자가 자기의 낱알을

입에 가집니다. 낱알을 가지지 않은 개미들은 [낱알을] 입에 가진 어떠한 개
미한테도 "우리에게 내놓아라." 라고 말하지 않습니다. 또한 그들은 강압적
으로 낱알을 빼앗지도 않고, "왜 너희만 근면하게 모으느냐?" 라고 하며 시
기하지 않습니다. 이러한 것은 지혜로운 처녀들의 예형입니다. 그러나 근
면하지 않은 어리석은 처녀들에게는 결단코 화가 있을 것입니다.[108]

*Բ. Երկրորդ բարք մրջմանց. Յորժամ բերիցէ զհատն, ընդ մէջն
կտրէ թէ գուցէ ձմեռն գայ, եւ անձրեւ լինի, եւ բուսանիցի հատն,
եւ սովամահ լինիցի։ Եւ դու զհին պատգամս ընտրեա ի հոգեւորն,
գուցէ երբ զհին սպանանէ, այլ Հոգին կեցուցանէ. եւ դարձեալ թէ
"Օրէնք Հոգւոյն ազատեցին զմեզ."[109] դարձեալ, "Օրէնքն հոգեւորք
են:"[110] Այլ յօրէնս առանց հոգւոյ են Հրեայքն, եւ սովամահ եղեն եւ
սպանողք սրբոյն:*

2. 개미들의 둘째 습성. 개미는 낱알을 옮길 때, 반으로 쪼갭니다. 겨울이
오고 비가 올 때, 낱알이 발아하여 굶주리지 않도록 하기 위함입니다. 그대
는 옛 말씀들(구약)을 신령한 것으로 분별하십시오. 이는 문자가 죽이도록
하려 함이 아니라, 오히려 성령이 살리도록 하려 함입니다.[111] 또한 "성령의
법은 우리를 해방하며," 또한, "그 법은 영적인 것입니다." 그러나 유대인들
은 성령이 없는 율법 안에 있으며, 그들은 굶주린 자들이되었고 성인(聖人)
의 살해자가 되었습니다.

---

108   마태복음 25장 1-13절 참조.

109   고후 3.6.

110   롬 7.14.

111   로마서 8장 2절 참조.

Գ. Երրորդ բարք մրջման. Յորժամ յարտն երթայ, ելանէ ի հասկն,
եւ կեղեւէ զհատն, յառաջ քան զելանելն հոտոտի թէ ցորենոյ իցէ։
Թէ գարւոյ իցէ, փախչի անտի՝ եւ ի ցորենոյն երթայ. քանզի գարին
անասնոյ կերակուր է. որպէս ասէ թէ "Փոխանակ ցորենոյ բուսցին
քեզ գարի։"[112] Եւ դուք փախերուք յայնցանէ որ անասնացուցին
զանձինս, յամենայն օտարոտի ուսմանց։

3. 개미의 셋째 속성. 개미는 지면으로 나가면, 이삭에 올라가서, 낱알의 껍질을 벗깁니다. 개미는 오르기에 앞서 그것이 밀알인지[113] 냄새를 맡아봅니다. 만약 그것이 보리라면[114], 그것은 거기서 피하여, 밀알로 갑니다. 보리는 동물의 음식이기 때문입니다. 이는 마치 "밀알을 대신하여 보리가 자라나리라." 라고 말한대로입니다. 그대들도 자기를 짐승으로 만드는 그것, 곧 낯선 모든 가르침들로부터 피하십시오.

---

112 욥기 31장 40절 참조. 성경은 보리와 밀을 나누지 않지만, 이곳에서는 보리와 밀을 각각 동물과 사람의 음식으로 구분한다.

113 직역하면 다음과 같다. "밀알에 속한 것."

114 직역하면 다음과 같다. "보리에 속한 것."

제16장 유쉬카파리크(세이렌)
{와 이샤출(오노켄타우로스)}에 관하여

Arm16. Վասն յուշկապարկաց {և իշացլուց}[115]

Եսայի ասէ, "Յուշկապարիկք բնակեցին եւ դեւք կաքաւեցեն եւ ոզնիք ձագս հանցեն:"[116]

Arm16. 유쉬카파리크(세이렌)[117]{와 이샤출[118](오노켄타우로스)}에 관하여

이사야는 말합니다. "'유쉬카파리크'(세이렌)들이 거할 것이요 귀신들이 춤출 것이요 고슴도치들이 새끼를 낳으리라."

---

115 { } 부분은 Pitra나 Muradyan에는 없으며, Marr의 표제어에서만 나타난다.

116 70인역 이사야 13장 21-22절 상반절은 다음과 같다. "καὶ ἀναπαύσονται ἐκεῖ θηρία, καὶ ἐμπλησθήσονται αἱ οἰκίαι ἤχου, καὶ ἀναπαύσονται ἐκεῖ σειρῆνες, καὶ δαιμόνια ἐκεῖ ὀρχήσονται, καὶ ὀνοκένταυροι ἐκεῖ κατοικήσουσιν, καὶ νοσσοποιήσουσιν ἐχῖνοι ἐν τοῖς οἴκοις αὐτῶν· ταχὺ ἔρχεται καὶ οὐ χρονιεῖ." (짐승들이 거기서 쉴 것이요, 그 집들은 울부짖는 소리로 채워질 것이요, 세이렌들이 거기서 쉴 것이요, 귀신들이 거기서 춤을 출 것이라. 오노켄타우로스들이 거기서 거할 것이요, 고슴도치들이 그들의 집들에 새끼를 낳을 것이라.) 그런데 이를 아르메니아어로 번역하는 과정에서 ὀνοκένταυροι가 본문의 세이렌에 해당하는 յուշկապարիկք로 번역된다. 이에 따라 아르메니아어 구약성경의 이사야 13장 21-22절 상반절은 다음과 같다. "Այլ անդ հանգիցեն գազանք վայրենիք, եւ լցցին տունք նոցա աղաղակաւ. եւ անդ հանգիցեն համբարուք, եւ անդ դեւք կաքաւեցեն: եւ յուշկապարիկք բնակեցին ի նմա, եւ ոզնիք ձագս հանցեն յապարանս նորա:" (야생 짐승들이 거기서 쉴 것이요, 그들의 집들은 울부짖는 소리로 채워질 것이요, 인어(요정)들이 쉴 것이요, 귀신들이 거기서 춤출 것이라. 당나귀 악령들이 거기에 거할 것이요, 고슴도치들이 그들의 집들에 새끼를 낳으리라.)

Բարոյախոսն, վասն յուշկապարկաց, թէ մահաբերք են եւ ի ծովու
են, եւ երգեն երգս քաղցրաձայնս. եւ նաւորդք որ ընդ այն տեղիս
անցանեն, թէ լսեն զնուագս երգոց, այնչափ հեշտանան մինչ
գանձինա ի ծով ընկենուն եւ կորնչին: Եւ կերպարանք նոցա մինչ ի
պորտն կին մարդոյ է, եւ միւսն թոշնոյ է. նոյնպէս եւ իշացլուցն[119]
կեան իշոյ՝ կեան ցլոյ:

피지올로구스가, 유쉬카파리크에 관하여 [말하기를], 그것은 죽음을 가져오
고 바다에 있으며, 아름다운 선율로 노래합니다.[120] 그곳을 지나가는 항해자
들이 노래의 선율을 들으면, 그들은 매우 기분이 좋아져서 자기를 바다에
내던져서 죽이기까지 합니다. 유쉬카파리크의 생김새는 배꼽까지는 여자의
모습을, 다른 [반] 쪽은 새의 모습을 하고 있습니다. 이와 같이 '이샤출'(오노
켄타우로스)도 반은 당나귀의 모습을, 반은 소의 모습을 하고 있습니다.

Նոյնպէս եւ ամենային մարդ երկակենցաղ եւ երկմիտ՝
զադփաղփուն է յամենային ճանապարհս իւր: Նոյնպէս եւ գտանին

---

117 아르메니아어 Յուշկապարիկ(유쉬카파리크)는 '당나귀'를 뜻하는 էշ(에쉬)와 '악령'을 뜻하는 պարիկ(파리
크)의 합성어로서, 문자적으로는 '당나귀 악령'을 의미하며, 아르메니아어 구약성경의 이사야 13장 22절에
서 사용된다. 이는 원래 LXX 이사야 13장 22절의 ὀνοκένταυρος(오노켄타우로스)와 대응되는 낱말이지만,
이상하게도 피지올로구스의 아르메니아어본은 이 단어를 Σειρήν(세이렌)의 번역어로 사용하였다. LXX 이
사야 13장 21절에서 나타나는 세이렌과 대응하는 아르메니아어는 Համբարու(함바루)이지만, 이 낱말은 피
지올로구스의 아르메니아어본에는 나타나지 않는다.

118 아르메니아어 իշացուլ(이샤출)은 '당나귀'를 뜻하는 էշ(에쉬)와 '황소'를 뜻하는 ցուլ(출)의 합성어로서, 문자
적으로는 '당나귀 황소'를 의미한다. 이것은 그리스어로 '당나귀'를 뜻하는 ὄνος(오노스)와 '황소'를 뜻하는
κένταυρος(켄타우로스)의 합성어인 ὀνοκένταυρος(오노켄타우로스)를 문자적으로 옮긴 것이다.

119 Pitra에는 이 낱말이 '다른 것들'을 의미하는 այլոցն으로 기록되어 있다. 하지만 다른 사본들에서 이 낱말은
իշացլուցն으로 기록되었는데, 이것은 իշացուլ(이샤출)의 복수 형태이다. 그리스어본에서도 이 낱말이
ὀνοκένταυροι로 나타나고 있고, 바로 뒤의 내용을 보더라도 이 낱말은 원래 իշացլուցն으로 기록되어 있었
음이 분명하므로, 이 책은 다른 사본들을 따라서 이 낱말을 իշացլուցն으로 교정한다.

120 직역하면 다음과 같다. "아름다운 선율의 노래로 노래한다."

մարդիկ յեկեղեցւոյ ժողովեալ, եւ ի մեղաց ոչ հեռացեալ, ունին զկերպարանս ճշմարտութեան[121]*, եւ ի զօրութենէ անտի նորա հեռացեալք եղեն։ Յորժամ յեկեղեցի մտանեն՝ զգուսանաց*[122] *կերպարանս ունին, եւ յորժամ ի ժողովրդեանն՝ զանասնոց։ Այնպիսիքն պյուշկապարկաց եւ զվիշապաց զօրինակ բերեն յինքեան անձինս, եւ զհակառակորդին զօրութեանց զհերձուածողացն, որք քաղցրութեամբ պատրեն զսիրտ անմեղաց եւ զանձինս անհաստատից։*

이렇게 두 방식으로 살고 두 마음을 가진 모든 사람은 자기들의 모든 길에서 불안정합니다. 그 사람들은 교회에 모일 때, 죄를 자제하지 않은 채로 나타나서, 진리의 모습을 하더라도 그 능력은 없애버립니다.[123] 그들은 교회에 들어갈 때는 노래하는 자의 모습을 하지만, 회중 가운데에 있을 때는 짐승의 모습을 합니다. 이러한 사람들은 유쉬카파리크와 용(큰 뱀)의 모습을 자기 안에 품으면서, 죄 없는 이들의 마음과 머뭇거리는 자들의 혼을 달콤하게 굴복시키는,[124] 적대자의 세력인 이단들의 [모습을 품습니다].

Որպէս երանելի Պաւղոս[125] *ասէ, թէ "Ապականեն զբարս քաղցրունս*

---

121 다른 사본들에는 이 낱말이 '경건'을 의미하는 *աստուածպաշտութեան*으로 기록되었다. 비록 내용상의 문제는 없지만, 만약 이 문장이 디모데후서 3장 5절의 간접 인용이라면, 다른 사본들을 따르는 것이 더 옳아 보인다.

122 이 낱말은 다른 사본들에서 '양'을 의미하는 *զառանց*로 기록되었다. 비록 내용상의 문제는 없지만, 그리스어본도 이 낱말에 해당하는 낱말로 양을 의미하는 προβατα를 사용하는 데다가, 맹수의 모습에 반대되는 것은 양이므로, 이 낱말을 *զառանց*로 교정하는 것이 옳아 보인다.

123 디모데후서 3장 5절 참조: "*որ ունիցին զկերպարանս աստուածպաշտութեան, եւ ի զօրութենէ անտի նորա ուրացեալ իցեն։*" (그들은 경건의 모습은 가지고 있지만, 거기서 능력(힘)은 부인한다.)

124 로마서 16장 18절 참조: "*քաղցրաբանութեամբ եւ օրհնութեամբ պատրեն զսիրտս անմեղաց։*" (그들은 달콤한 말과 좋은 말로 정결한 자들의 마음을 굴복시킨다.)

125 Pitra에는 이 어구가 원래 주격 형태의 *Եսայի*(이사야)로 기록되어 있다. Muradyan에는 이 문장의 주어가

բանք չարք:"[126]

이는 마치 복된 바울이 말한대로입니다. "악한 말이 온유한 습관을 망친다."

따로 나타나지 않으며, Marr에만 *երանելի Պաւղոս*로 기록되어 있다. 이 문장은 바울서신인 고린도전서 15장 33절의 인용이므로, 아마도 Pitra가 서두의 이사야서 인용으로 인해 착오를 한 것으로 보인다. 따라서 이 책은 Marr를 따라서 이를 *երանելի Պաւղոս*로 교정한다.

126 고전 15.33.

제17장　고슴도치에 관하여

Arm17. վասն ոզնոյն

Է զեռուն ինչ ոզնի անուամբ, գրնդաձեւ կերպարանօք, եւ ողն
նորա վառեալ է ամենայն փշովք, եւ փուշն նման ծովու ոզնոցն[127].
յորժամ գնայ՝ որպէս գմուկն երեւի։ Եւ {բարոյախաւսն ասէ զոզնոյ
թէ,}[128] յորժամ յողկոյզն ելանէ այգոյ[129], արկանէ զպտուղն ի
խոնարհ եւ սփռէ ի գետին, եւ ինքն թաւալի ի վերայ, եւ կառչին
պտուղքն ի խոչան, եւ առեալ տանի ձագուցն, եւ թողու լոկ
զշրուանդն։

Arm17. 고슴도치에 관하여

고슴도치라는 이름을 가진, 어떤 기어다니는 동물이 있습니다. 고슴도치는

127　Pitra에서는 이 낱말이 원래 '기어다니는 동물'을 뜻하는 զեռնոյ로 기록되었다. 그러나 다른 사본들에는 '고습도치'를 의미하는 ոզնոցն으로 기록되었는데, 이 단어가 '바다의'를 뜻하는 ծովու와 함께 쓰이면 바다의 고슴도치, 즉 성게를 의미한다. 가시의 생김새는 성게와 비슷하다고 하는 것이 문맥상 옳으므로, 이 책은 다른 사본들을 따라서 이 낱말을 ոզնոցն으로 교정한다.

128　Pitra에는 { } 안의 부분이 생략되어 있지만, 다른 사본들에는 이 부분이 추가되어 있다.

129　다른 사본에서는 이 낱말이 '포도나무'를 뜻하는 որթոյ로 기록되었는데, 그리스어본에도 이 낱말은 '포도나무'를 뜻하는 της αμπέλου로 나타난다. 하지만 문맥상 큰 차이는 나타나지 않으므로, 이 책은 이 낱말을 교정하지 않는다.

둥근 모습이며, 그것의 등은 가시로 무장했는데, 그 가시는 성게와 닮았습니다. 고슴도치가 다닐 때면, 마치 쥐를 보는 것 같습니다. {피지올로구스가 말하기를,} 고슴도치는 포도원의 포도나무에 올라갈 때, 열매를 아래로 던져서 땅에 흩뜨려 놓습니다. 그리고 자신은 [열매들의] 위에서 구르는데, 그러면 열매들이 가시에 달라붙습니다. 고슴도치는 [열매들을] 모아서 새끼들에게로 옮기고, 포도가지는 텅 빈 채로 남겨둡니다.

Եւ արդ ով նախատակեալդ, ճշմարիտ պահապան իմանալի այգոյն, որոյ եկեալ հասեալ իցէ այգոյն[130] պտուղն, յիմանալի եւ ի ճշմարիտ[131] ընձանն, եւ ամբարեալ լշտեմարանս թագաւորին եւ երթեալ հասեալ ես[132] ի սուրբ աւետարանն Քրիստոսի, եւ ժամանեալ ի կեանսն յաւիտենից։ Եւ զիա՞րդ տացես ոգնոյն թոյլ ելանել ի պտուղն[133] քո, եւ խայթոցաւք[134] մահացովք ծակոտել,[135] եւ ապականել[136] զգեղեցկութիւն առաքինութեանդ[137] քո. եւ հակառակորդ զօրութիւն վտարանդի առնէ զառաքինութիւն քո։

<hr>

130 다른 사본들에는 이 부분이 빠져 있다.

131 다른 사본들에는 이 부분이 빠져 있다.

132 다른 사본들에는 2인칭 동사인 *ես*가 아니라 3인칭 동사인 *իցէ*로 기록되었다. 이를 살려 번역하면 다음과 같다. "그것(열매)은 그리스도의 거룩한 복음에 이르고(복음 안에서 무르익고), 영원한 생명에 도달하게 되리라."

133 Muradyan에는 이 낱말이 '장소'를 뜻하는 *տեղի*로 기록되어 있으며, Π 사본의 본문도 이를 τοπον으로 기록한다. 하지만 의미상으로는 Pitra의 표현이 더 정확하며, Marr도 Pitra처럼 *պտուղն*으로 기록하고 있으므로, 이 책도 Pitra에 기록된 그대로 옮긴다.

134 다른 사본들을 따른 것이다. Pitra에는 원래 주격 형태인 *խայթոցք*로 기록되어 있다. 하지만 이를 후치 수식하는 형용사가 조격이므로, 고대 아르메니아어 문법상 수식 받는 명사도 당연히 조격이 되어야 한다. 따라서 이 책은 다른 사본들을 따라서 이 낱말을 *խայթոցաւք*로 교정한다.

135 다른 사본들에는 이 문장이 다음 문장의 뒤에 있다.

136 다른 사본들에는 이 뒤에 *եւ գրուել*이 추가되어 있다. 이를 직역하면 다음과 같다. "그리고 흩뜨려 버리도록."

137 다른 사본들에는 *գեղեցիկ առաքինութիւն*으로 기록되어 있다. 이를 직역하면 다음과 같다. "아름다운 미덕."

오 분투하는 자, 곧 가지적(可知的)인 포도원의 참된 수호자여! 그 포도원의 열매는 가지적(可知的)이고 참된 포도주틀 안에서 무르익고, 왕의 곳간에 저장될 것입니다. 그대도 그리스도의 거룩한 복음에 이르며(복음 안에서 무르익으며), 영원한 생명에 도달할 것입니다. 어째서 그대는 고슴도치가 그대의 열매로 오르도록, 죽음의 독침들로 꿰뚫도록, 그대의 미덕의 아름다움을 망치도록 내버려둡니까? 적대자의 권세는 그대의 미덕을 내쳐버립니다.

Ապա ուրեմն յիրաւի նմանագոյնս ճառեաց մեզ զբարս անասնոց աստուածային գիրք:[138]

그러므로 성경은 우리가 동물들의 습성과 닮았다고 정당하게 강론해줍니다.

---

138 Muradyan은 이 문장을 다르게 기록한다. "*Ապա ուրեմն յիրաւի նմանագոյնս ճառեաց առ մեզ բարոյախաւսան զբարս անասնոց, զոր աստուածեղէն գիրք յիշեցին:*" (그러므로 피지올로구스는 성경이 기록한 동물들의 습성을 우리와 닮은 것으로 정당하게 강론해주었다.)

<h1 style="text-align:center">제18장 여우에 관하여</h1>

Arm18. վասն աղուխսուն

Չաղուեւն ասէ բարոյախոսն՝ թէ ամենեւին նենգաւոր եւ դրժող է կենդանին. յորժամ քաղցնու եւ չգտանէ որս որ առնէ, խնդրէ տեղի ուր յարդ կայ եւ կամ ի մոխրի թաւալի, եւ երթայ անկանի յորսայս ի դաշտ ուրեք. եւ ի վեր եւեթ չհայի. եւ դշունչն յինքն ամփոփէ, եւ ուռուցանէ զինքն ամենեւին։ Եւ հաւարին թոչունք թէ մեռեալ իցէ, եւ իջանեն յուտել զնա, եւ այնպէս խաբանօք խաբէ, եւ թաւէ զվիող թոչնոցն, եւ չարամահ սպանանէ եւ ուտէ։

Arm18. 여우에 관하여

피지올로구스가 여우에 관하여 말하기를, 여우는 완전히 교활하고 믿을 수 없는 동물이라고 합니다. 여우는 배가 고파지면 자기가 먹을 먹이를 찾지 않습니다. 대신 밀짚이 있는 곳을 찾거나 잿더미 위로 뒹굴고서, 초원에 나아가서 [땅에] 등을 댄채로 눕지만, 결코 위를 바라보지는 않습니다. 그리고는 스스로 숨을 억눌러 자기를 잔뜩 부풀립니다. 그러면 새들은 여우가 죽었을 것이라고 간주하고선, 그것을 먹으러 내려옵니다. 이렇게 여우는 속임수로 속여서, 새들의 배를 움켜쥐고, 잔혹하게 죽여서 잡아먹습니다.

Նոյնպէս եւ սատանայ փոքր է եւ մենքեայք նորա մեծամեծք են,[139] *եւ որ կամի ճաշակել ի մարմնոյ նորա, մեռանի.*[140] *Նոյն հակառակորդին պոռնկութիւնք են եւ արծաթսիրութիւն: Մինչ գՀերովդէս աղուեսի նմանեցոյց, եւ դպիրն լուաւ ի կենարարէն թէ* *"Աղուեսուց որջք գոն:"*[141] *Եւ յերգս երգոցն, թէ "Կալարուք մեզ աղուեսունս փոքրկունս զապականիչս այգեաց."*[142] *Եւ Դաւիթ թէ* *"Բաժինք աղուեսուց եղեցին:"*[143]

이렇게 사탄은 조그맣더라도 그것의 책략들은 거대합니다. 그의 몸을 맛보기를 바라는 자, 그는 죽습니다. 간통이나 탐욕도 적대자의 몸입니다. [성경이] 헤롯을 여우에 비유할 때, 서기관은 구원자께로부터 "여우들에게도 굴이 있다." 라고 들었습니다. 또 아가서에서는, "너희는 우리를 위하여 포도원을 망치는 작은 여우를 잡아라." 라고 말합니다. 또 다윗은 "그들은 여우들의 몫이 되리라." 라고 말합니다.

{Ապա ուրեմն բարեաւք ասաց բարոյախաւսն վասն աղուեսուն:}[144]

{그러므로 피지올로구스는 여우에 관하여 잘 말해주었습니다.}

---

139 다른 사본들을 따른 것이다. Pitra에는 원래 이렇게 기록되어 있다. *"Նոյնպէս եւ սատանայի փոքր են մենքենայք նորա."* 이를 해석하면 다음과 같다. "이렇게 바로 그 사탄의 책략들 역시 조그맣다." 문맥 상 다른 사본들의 내용을 따르는 것이 더 옳으므로, 이 책은 다른 사본들을 따라서 이 문장을 교정한다.

140 다른 사본들을 따른 것이다. Pitra에는 원래 이렇게 기록되어 있다. *"եւ որ ճաշակի ի նմանէ՝ մեռանի մարմին նորա."* 이를 해석하면 다음과 같다. "그리고 스스로 그를 맛 본 사람은, 그의 몸이 죽는다." 그러나 문맥 상 다른 사본들의 내용을 따르는 것이 더 옳으므로, 이 책은 다른 사본들을 따라서 이 문장을 교정한다.

141 마 8.20; 눅 9.58.

142 아 2.15.

143 시 63.10(LXX 62.11): "παραδοθήσονται εἰς χεῖρας ῥομφαίας, μερίδες ἀλωπέκων ἔσονται." (그들은 칼의 세력(손)에 넘겨질 것이요, 여우들의 몫이 되리라.)

144 Pitra에는 { } 안의 부분이 생략되어 있지만, 다른 사본들에는 이 부분이 추가되어 있다.

제19장   표범에 관하여

Arm19. վասն յովազին

Մարգարէն ասէ, "Եղիցի նա որպէս առիւծ տանդ Յուդայ, որպէս պանթեր[145] տանդ[146] Եփրեմի, որ է յովազ:"[147]

Arm19. 표범에 관하여

예언자는 말합니다. "그가 유다의 집에는 사자와 같을 것이요, 에프라임의 집에는 판테르, 즉 표범과 같으리라."

Բարոյախօսն ասէ գյովազէ, թէ այնպէս բարս ունի, որ ամենայն անասնոց սիրելի է, բայց ամենայն օձի թշնամի է. ամենախայտ է իբրեւ զծաղկեայ պատմուճան Յովսեփու. գեղեցիկ եւ զարդարուն

---

145 *պանթեր*(판테르)는 '표범'을 뜻하는 그리스어 πανθηρ(판테르)를 아르메니아어로 음차한 것이다. *յովազ*와 같은 의미이다.

146 다른 사본들을 따른 것이다. Pitra에서 이 낱말은 원래 '들양'을 뜻하는 *առնդ*로 기록되어 있다. 하지만 다른 사본들에는 '집'을 뜻하는 *տանդ*로 기록되어 있으며, 아르메니아어 성경에도 *տանդ*로 기록되어 있다. 이는 낱말의 형태가 유사하여 생긴 Pitra의 오기로 보인다. 따라서 이 책은 다른 사본들을 따라서 이 낱말을 *տանդ*로 교정한다.

147 호세아 5장 14절: *"Զի ես եմ իբրեւ յովազ ի վերայ Եփրեմի, եւ իբրեւ զառեւծ ի վերայ տանն Յուդայ:"* (나는 에프라임의 [집안에는] 표범과 같아질 것이요, 유다의 집안에는 사자와 같아지리라.)

Է իբրեւ զգշխոյն, որ {Դաւիթ}[148] ասէ. "Կացցէ դշխոյ ընդ աջմէ՝ {ի հանդերձ ոսկեհուռն զարդարեալ եւ պաճուճեալ:}[149]"[150]

피지올로구스가 표범에 관하여 말하기를, 표범은 이러한 습성을 가지고 있다고 하는데, 표범은 모든 동물에게는 호의적이지만, 모든 뱀에게는 적대적입니다.[151] 또한 표범은 마치 요셉의 수놓아진 다색옷과 같습니다. 또한 표범은 마치 왕비와 같이 아름답고 화려한데, {다윗은} 그것을 두고 말합니다. "왕비가 오른쪽에 서리라, {금이 수놓인 옷을 입고 치장하고서.}"

Յովազն կարի հանդարտ եւ զգօն է, յորժամ ուտիցէ կեր ինչ եւ յագեսցի եւ ի քուն մտանէ, եւ յետ երից աւուրց ապա յառնէ: Նոյն եւ Տէր մեր յետ երից աւուրց ապա յարեաւ ի մեռելոց:

표범은 매우 조용하고 온화합니다. 그것은 먹이를 먹고서 만족하면 수면에 들어가는데, 3일 후에 마침내 일어납니다. 이와 같이 우리 주님께서도 3일 후에 마침내 죽은 자들 가운데서 일으켜지셨습니다[152].

Յովազն յորժամ յառնէ ի մորւոյն, գոչէ մեծաձայն բարբառով, եւ ի

---

148   { } 안의 낱말은 '다윗'이며, Marr는 이를 주어로 추가한다. Pitra와 Muradyan에는 문장의 주어가 생략되어 있다.

149   Pitra에는 기록되어 있지 않지만, 다른 사본들에는 기록되어 있다.

150   시 45.9(LXX 44.10): "παρέστη ἡ βασίλισσα ἐκ δεξιῶν σου ἐν ἱματισμῷ διαχρύσῳ." (왕비는 금으로 수놓인 옷을 입고 그대의 오른쪽에 섰구나.)

151   직역하면 다음과 같다. "모든 뱀의 원수이다."

152   신약성경은 예수님의 부활을 표현할 때, '일어나다'라는 동사의 수동태 형태로 표현한다. 즉, 예수님께서 스스로 일어나신 것이 아니라, 하나님 아버지께 '일으킴 받으신 것'이다. 이러한 표현은 예수님의 신성을 약화시키는 것이 아니라, 예수님께서 스스로를 구원할 수 없는 사람이 되셔서 완전히 낮아지셨음을 의미한다. 또한 이것은 그리스도인의 부활이 예수님께서 하나님께 일으킴 받으신 것처럼, 마지막 날에 하나님 아버지께 일으킴 받는다는 것을 의미한다.

բերանոյ նորա բուրէ հոտ խնկոց. եւ գազանքն որ հեռի եւ մերձ իցեն՝ զհետ երթան բարբառոյ, ուստի հոտն անոյշ բուրէ։ Նոյնպէս եւ կենարարն մեր յարեաւ, ուստի հոտ անոյշ բուրեաց հեռաւորաց եւ մերձաւորաց,[153] *եւ արար խաղաղութիւն յերկինս եւ յերկրի, որպէս Առաքեալ ասէ: "Բազմածաղիկ է խաղաղութիւն եւ իմաստութիւն Տեառն մերոյ,*[154] *ողորմութիւն եւ երկայնմտութիւն."*[155]

표범은 굴에서 일어날 때, 큰 소리로 울부짖습니다. 그러면 그것의 입에서는 향료의 냄새가 납니다. 그리고 먼데와 가까운데 있는 동물들은 달콤한 향이 나는 그 소리를 뒤따릅니다. 이렇게 우리 구원자께서도 일으켜지셨고, 거기서 먼데 있는 자들과 가까운데 있는 자들에게 달콤한 향기를 내셨으며, 하늘과 땅에 평화를 이루어내셨습니다. 이는 사도가 말한 것과 같습니다. "우리 주님의 평화와 지혜로움은 다양하니, 곧 자비와 오래 참음이다."

որպէս զպանթերոյն ասէ բարոյախօսն՝ թէ ամենածաղիկ է։ Զի ոչ ինչ առանց իրիք գիտութեան զանասնոց եւ զթռչնոց խօսեցան ասաացեղեն գիրք:

피지올로구스가 표범에 관하여 말한 것처럼, 표범은 다양한 색을 가지고 있습니다. 참으로 성경은 아무런 이유도 없이(경솔히) 동물과 새에 관한 어떤 가르침도 이야기하지 않았습니다.

---

153   엡 2.17.

154   에베소서 3장 10절 참조. 다른 사본들에는 이렇게 기록되어 있다. "*բազմածաղիկ իմանալի իմաստութիւն Տեառն մերոյ Յիսուսի Քրիստոսի:*" (우리 주 예수 그리스도의 다양한 가지적(可知的)인 지혜.)

155   갈라디아서 5장 22절 참조. 다른 사본들에는 여기에 몇 가지 미덕들이 더 추가되어 있다. "*կուսութիւն, հաւատք, խաղաղութիւն, միաբանութիւն:*" (동정, 신실함, 평화, 단결.)

제20장　바하나크리아이(방패거북이)라는 동물에 관하여

Arm20. վասն վահանակրիայ գազանին

{Պաւղոս առաքեալ ասէ թէ "չեմք ինչ անտեղեակ խորհրդոց նորա."[156] եւ այլուր ասէ Դաւիթ թէ "գնայ ընդ ամենայն ճանապարհ, որ ոչ է բարի:"[157]}[158]

Arm20. 바하나크리아이(방패거북이)[159]라는 동물에 관하여

{바울 사도는 말합니다. "우리가 그의 생각에 관하여 어떤 것도 모르는 것이 아니다." 그리고 다른 곳에서 다윗은 말합니다. "그는 항상 선하지 않은 길을 따라 걷는다."

156　고후 2.11b: "քանզի չեմք ինչ անտեղեակ խորհրդոցն նորա:" (우리가 그의 생각에 관한 어떤 것도 모르지 않기 때문이다.)

157　시 36.4b: "եկաց նա յամենայն ճանապարհ որ ոչ է բարի:" (그는 모든 선하지 않은 길을 갔다.)

158　Pitra에는 이 문단이 생략되어 있는데, 이는 뒤에 비슷한 내용이 나오기 때문인 것으로 보인다. 그러나 다른 사본들에는 이 문단이 앞과 뒤 모두 포함되어 있으므로, 이 책에서도 포함한다.

159　아르메니아어 վահանակրիայ(바하나크리아이)는 '방패'를 뜻하는 վահան(바한)과 '거북이'를 뜻하는 կրեայ(크레아이)의 합성어로서, 그리스어로 '방패'를 뜻하는 ἀσπίς(아스피스)와 '거북이'를 뜻하는 χελώνη(켈로네)의 합성어인 ἀσπιδοχελώνη(아스피도켈로네)라는 신화 속 동물을 문자적으로 옮긴 것이다.

Բարոյախoսն ասէ. է գազան ինչ ի ծովու որ կոչի վահանակրիայ. վիշապաձկան նման է, յաւագին տեղին ի կղզի է. ձայն նորա շարածայն գազանի է։ Եւ չգիտելով նաւորդացն երթան իբրեւ ի կղզի անդր հասանեն, ցիցս հարկանեն եւ գխարիսխն ընկենուն. եւ յորժամ կրակ դնեն ի վերայ՝ ջեռնու տեղին, եւ իջանէ ընդ յատակս ծովու, եւ զբազում նաւս ընդ ինքեան տանի յանդունդս եւ ընկղմէ։ Եւ դու թէ կապեցես զյոյսն քո ի սատանայ, ընկղմէ զքեզ ի գեհեն հրոյն:

피지올로구스는 말합니다. 바다에는 '바하나크리아이'(방패거북이)라고 불리는 어떤 동물이 있습니다. 바하나크리아이는 '용 물고기'(고래)[160]를 닮았고, 모래로 된 장소, 즉 섬과도 같습니다. 그것의 소리는 거친 소리를 내는 동물의 소리 같습니다. 항해자들은 아무것도 모른채 마치 섬으로 향하는 것처럼 가서 거기에 다다르면, 말뚝을 박고 닻을 던집니다. 그들이 그것 위에다 불을 붙이면, 그곳은 따뜻해지는데, 그러면 바하나크리아이는 바다의 밑바닥으로 내려가고, 많은 배들을 자기와 함께 심연으로 끌고가서 가라앉혀 버립니다. 그대 역시 만일 그대의 소망을 사탄에게 묶는다면, 사탄은 그대를 불의 게헨나로 가라앉혀 버릴 것입니다.

Եւ այլ ինչ բնական բարս ունի. յորժամ բանայ զբերանն՝ հոտ անոյշ բուրէ ի բերանոյն, եւ առնուն գՀոտ ձկունքն, եւ երթան մտանեն ընդ բերան, եւ աձէ յիրար գձկունսն մանրկունս:

---

160 '용 물고기'로 번역된 *վիշապաձկան*(비샤파즈칸)은 '큰 뱀이나 용'을 뜻하는 *վիշապ*(비샤프)와 '물고기'를 뜻하는 *ձուկն*(주큰)의 합성어로서, 이 생물은 성경에서 예언자 요나를 삼킨 커다란 물고기로 나타난다(욘 2.11). 아마도 고래와 같은 거대한 해양생물 중 무언가를 말하는 것으로 보이며, 죽음을 상징한다.

또한 바하나크리아이는 또다른 타고난 습성을 가지고 있습니다. 바하나크리아이가 입을 열면, 그것의 입에서 달콤한 향기가 풍깁니다. 그러면 물고기들이 그 냄새를 맡고, [그리로] 가서 입 안으로 들어갑니다. 그러면 바하나크리아이는 작은 물고기들을 일제히 잡아버립니다.

Մանր իմանամք գանճալատս, իսկ մեծամեծ եւ կատարեալ ձկունս ոչ գտանէ վիշապածուկն, քանզի կատարեալք են, որպէս Պաւղոս ասէ. "չեմք անտեղեակք խորհրդոց նորա."[161] եւ թէ "Գնաց ընդ ճանապարհս որ ոչ է բարի:"[162]

우리는 작은 물고기가 불신자들임을 알고 있습니다. 그런데 용 물고기는 크고 완전한 물고기들을 찾지 않습니다. 왜냐하면 그들이 완전하기 때문입니다. 이는 마치 바울이 말한 것과 같습니다. "우리는 그의 생각에 관하여 모르는 것이 아니다." 그리고 또 말합니다. "그는 선하지 않은 길을 따라 걸었다."

Եւ ոմ[163] է կատարեալ ձուկն. Մովսէս, Եսայի, Երեմիա, Եզեկիէլ, Դանիէլ եւ ամենայն գունդք սրբոցն[164] փախնուն ի վիշապէն մեծէ.

---

161   고후 2.11b: "*քանզի չեմք ինչ անտեղեակ խորհրդոցն նորա:*" (우리가 그의 생각에 관한 어떤 것도 모르지 않기 때문이다.)

162   시 36.4b: "*եկաց նա յամենայն ճանապարհ որ ոչ է բարի.*" (그는 모든 선하지 않은 길을 갔다.)

163   *եւ ոմ*(에우 옵)의 발음과 *Յովբ*(욥)의 발음이 유사하며, 다른 사본들에는 이 어구 대신에 *Յովբ*으로 기록되어 있다. 만약 다른 사본들을 따라서 주어를 욥으로 보고 이 문장을 다시 해석하면 다음과 같다. "욥이야말로 완전한 물고기이다." 하지만 욥에 관련된 내용은 이 문단의 마지막에 나오므로, 이 책은 Pitra의 내용을 그대로 옮긴다.

164   Pitra와 달리, Π 사본의 본문은 προφητῶν으로 기록하고 있으며, 이를 따라 Muradyan도 '성인들의'를 뜻하는 *սրբոցն* 대신에 '예언자들의'를 뜻하는 *մարգարէիցն*으로 기록한다. 하지만 Marr도 Pitra처럼 이를 *սրբոցն*으로 기록하고 있으므로, 이 책은 Pitra의 내용을 그대로 옮긴다.

Յովսէփ ի կնոջէն, Շուշան ի ծերոցն, Թեկղի ի Թեմերուսէ, {Եսթեր յԱրտաշիսէ, Յուդիթ ի Հողոփեռնեայ, Յովնան ի վիշապաձուկն կիտէն, Սառայ[165] դուստր Ռագուելի Ազմողէ[166],}[167] եւ երանելին Յոբ ի հակառակորդացն:

완전한 물고기란 누구일까요? 모세, 이사야, 예레미야, 에스겔, 다니엘, 모든 성인(聖人)들의 무리가 용(큰 뱀)으로부터 벗어납니다. 요셉은 여자로부터,[168] 수산나는 노인들로부터,[169] 테클라는 타미리스로부터,[170] {에스더는 아하수에로로부터,[171] 유딧은 홀로페르네스로부터,[172] 요나는 용 물고기인 고래

---

165 Marr는 Ռեբեկա(레베카, 리브가)로 기록한다. 하지만 토빗서의 내용에 따르면 라구엘의 딸은 사라이므로 (LXX 토빗기 3장), 그리스어에서 아르메니아어로 옮겨지는 과정에 문제가 있었던 것으로 보인다. Π 사본의 본문은 이를 사라로 올바르게 기록한다. "καὶ Σάρα, θυγάτηρ Ῥαγουήλ, Ἀσμόδεον ἐξέφυγεν." (라구엘 의 딸, 사라는 아스모데오스로부터 벗어났다.) 그러므로 이 책은 이 낱말을 Սառայ로 교정한다.

166 Marr에서 이 단어는 '가나안 사람들로부터'를 뜻하는 Քանանցւոց로 기록되었고, Muradyan에는 '아말렉 으로부터'를 뜻하는 յԱմաղեկայ로 기록되었다. 그러나 Π 사본의 본문은 '아스모데오스'를 뜻하는 Ἀσμόδεον으로 기록하는 데다가 토빗기의 내용도 아스모데오스를 보여주므로, 두 사본 모두 오기하였다고 보는 것이 옳다. 그런데 아스모데오스를 가리키는 아르메니아어 Ազմող는 탈격 형태가 성경에 나타나지 않 으므로, 정확히 어떻게 기록되었는지 알 수 없다. 다만 아르메니아어가 일반적으로 외래어 고유명사의 탈격 은 어미로 է를 붙이기 때문에, 이 책은 Ազմողէ로 추정하여 이와 같이 교정한다.

167 Pitra에는 { } 안의 부분이 생략되어 있지만, 다른 사본들에는 이 부분이 추가되어 있다.

168 창세기 39장 참조.

169 단 13.52(LXX 수산나 1.52). 70인역 전통에 따르면 다니엘서 13장에는 구약 외경의 일부가 추가되는데, 수 산나 이야기도 그 중 하나이다. 어느 날 두 명의 유대인 원로들이 음욕을 품고서 요야킴의 아내 수산나를 강 간하려는 계획을 품는다. 하지만 수산나의 반발로 이는 실패하고, 두 노인은 수산나를 거짓으로 고발하여 그 를 죽이려고 한다. 억울한 수산나는 하나님께 기도하였고, 기도를 들으신 하나님은 다니엘을 통해 두 노인의 거짓 고발을 밝혀내신다. 이 책의 〈독수리〉에서 나오는 "악행의 세월로 나이든 자여!" 라는 말이 수산나 이야 기에서 다니엘이 두 노인을 꾸짖으며 하는 말이다.

170 신약 외경인 바울-테클라 행전에 나오는 내용이다. 바울-테클라 행전에 나오는 인물인 테클라는 바울의 설 교를 듣고서 그리스도를 영접하고 동정을 지키기로 결심하나, 이로 인해 그의 약혼자인 타미리스가 바울과 테클라를 총독에게 고발한다. 이 때문에 테클라는 야수에게 먹히는 형벌에 처해지지만, 하나님의 은총으로 야수들로부터 아무런 해도 입지 않았고, 끝까지 자기의 믿음을 지키며 복음을 전하는 자로 살아간다.

171 에스더의 내용이다. 이 낱말은 유대인에 대해 적대적이었던 하만이 아닌, 남편이었던 아하수에로를 뜻한다. 이 글의 전후 맥락을 살펴보면 이 내용은 동정과 금욕에 관한 것이며, 이로부터 피지올로구스의 저자가 에 스더를 동정을 지킨 인물로 이해하고 있음을 추론할 수 있다. 따라서 아하수에로라고 쓰는 것이 옳다.

172 LXX에 포함된 구약 외경인 유딧기의 내용이다. 유딧기의 내용은 이러하다. 유대아의 과부 유딧은 앗수르(아 시리아) 제국의 군대가 침공하자, 앗수르 군대의 장군인 홀로페르네스에게 투항한다. 그리고 홀로페르네스 가 연회를 즐기다 술에 취하자, 그와 함께 있던 유딧은 그의 목을 베어버린다.

로부터,[173] 라구엘의 딸 사라는 아스모데오스로부터 벗어났으며,[174]} 복된 욥도 적대자들로부터 그러하였습니다.[175]

{Ապա ուրեմն բարեաւք ասաց բարոյախաւսն վասն վահանակրեալ գազանի:}[176]

그러므로 피지올로구스는 바하나크리아이라는 동물에 관하여 잘 말해주었습니다.

---

173 욥 2.1-11.

174 LXX에 포함된 구약 외경인 토빗기. 토빗기의 내용은 이러하다. 토빗(토비아스)이라는 북이스라엘 출신의 남자가 라구엘의 딸 사라와 결혼한다. 그런데 사라는 토빗 이전에 맞은 7명의 남편 모두를 아스모데오스라는 귀신 때문에 잃고 말았다. 귀신들린 여자로 조롱을 받던 사라는 하나님께 기도를 하게 되고, 하나님은 천사 라파엘을 토빗과 사라에게 보내셔서 귀신을 내쫓을 방법을 알려주신다. 토빗이 그 방법대로 하자, 아스모데오스는 사라에게서 내쫓기고 사라는 말끔히 치유된다.

175 욥기 참조.

176 Pitra에는 { } 안의 부분이 생략되어 있지만, 다른 사본들에는 이 부분이 추가되어 있다.

제21장　자고새에 관하여

Arm21. վասն կաքաւին[177]

{Երեմիաս ասէ. "Ձայն արար կաքաւն ժողովեաց գձագն, զոր ոչ էր իւր ծնեալ. եւ գործեաց իւր մեծութիւն եւ ի կէս աւուրց թողցեն զնա եւ ի վախճանի իւրում գտցի անզգամ:"[178] }[179]

Arm21. 자고새에 관하여

{예레미야는 말합니다. "자고새가 소리를 내며 자기가 낳지 않은 새끼를 맞아들였다. 비록 재산을 일궈냈지만 인생의 절반만에 그들은 그것을 놓아버릴 것이며, 자기의 종말에 그는 어리석은 채로 남겨지리라."}

Բարոյախօսն ասէ վասն կաքաւին, թէ զայլոց ճուս գողանայ[180] եւ ձագ հանէ. քանզի ոչ կարէ հանդարտել բագում ճուցն, գիտէ ի

վերայ ձուոցն կուտէլ խոիւ եւ պայլն թիւէ.[181] իսկ յորժամ ելանեն[182] ձագքն՝ թոչին յիւրաքանչիւր ազգն երթան, եւ զանիրաւն եւ զանմիտն լքանեն:[183] Նոյնպէս եւ սատանայ յախշտակէ զորդիս մարդկան խորամանկութեամբ: Իբրեւ ի չափ հասակի հասանեն զերկնաւոր ծնողան ճանաչիցեն, այսինքն զՔրիստոս եւ զեկեղեցի, եւ մնայ սատանայ միայն լոկ իբրեւ զանմիտ:[184]

피지올로구스가 자고새에 관하여 말하기를, 자고새는 다른 [새의] 알들을 훔쳐서 새끼를 옮깁니다. 자고새는 많은 새끼들로 인해 쉬지 못하지만, 새끼들 위에 덤불을 쌓고 또다른 알들을 품습니다. 그러다가 새끼들은 [둥지에서] 떠나갈 때 각기 종류대로 날아서 가고, 불의하고 어리석은 자고새를 떠나버립니다. 이렇게 사탄도 사람의 아들들을 기만으로 강탈합니다. [그러나] 그들이 성년에 이르면 하늘의 부모, 즉 그리스도와 교회를 알게 되고, 사탄만이 어리석은 자처럼 홀로 남게 됩니다.

Այսաւր[185] եթէ պոռնկեցար եւ շնացեր եւ սպաներ, եւ վաղիւն ի

---

181 다른 사본들에는 이 부분의 내용이 상세히 덧붙여져서 기록되었다. 그리스어 본문을 따를 때는 Pitra의 기록이 옳지만, 다른 사본들에 덧붙은 내용도 함께 기술한다. "*քանզի զաւտարին ձու գողանայ եւ յիւր բոյնն տանի. եւ մինչ չկարէ հանդարտել թխոյն վասն բազում ձագուցն, երթայ կուտէ խոիւ ինչ եւ թոյլ տայ, որ ցամաքի. եւ այնպէս խոռովն հանդերձ թխէ:*" (자고새는 다른 [새의] 알을 훔쳐 자기의 둥지로 옮기는데, 많은 새끼들로 인해 알을 품을 수 없을 때까지, 가서 덤불을 쌓고 그것을 말린다. 그리고 이렇게 그는 덤불과 함께 알을 품는다.)

182 이 낱말은 다른 사본들에서는 '자라나다'를 뜻하는 *աճեն*으로 기록되어 있다.

183 다른 사본들에는 이 문장이 다르게 기록되어 있다. "*առ իւրաքանչիւր ծնաողան եւ զնա միայն իբրեւ զանմիտ լքանեն:*" (그들은 각자의 부모를 향하고, 그(자고새)를 어리석은 자처럼 홀로 남겨놓는다.)

184 Muradyan에서는 이 문장이 다르다. "*եւ զնա որպէս զանմիտ թողուցուն:*" (그들은 어리석은 자와 같은 그를 떠나버린다.)

185 다른 사본들을 따른 것이다. Pitra에는 이것이 '말하다'를 뜻하는 *ասէ*로 기록되어 있지만, 다른 사본들에는 '오늘'을 뜻하는 *Այսաւր*로 기록되어 있다. 이 낱말로 수정하여 읽으면, 뒷 문장의 '내일'과 자연스럽게 대구를 이루므로, 이 책은 문맥상 이 낱말을 *Այսաւր*로 교정한다.

խոստովանութիւն ապաւինեցար եւ դիմեցեր ի մայր քո
յեկեղեցին,[186] զերծար յանիրաւ կաքաւէն, եկիր ի սուրբ
երամն,[187][188] առ մարգարէսն եւ առաքեալսն եւ {արդարն}[189]
առաքինեսն:

오늘 그대가 간통하고 간음하고 살인하였더라도, 내일 고해를 의지하여 그
대의 어머니인 교회로 뛰어간다면, 그대는 불의한 자고새로부터 도망친 것
이며, 거룩한 무리 안으로, 예언자들과 사도들과 {의로운} 복된 자들을 향
해 온 것입니다.

{Ասաց կենարարն յաւետարանին եթէ "վա՜յ որ յղիք իցեն եւ որ
ունիցին տղայք ստընդեայս յաւուրս ներին[190]:"[191] Եւ Դաւիթ ասէ,
"Անօրէնութեամբ յղացաւ եւ ի մեղս ծնաւ զիս մայր իմ:"[192]}[193]

---

186 다른 사본들에는 이 문장이 다르게 기록되어서 뒷 문장과 이어진다. Marr에는 이 문장이 다음과 같이 기록
되어 있다. "Այապր եթէ պոռնկիս եւ շնաս եւ վաղիւ գածեար եւ արդար եղիցիս ..." (오늘 그대가 간통
을 행하고 간음을 행한다면 내일은 겸허하고 의로워야 할 것이며.) Muradyan에는 이와 거의 비슷하게 기
록되어 있다. "Այապր եթէ պոռնիկ եւ շնացող իգես, եւ վաղիւ գած եւ արդար եղիցիս ..." (오늘 그대
가 간통하고 간음한다면, 내일은 겸허해지고 의로워져야 할 것이며.)

187 Pitra에는 '무리, 회합'을 뜻하는 երամ의 복수 주격형인 երամքն으로 기록되어 있다. 하지만 이 문장의 동사
가 2인칭인데다가 문맥상 이 말이 전치사 ի에 연결되는 것이 더 옳으므로, 이 책은 이 낱말을 복수 대격형인
երամսն으로 교정한다.

188 다른 사본들에는 이 문장이 다르게 기록되었다. "եկիր առ առաջին ծնաւղսն քո:" (그대의 원래 부모를 향
해 온다.)

189 Pitra에는 없으나 다른 사본들에는 기록되어 있다.

190 그리스도교를 박해한 로마 황제인 네론(Nero)을 의미하는 ներ는 아르메니아어로는 '적그리스도'를 뜻하기
도 한다. 그러나 복음서에는 네론의 날이 아니라, '그 날에'를 뜻하는 յաւուրն յայնոսիկ로 기록되어 있다.

191 마태복음 24장 19절; 마가복음 13장 17절; 누가복음 21장 23절 참조.

192 시 51.5(LXX 50.7).

193 { } 부분은 Pitra에만 나오며, 다른 사본들에는 나오지 않는다. 대신에 다른 사본들은 다음 장인 〈대머리독수
리〉의 도입부에 이 부분을 수록하며, 이로 인해 Pitra는 다음 장의 도입부에서 이 내용을 삭제한다. 하지만
문맥상의 이유와 Π 사본의 본문도 이 내용을 다음 장의 도입부에 수록하므로, 이 부분은 다음 장으로 옮기는
것이 바람직하다.

{구원자께서 복음서에서 말씀하셨습니다. "네론(적그리스도)의 날에는 임신한 자들과 젖 먹는 아이를 가진 자가 화가 있도다." 또 다윗은 말합니다. "나의 어머니가 죄악으로 나를 임신하셨고 죄 가운데서 나를 낳으셨습니다."}

{Սապա ուրեմն բարեաւք ասաց բարոյախաւան վասն կաքաւոյն:}[194]

{그러므로 피지올로구스는 자고새에 관하여 잘 말해주었습니다.}

---

194   { } 부분은 Pitra에는 나오지 않고 다른 사본들에만 나온다.

제22장　대머리독수리에 관하여

Arm22. Վասն անգեղն

{Բարեաւք ասաց կենարարն յաւետարանին թէ "վայ յղեաց եւ որ ունիցին մանկունս ստնդիայս յաւուրն յայնոսիկ:"[195] Եւ Դաւիթ ասէ. "անաւրէնուԹեամբ յղացաւ եւ ի մեղս ծնաւ զիս մայր իմ:"[196]}[197]

Arm22. 대머리독수리에 관하여

{구원자께서 복음서에서 잘 말씀해주셨습니다. "그 날에는 산모와 젖 먹는 아이를 가진 자에게 화가 있도다." 또 다윗은 말합니다. "나의 어머니가 죄악으로 나를 임신하셨고 죄 가운데서 나를 낳으셨습니다."}

Բարոյախօսն ասէ, թէ է գազան անգղ երէ. ի բարձրաւանդակի եւ ի կարկառս[198] եւ ի քարանձաւս եւ ի կատարս լերանց բնակէ, եւ

195　마 24.19; 막 13.17; 눅 21.23.

196　시 51.5(LXX 50.7).

197　{ }의 부분은 다른 사본들과 달리 Pitra에는 생략되어 있고, 대신 Pitra는 이전 장의 마지막에 이 부분을 수록한다.

198　Muradyan을 따른 것이다. Pitra와 Marr는 이 낱말을 '튤립'을 뜻하는 կակաչս으로 기록한다. Ո 사본의 본

յորժամ կամեցի¹⁹⁹ երթալ ի Հնդիկս, առնու զակն դիւրածին²⁰⁰. եւ
ակնն ընկուզագարդ է բոլորակ. Թէ կամիցիս շարժիլ, այլ ակն կայ
ի ներքս, խաղայ իբրեւ զանգակ եւ ձայն տայ. եւ Թէ երկն
հասանիցէ նմա, երթայ նստի ի վերայ ականն եւ ծնանի:

피지올로구스가 말하기를, 대머리독수리라는 동물이 있습니다. 대머리독수리는 높은 곳과 돌무더기와 동굴과 산의 정상에 삽니다. 대머리독수리는 원하면 인도로 가서, 해산석을 찾습니다. 이 돌은 견과류 모양으로 둥근 모습을 하고 있습니다. 만일 그대가 [그 돌을] 흔들고자 한다면, 다른 돌이 그 안에 있어서, 그것은 마치 종 치는 것 같은 소리를 낼 것입니다. 산고가 오면, 대머리독수리는 가서 그 돌 위에 앉아 산란합니다.

Եւ դու մարդ, Թէ յղանայցէ հոգի քո ի սատանայէ, ընկալ յանձն
գիմանալի դիւրածին ակն, որ իմանամբ զսուրբ Կոյսն Մարիամ
Աստուածածին,²⁰¹ որ ունէր յորովայնի զՏէր մեր Յիսուս Քրիստոս,
որպէս ասէ Թէ "Չվէմն զոր անարգեցին շինօղքն, {նա եղեւ գլուխ
անկեան:}²⁰²"²⁰³ Ընկալ զվէմն որ հատաւ առանց ձեռին, եւ

문에도 이것이 μετεώροις로 기록되어 있으며, 문맥상 수리는 고지, 동굴, 산과 같은 험지에 살아가므로 튤립보다 돌무더기가 더 적합하기 때문에, 이 책은 Muradyan을 따라서 이 낱말을 *կարկառ*로 교정한다.

199 다른 사본들에서도 이 낱말은 '원하면'을 뜻하는 *կամեցի*로 기록되어 있으나, Π 사본의 본문에는 '알을 배면'을 뜻하는 ἐγκύμων γένηται로 기록되어 있다. 문맥상으로는 후자가 맞지만, 동사 *կամիմ*에는 '임신'의 의미가 없다.

200 해산을 쉽게 할 수 있도록 도와주는 특별한 힘을 가진 돌이다. 이 돌의 모습이 돌 안에 작은 돌이 들어있는 것으로 묘사된 점을 볼 때, 해산석이란 마치 아이를 밴 여자와 닮았기 때문에 붙여진 이름인 듯 하다.

201 다른 사본들에는 이 문장이 이렇게 기록되어 있다. "*Երեւի ակն աստուածածինն Մարիամ:*" (그 돌은 하나님을 낳은 분이신 마리아로 여겨진다.)

202 { } 부분은 Pitra에는 생략되어 있지만, 다른 사본들에는 기록되어 있다.

203 시 118.22(LXX 117.22); 마 21.42; 막 12.10; 눅 20.17: "λίθον, ὃν ἀπεδοκίμασαν οἱ οἰκοδομοῦντες, οὗτος ἐγενήθη εἰς κεφαλὴν γωνίας·" (건축가들이 멸시한 그 돌, 그가 모퉁이의 머리가 되었네!)

*Հաւատա թէ ի Մարիամայ ծնաւ՝ վասն ողորմութեան մոլորելոյն,
այլ եւ ի խանձարուրս պատեցաւ վասն փրկութեան մերոյ:*

그대 사람이여, 그대의 영이 사탄으로부터 [오는] 생각을 품었다면, 그대는 그대 안에 가지적(可知的)인 해산석을 받아들이십시오. 그 돌은 거룩한 동정녀 마리아, 곧 하나님을 낳으신 분(테오토코스[204])임을 우리는 압니다. 그는 태에 우리 주 예수 그리스도를 가졌으니, 이는 "건축가들이 멸시한 그 돌, {그가 모퉁이의 머리가 되었네!}" 라고 한 것과 같습니다. 그대는 '손 없이 잘린 돌'[205]을 받아들이고, 그분께서 마리아로부터 태어나셨음을 믿으십시오. 그분은 [우리의] 방황에 대한 자비로 인해, 또한 우리의 구원으로 인해 강보에 둘러지셨습니다.

*Յայնժամ քակտեցին յոգւոյ քումմէ պոռնկութիւնք, շնութիւնք,[206]
{Յորժամ ժուժկալեցես յայնմ ամենայնէ,}[207] յղասցի ի քեզ բանն
երկնաւոր, որպէս Եսայի. "յահի եւ յերկիւղի քո յղացաք եւ ծնաք
զհոգի փրկութեան քո:"[208]*

그러면 간통과 간음이 그대의 영으로부터 제거될 것입니다. {그대가 그 모든 것으로부터 견뎌낼 때,} 그대의 안에는 하늘의 말씀이 잉태될 것입니다.

---

204 '테오토코스'는 그리스어 Θεοτόκος를 우리말 그대로 음차한 것으로, '하나님을 낳으신 분'이라는 뜻이다. 431년 제3차 세계공의회(에베소 공의회) 당시 예수님의 어머니인 마리아에게 주어진 칭호이다.

205 다니엘 2장 34절 참조.

206 다른 사본들에는 이 뒤에 '교만, 탐심'을 뜻하는 *ամբարհաւաճութիւնք, արծաթսիրութիւնք*가 추가되어 있다.

207 Pitra에는 생략되어 있지만, 다른 사본들에는 이 문장이 나타난다. 문맥상으로도 이것이 적절하다.

208 사 26.18. 이 문장은 다른 사본들을 따라서 교정한 것이며, Pitra에는 다음과 같이 인용되어 있다. "*Յահ եւ յերկիւղ յղացեալ ծնաք:*" (경외와 두려움으로 우리는 임신했고 낳았습니다.)

이는 이사야가 [말한 것과 같습니다.] "당신을 경외하고 두려워함으로 우리
는 당신의 구원의 영을 임신하여 낳았습니다."

《Հին կտակարանքն ունէին ի ներքս խորհուրդ, որ նշանակէին
զաներեւոյթ վիրկիշն մեր Յիսուս Քրիստոս. քանզի ծածկեցաւ
կենարարն մեր ի ստոց եբրայեցւոց եւ յայտնեցաւ մեզ, որ երբեմն
էաք ի խաւարի եւ ի ստուերս մահու: Ապա ուրեմն բարեաւք
խաւսեցաւ բարոյախաւսն վասն անգեղ:

{구약은 그 안에 신비를 지녔으니, 곧 보이지 않으시는 우리의 구세주이신
예수 그리스도를 보여줍니다. 이는 우리의 구원자께서 거짓된 히브리인들
에게는 스스로를 감추셨고, 이전에 어둠과 죽음의 그림자에 있던 우리에게
는 스스로를 드러내셨기 때문입니다.[209] 그러므로 피지올로구스는 대머리독
수리에 관하여 잘 말해주었습니다.

{Երկրորդ բարք, վասն անգեղ:}[210] Քարիւ սատակեաց Դաւիթ
զԳողիաթ. քարիւ Ահարոն Մովսէսի,[211] յորժամ կոտորէին
ամաղեկացիքն:
{Երրորդ բարք.}[212] անգեղ ոչ տուն գոյ եւ ոչ բոյն: Բազում
ատրուածոցն ծառայեաք եւ յանգիտութեան էաք ընդ բազում
կարիք. իսկ յորժամ երկնաւոր շնորհքն հայրենի եկին հասին ի

---

210 { } 부분은 Pitra와 Muradyan에는 생략되어 있고, Marr에만 기록되어 있다.

211 Muradyan의 설명에 의하면, 이 문장은 원래 문장이 파괴된 것이다. 아마도 원래 문장은 다음과 같았을 것
     이다. "그(모세)가 아말렉 사람들을 쳐부술 때, 아론은 돌과 같이 모세에게 도움이 되었다."

212 이 부분 역시 Pitra에는 생략되어 있다.

վերայ մեր եւ տեառն մերոյ Յիսուսի Քրիստոսի, ընկալեալ զպատուիրանս նորա՝ կեցցուք:》[213]

{대머리독수리에 관한 둘째 습성.} 다윗은 돌로 골리앗을 죽였습니다. 아말렉 사람들이 들이닥칠 때, 아론은 돌로 모세에게 [도움이 되었습니다.]

{셋째 습성.} 대머리독수리에게는 집도 굴도 없습니다. 우리는 많은 신들을 섬겼고 무지 안에서 큰 압제 아래에 있었습니다. 그러나 하늘의 아버지의 은총이 우리 위에 임했으니, 그분은 우리 주 예수 그리스도이십니다. 우리는 그분의 계명들을 받아들여서, 살아가야 할 것입니다.[214]}

---

213 《 》 부분은 Pitra에는 생략되어 있지만, 다른 사본들에는 기록되어 있다. 이 부분은 문맥 상 직접적인 연관이 없는 부분이므로, 본래는 없었다가 후대에 추가된 것으로 보인다.

214 이 문장은 청유형으로도 번역할 수 있다. "그분의 계명을 받아들여서 살아갑시다."

제23장　개미귀신에 관하여

Arm23. վասն մրջմանառիւծուն

Եղիփաղ Թեննացի ասէ. "Մրջիմնառիւծ սատակեցաւ առ ի չգոյէ կերակուր:"[215] Անէ վասն մրջմանառիւծուն թէ, դէմք {հաւր}[216] նորա առիւծոյ են եւ մաւր նորա[217] մրջման. Հայրն նորա գիշակեր է եւ մայրն հնդակեր։ Յորժամ ծնանի կորիւնն, երկու բնութիւն գտանի, կէսն առիւծոյ եւ կէսն մրջման։ Գէշ ոչ ուտէ վասն մօրն բնութեան, եւ հունդ ոչ ուտէ վասն հօր բնութեան, քանզի է[218] զաղփաղփին յամենայն ճանապարհս նման նմա:[219]

215　욥 4.11.

216　다른 사본들에는 이 단어가 추가되어 있다.

217　다른 사본들에는 이 단어가 빠져있다.

218　다른 사본들을 따른 것이다. Pitra에는 부정을 나타내는 *ոչ*가 기록되어 있지만 문맥상 빠지는 것이 옳으므로, 이 책은 *ոչ*를 제거한다.

219　야고보서 1장 8절 참조. 다른 사본들에는 이 문장이 다음과 같이 기록되었다. "*եւ սատակի. զի ոչ գոյ ինչ. որ ուտիցէ։ Նոյնպէս ամենայն մարդ երկմիտ զաղփաղփուն է յամենայն ճանապարհս իւր:*" (그리고 그것은 죽게 된다. 이는 그것이 먹을 어떤 것도 없기 때문이다. 그렇게 두 마음을 품은 모든 사람은 자기의 모든 길에서 불안정하다.)

Arm23. 개미귀신[220]에 관하여

데만 사람 엘리바스는 말합니다. "개미귀신은 먹이가 없으므로 죽는다."

[피지올로구스가] 개미귀신에 관하여 말하기를, 그것의 {아비의} 얼굴은 사자의 모습이고 그것의 어미의 [얼굴은] 개미의 모습이라고 합니다. 개미귀신의 아비는 육식성이며 어미는 초식성입니다. [어미가] 새끼를 낳으면, 새끼는 두 본성을 가지는데, 절반은 사자와 같고, 절반은 개미와 같습니다. [새끼는] 어미의 본성 때문에 고기를 먹지 않으며, 아비의 본성 때문에 낟알(풀)을 먹지 않는데, 참으로 그것을 닮은 사람은 모든 길에서 불안정합니다.

Արդ ո՛վ եղբայր, ոչ է պարտ ընդ երկու ճանապարհ գնալ, զի ոչ կարեմք Աստուծոյ ծառայել եւ մամոնային. եւ ոչ երկու միտս ունել եւ երկու լեզուս ի մէջ մարդկան։[221] *{" այլ այոյն այոյ եւ ոչն ոչ։"*[222] *Ապա ուրեմն բարեաւք խաւսեցաւ բարոյախաւսն վասն մրջիւնառւեւծուն։}*[223]

오 형제여! 그러므로 두 길을 걷지 마십시오. 우리는 하나님과 맘몬을 [함께] 섬길 수 없기 때문입니다. 두 생각을 가지지 말며, 사람들 가운데서 두 말을 하여서도 아니될 것입니다. {다만 '예'라고 할 것에는 '예'라고 하며, '아니오'라고 할 것에는 '아니오'라고 [하십시오.]

그러므로 피지올로구스는 개미귀신에 관하여 잘 말해주었습니다.}

---

220 '개미귀신'을 뜻하는 아르메니아어 *մրջիւնառւեւծ*(므르짐나리우쯔)는 '개미'를 뜻하는 *մրջիւն*(므르지운)과 '사자'를 뜻하는 *առւեւծ*(아리우쯔)의 합성어이므로, 이를 문자적으로 옮기면 '개미사자'이다. 따라서 본문은 개미귀신에게서 개미와 사자의 본성이 함께 나타난다고 말한다.

221 앞문장과 연결하여 이와 같이 번역할 수 있다. "우리는 두 생각을 가질 수 없고, 사람 가운데서 두 말을 할 수 없다."

222 약 5.14.

223 Pitra에는 빠져있지만, 다른 사본들에는 이 문장들이 추가되어 있다.

제24장   족제비에 관하여

Arm24. վասն աքսին

Օրէնքն Հրամայեցին "մի՛ ուտել զաքիսն եւ որ ինչ նման նմա:"[224]
Ասէ զաքսէ եթէ, զսերմն ընդ բերան առնու եւ յղանայ եւ ընդ
ականջան ծնանի:

Arm24. 족제비에 관하여

율법은 명령합니다. "족제비나 그것과 같은 것을 먹지 말라." [피지올로구스가] 족제비에 관하여 말하기를, 족제비는 정액을 입을 통해 받고 [새끼를] 품다가 귀를 통해 출산합니다.

Բերանով[225] *ոմանք զՀացն երկնաւոր ուտիցեն եւ ընպելի երկնաւոր*
ընպիցեն զաստուածային պատուիրանան. եւ յորժամ արտաքս
ելանեն՝ ընկենուն զբանս յականջացն, եւ նմանիցեն իժի քարբի,
զի խցեալ է զականջս իւր՝ {զի մի լուիցէ նա զձային թովչի

---

224   레 11.29.

225   다른 사본들에는 이 낱말이 '교회에서'를 뜻하는 *յեկեղեցւոյ*로 기록되어 있다.

ճարտարի։[226] }[227]

{Եւ արդ մի՛ ուտիցես զաքիս եւ որ ինչ նման է նմա։}[228]

어떤 사람들은 입을 가지고 신성한 계명을 하늘의 양식으로 먹으며 하늘의
음료로 마십니다. 그런데도 그들은 바깥에만 나가면, 말씀을 귀에서 내몰
아버리고, 독사를 닮습니다. 이는 그들이 자기의 귀를 막았기 때문입니다,
{숙련된 마술사의 소리를 듣지 않기 위하여서 말입니다.}

{그러니 그대는 족제비나 그것과 같은 것을 먹지 마십시오.}

---

226 시 58.5(LXX 57.6).

227 Muradyan에는 빠져있지만, Pitra와 Marr에는 이 문장이 추가되어 있다.

228 Pitra와 Muradyan에는 빠져있지만, Marr에는 이 문장이 추가되어 있다. 하지만 이미 서두에 나타난 말이기
때문에 생략되어도 무방하다.

제25장   수달에 관하여

Arm25[229]. *Վասն քարթուոշին*

{Եւ "մի՛ ուտիցէք զքարթուոշն եւ մի՛ որ ինչ նման է նմա։"}[230]

Քարթուոշ, երէ ինչ ի Նեղոս գետ։ Գազան ինչ որ է ի կիտէ առն[231]

կերպարանի զարմանք, քարթուոշ ասեն. յորժամ ննջեցցէ

կոկորդիլոսն՝ զբերանն բաց ունի. եւ յորժամ տեսանէ զնա ի քուն

շնչրին՝ երթայ թաւալի ի տիղմն. եւ յորժամ ցամաքի կան, երթայ

մտանէ ի փորն եւ զամենայն աղիսն[232] եւ զկորն ուտէ։

Arm25. 수달에 관하여

{그리고 "수달이나 그것과 같은 것을 먹지 말라."}

수달, 그것은 나일 강에 있는 어떤 생물입니다. 사람들은 수달이 사람의 모습을 하고 있어서 놀라운 어떤 동물이라고 말합니다.[233] 악어는 잠잘 때에

---

229 Marr의 목록에는 28번에 해당한다.

230 율법서의 어느 부분을 인용한 것 같으나, 성경에서는 이와 같은 부분을 찾아볼 수 없다. 다른 사본들에는 이 문장은 생략되어 있다.

231 Muradyan에서 이 낱말을 '사람의'를 뜻하는 *առն* 대신에 '개의'를 뜻하는 *շան*으로 기록되었다.

232 Pitra에서 이 낱말은 주격 형태인 *աղիքն*이라고 되어있지만, 사실 대격 형태인 *աղիսն*이 되어야 문법적으로 옳은 문장이 된다. 이와 같은 이유로 이 책은 이 낱말을 대격 형태인 *աղիսն*으로 교정한다.

233 직역하면 다음과 같다. "사람의 모습이라서 놀라움이 있는 어떤 동물이다."

입을 열고 있는데, 수달은 잠에 빠진 악어를 보면, 진창으로 가서 뒹굽니다. 그리고 진흙이 마르면, 가서 [악어의] 뱃속으로 들어가고 내장들과 뱃속을 먹어치웁니다.

Նոյնպէս եւ աներեւոյթն սատանայ որ ի դժոխս յափշտակեաց զորդիս մարդկան. երկնաւոր կենարարն Քրիստոս առ զՀողեղէն բնութիւնս մեր եւ էջ ի դժոխս, կորզեաց եՀան զառաջ վախճանեալսն, աւետեօք յարութեան իւրոյ զուարճացոյց զմեզ եւ վշրեաց զխայթոց սատանայի:

이렇게 지옥에서 사람의 아들들을 폭압하는 보이지 않는 사탄[234]도 그러합니다. 하늘의 구원자 그리스도께서는 땅에 속한 우리의 본성을 취하시고 저승에 내려가셨고, 앞서 죽은 자들을 해방시키시고 끌어올리셨습니다.[235] 그리고 당신의 부활의 복음으로 우리를 기쁘게 하셨으며 사탄의 독침을 깨부수셨습니다.[236]

---

234 나일강의 포식자로 군림하는 나일 악어를 사탄에 비유한 것이다. 이러한 비유는 이집트몽구스 부분에서도 찾아볼 수 있다.

235 이를 신학적으로는 '그리스도의 음부 강하'라고 부르며, 우리말 사도신경에서 생략된 부분인 "저승에 내려가 셨다가"에서 이를 확인할 수 있다. 이 개념은 그리스도께서 죽으신 후 부활하시기 까지 3일 동안 음부에 내 려가셔서, 예수님을 모르던 구약 성경의 의인들을 저승에서 구원하셔서 끌어올리신 것을 의미한다. 이것에 관한 자세한 내용은 다음을 보라. 손은실 역주, 『토마스 아퀴나스 사도신경 강해설교』(서울: 새물결출판사, 2015), 272-280.

236 고린도전서 15장 55절 참조.

제26장   일각수(一角獸, 유니콘)에 관하여

Arm26[237]. վասն միեղջերն

"Որպէս փափաքէ եղջերու:"[238]

Բարոյախոս անէ թէ փոքր է նման ուլոյ, եւ սաստիկ է գազանն յոյժ, եւ մի եղջեւր է ի գլուխն, եւ չկարէ որսորդն ունել զնա. եւ ասեն,[239] կոյս սուրբ ընկենուն առաջի նորա, եւ նա դիմէ ի ծոց կուսին եւ չերուցանէ, եւ ածէ ի պաղատ թագաւորին միեղջերն:

Arm26. 일각수(一角獸, 유니콘)[240]에 관하여

"마치 사슴이 갈망하듯이."

피지올로구스가 말하기를, 일각수는 새끼 사슴처럼 작지만, 매우 강한 동물이라고 합니다. 일각수는 머리에 뿔 하나가 있으며, 사냥꾼은 그것을 잡을 수 없습니다. 사람들이 말하기를, 일각수의 앞에 순결한 처녀를 내던져

---

237   Marr의 목록에는 25번에 해당한다.

238   시편 42.1(LXX 41.2). 이 문장은 다른 사본들에는 생략되어 있다.

239   Marr에는 이 문장이 다음과 같이 기록되어 있다. *"եւ եթէ զիարդ ըմբռնիցի՝ ասացից:"* (그렇다면 어떻게 그것은 잡히는가? 내가 말하리라.)

240   '일각수'를 뜻하는 *միեղջիւր*(미엘지우르)는 '하나'를 뜻하는 *մի*(미)와 '뿔'을 뜻하는 *եղջիւր*(엘지우르)의 합성어로서, 뿔이 하나인 동물을 의미한다. 흔히 이 동물은 유니콘으로 알려져 있다.

놓으면, 그것은 처녀의 품으로 달려온다고 합니다. 그러면 [처녀는 그것을] 따뜻하게 해주며, 일각수를 왕의 궁궐로 데려갑니다.

Ասա այնմ, "Ես եւ Հայր իմ մի եմք:"[241] *Դարձեալ թէ "Յարոյց մեզ ի տանէն Դաւթի եղջիւր փրկութեան ծառայի իւրոյ:"*[242] *Իբրեւ եւ յերկնից, ոչ կարացին հրեշտակք եւ զօրութիւնք ունել զնա: Ընդ ամենայնի ամենայն եղեւ, մինչեւ եկն յարգանդ Կուսին, եւ "Բանն մարմին եղեւ եւ բնակեաց ի մեզ:"*[243]

이에 관하여서는, "나와 아버지는 하나이다." 라는 말씀대로입니다. 또 [성경에서] 이르기를 "그분(하나님)은 우리를 위하여 구원의 뿔을 당신의 종 다윗의 집에 일으키셨나이다." 그분께서 하늘을 떠나셨을 때, 천사들과 권세들은 그분을 붙잡지 못하였습니다. 그분께서는 동정녀의 태로 오시기까지, 모두에게(모두를 위하여) 모든 것이 되어주셨고,[244] "그 말씀은 몸이 되시어 우리 가운데 거하셨습니다."

---

241 요 10.30.

242 눅 1.69.

243 요 1.14.

244 고린도전서 9장 22절 참조.

제27장 　비버에 관하여

Arm27[245]. վասն կասդրիոսին

Է երէ ինչ որ կոչի կասդրիոս. Հանդարտ եւ զգոն է, եւ կարեւորք նորա բժշկութիւն է, եւ ի տունս թագաւորաց է։ Յորժամ որսորդ զհետ նորա երթայ, կտրէ զկարեւորան եւ ընկենու յորսորդն. եւ թէ այլ որսորդ հանդիպի[246],[247] ցուցանէ նմա գտեղին, եւ որսորդն իբրեւ տեսանէ գտեղին {թէ ոչ ունի}[248] թոյլ տայ եւ ի բաց դառնայ ի նմանէ։

Arm27. 비버에 관하여

비버라고 불리는 어떤 생물이 있습니다. 비버는 태평하고 온화하며, 그것의 생식기는 약이기도 한데, 비버는 왕들의 궁궐에서 발견됩니다. 사냥꾼이 비버의 발자국을 따라오면, 그것은 생식기를 잘라 사냥꾼에게 던집니

---

245 Marr의 목록에는 26번에 해당한다.

246 사본간 이문이 존재한다. Marr에는 հանդիպի 대신에 խնդրի로 기록되어서, '만일 다른 사냥꾼이 나타나면'으로 해석된다. 반면 Muradyan에는 հանդիպի 대신에 ընթանայ զհետ նորա로 기록되어서, '만일 다른 사냥꾼이 그의 발자국을 따라오면'으로 해석된다.

247 다른 사냥꾼을 주격으로 본다면, 이 문장은 다음과 같이 해석할 수도 있다. "그런데 만일 다른 사냥꾼이 나타나면."

248 Pitra에는 생략되어 있지만, 다른 사본들에는 이 부분이 기록되어 있다.

다. 그런데 다른 사냥꾼을 만나면, 비버는 그에게 그 [생식기가 있던] 곳을 보여주는데, 사냥꾼은 그 {생식기가 없는} 것을 보고서, 비버가 가버리도록 내버려두고 그것으로부터 돌아섭니다.

Եւ դու նահատակեալդ թէ կամիցիս ընկենուցուս առ չար որսորդն զոր ինչ խնդրէ, եւ ոչ եւս մերձենայ ի քեզ: Չար որսորդն սատանայ է, {եթէ ի քեզ կայ արծաթսիրութիւն, պոռնկութիւն եւ շնութիւն, կտրեա՛ եւ տուր ցսատանայ.}²⁴⁹ որպէս գրեալ է. "Հատուցէք, իւրաքանչիւր զպարտս, որում հարկ՝ զհարկն"²⁵⁰ եւ այլն²⁵¹. զառաջին յոյս կտրեացուք ընկեցուք ի սատանայ, եւ ապա հատուցցուք զայն²⁵²:

분투하는 그대여, 만일 그대가 원하는 것과 사냥꾼이 요구하는 것을 악한 사냥꾼을 향해 던져버린다면, 그는 더이상 그대에게 다가가지 않을 것입니다. 악한 사냥꾼이란 사탄이니, {만일 그대에게 탐욕, 간통과 간음이 있다면, 그것을 잘라서 사탄에게 줘버리십시오.} 이는 기록된 대로입니다. "각각의 의무를 다하십시오, 곧 세금을 바칠 이에게는 세금을." 기타 등등. 먼저 우리는 기대(소망)를 잘라서 사탄에게 던져버려야 하고, 그 후에 그것을 [하나님께] 돌려드려야 합니다.

---

249 Pitra에는 생략되어 있지만, 다른 사본들에는 이 부분이 기록되어 있다.

250 롬 13.7.

251 Pitra와 Marr가 եւ այլն으로 끊음으로써 로마서 13장 7절을 부분 인용하는 것과 달리, Muradyan은 եւ այլն 을 사용하지 않고 전체 성구를 인용하고 있다.

252 다른 사본들에는 զայն 대신에 '하나님의 것은 하나님에게'를 뜻하는 զաստուծոյն աստուծոյ로 기록되어 있다.

Արծաթ եւ ոսկի ոչ ունէին Պետրոս եւ Յովհաննէս որք զկաղն
գնացուցին[253]. *բայն Տէրն պատուիրեաց*[254] *նոցա, "Մի՛ բառնայք*[255]
ոսկի եւ արծաթ."[256]
{Ապա ուրեմն բարեաւք ասաց բարոյախաւսն զկղբէ.}[257]

베드로와 요한은 은과 금을 가지지 않았지만, 그들은 절름발이를 걷게 하였습니다.[258] 주님께서 그들에게 이것을 명령하셨습니다. "너희는 금과 은을 빼앗지 말아야 한다."

{그러므로 피지올로구스는 비버에 관하여 잘 말해주었습니다.}

---

253 다른 사본들에는 *զնացուցին* 대신에 더 긴 설명이 추가되어 있다. "*յարուցին առ գեղեցիկ դրան տաճարին:*" (그들은 성전의 미문에서 일으켰다.)

254 다른 사본들에는 *ասաց*로 기록되어 있다. 이를 살려 해석하면 다음과 같다. "주님은 그것을 그들에게 말씀하셨다."

255 다른 사본들에는 *ստանայք*로 기록되어 있다. 이를 살려 해석하면 다음과 같다. "너희는 금과 은을 얻지 않아야 한다."

256 마 10.9.

257 { } 부분은 Pitra에는 나오지 않고 다른 사본들에만 나타난다.

258 사도행전 3장 1-8절 참조.

Arm28[259]. Վասն բորենոյ

Աւրէնքն ասեն, "մի՛ ուտիցես զբորեան և որ ինչ նման է նմա:"[260] Բարոյախաւսն ասէ զբորենոյ թէ արու և էգ է, երբեմն արու լինի և երբեմն էգ. պիղծ է գազանն վասն զբնութիւնն փոփոխելոյ. ուստի Երեմիաս ասէ, "միթէ որջ բորենոյ է ժառանգութիւն իմ:"[261]

Arm28. 하이에나에 관하여

율법은 말합니다. "하이에나나 그것과 같은 것을 먹지 말라."

피지올로구스가 하이에나에 관하여 말하기를, 하이에나는 수컷이기도 하고 암컷이기도 한데, 때때로 수컷이 되기도 하고, 암컷이 되기도 합니다. 이 동물은 부정하니, 이는 그 본성이 변하기 때문입니다. 그러므로 예레미야는 말합니다. "나의 유산은 하이에나의 굴이지 않은가?"

---

259 Marr의 목록에는 27번에 해당한다.

260 직접적으로 하이에나를 먹지 말라는 구절은 성경에 나오지 않는다. 하지만 레위기 11장 3-4절과 신명기 14장 6절에 따르면 '굽이 갈라지고 되새김질을 하는 동물'은 먹어도 되지만, 둘 중 하나라도 하지 못하는 경우에는 먹을 수 없다. 또한 레위기 11장 27절에서는 '네 발로 걸어다니는 동물'은 먹지 못한다고 말한다. 이 범주에 하이에나가 속하기에 먹지 말라고 하는 것으로 보인다.

261 LXX 렘 12.9a: "μὴ σπήλαιον ὑαίνης ἡ κληρονομία μου ἐμοὶ ἢ σπήλαιον κύκλῳ αὐτῆς;" (나에게 있는 나의 유산이라곤 하이에나의 굴이나 그것을 둘러싼 굴이지 않은가?)

Նոյնպէս և ամենայն մարդ երկմիտ զգզփաղվփուն է յամենայն ճանապարհս իւր և նման է բորենոյ: Եւ այժմ բազումք ի կերպարանս արանց մտանէն յեկեղեցիս և իբրև ելանէն արտաքս ի ժողովրդենէն, զկանանց բարս ունին:
Ապաւրէմն բարեաւք ասաց բարոյախաւսն վասն բորենոյ:[262]

이렇게 마음이 둘로 나뉘고 자기의 모든 길에서 흔들리는 모든 사람은 하이에나와 같습니다. 지금도 많은 사람들이 겉모습은 남자인 채로 교회에 들어오지만, 그 회중으로부터 나갈 때에는 여인의 습성을 가지고 있습니다. 그러므로 피지올로구스는 하이에나에 관하여 잘 말해주었습니다.

---

262 Pitra에는 〈하이에나〉 본문 전체가 없다. 따라서 이 내용은 Marr에 있는 내용을 그대로 가져온 것이다.

제29장 이크니몬(이집트몽구스)에 관하여

Arm29. Վասն իքնիմոնին[263]

Է երէ ինչ որ կոչի իքնիմոն որ Թարգմանի հետախահն[264]. Թշնամի է վիշապի[265], թէպէտ սատիկ է. {Որպէս եւ բարոյախաւսն ասէ,}[266] երթայ ծեփէ զանձն կաւով, եւ զայ կռուի միամիտ[267] ընդ վիշապին, եւ ազովն զբերանն պահէ:

Arm29. 이크니몬(이집트몽구스)에 관하여

'흔적을 쫓는 자'[268]로 번역되는, 이크니몬이라고 불리는 생물이 있습니다.

---

263 '이집트몽구스'를 뜻하는 *իքնիմոն*(이크니몬)은 그리스어 ἰχνεύμων(이크네우몬)을 아르메니아어로 음차한 것이다.

264 '흔적을 쫓는 자'를 뜻하는 *հետահահն*(헤타한)은 '흔적'을 의미하는 *հետ*(헤트)와 '가져오다, 쫓다'를 뜻하는 동사 *հանեմ*의 어근인 *հան*(한)의 합성어이다.

265 여기서 '악어'로 번역한 아르메니아어 *վիշապ*(비샤프)는 본래 '큰 뱀'을 의미한다. 하지만 성경은 이를 뱀 외에 다른 동물을 가리킬 때도 사용하는데, 출애굽기 7장에서는 '뱀'으로, 에스겔 29장과 32장에서는 '악어'로도 사용된다. 더 나아가 요한계시록에서는 이를 사탄을 상징하는 짐승인 '용'으로 사용한다. 따라서 이 책은 이집트몽구스에 관하여 서술하는 부분에서는 *վիշապ*를 '악어'로 번역하였고, *վիշապ*가 사탄과 직접적으로 연결될 때에는 '용(뱀)'으로 번역하였다.

266 Pitra에는 생략되었지만, 다른 사본들에는 기록되어 있다.

267 Muradyan은 이를 생략한다. 문맥상 이 말이 있을 이유가 없음에도 불구하고 여러 사본들이 이를 추가하고 있다. *միամիտ*(미아미트)는 '하나'를 뜻하는 *մի*(미)와 '마음'을 뜻하는 *միտ*(미트)의 합성어로서, 문자적으로는 '한 마음을 가진'을 뜻하며, 더 나아가 '순진한, 솔직한, 순진무구한, 충직한'으로도 의미가 확장된다.

268 '이집트몽구스'를 뜻하는 그리스어 ἰχνεύμων은 '추적하는 것'을 뜻하는 ἰχνεύειν에서 파생된 낱말로서, 문자적으로는 '추적자'를 뜻한다. 아르메니아어 역본은 그리스어 낱말의 뜻을 풀어쓴 것이다.

이크니몬은 악어에게 적대적입니다, 비록 악어가 포악하더라도 말입니다.
{피지올로구스가 말한대로,} 이크니몬은 가서 진흙으로 자신을 칠하고 와
서는 용맹하게 악어와 싸우며, 꼬리로 그 입을 붙잡습니다.

*Եւ Փրկիչն մեր ի հողոյ էառ զերկրային բնութիւն, եւ սպան
զանեռեւոյթ գազանն եւ զվիշապն սատանայ,*[269] *որ*[270] *ասէր
ցկենարարն՝ թէ "Աստուած ես, եւ ոչ կարեմ քեզ դիմակաց լինել."
վասն այնորիկ որ մեծ է քան զամենայն՝ փոքր եղեւ, զի զամենեսին
կեցուսցէ:*

우리의 구세주께서도 땅으로부터 땅의 본성을 취하셨고, 보이지 않는 짐승
인 용, 곧 사탄을 죽이셨습니다. 그는 구원자께 말하였습니다. "당신은 하
나님이십니다. 나는 당신께 대적자가 될 수 없습니다." 그러므로 그분은 모
든 것보다 크신 분이시지만,[271] 작아지셨으니, 이는 모든 이들을 구원하시기
위함입니다.

---

269   이 문장은 에스겔 29장 3절의 일부를 인용한 것으로 보이는데, 즉 포악한 나일악어를 파라오와 사탄에 비유
한 것이다. 다른 사본에는 이 문장이 다음과 같이 기록되어 있다. "*զի սպանցէ զանեռեւոյթ վիշապն
զփարաւոն, որ նստէր ի վերայ գետոյն եգիպտացւոց, որ է սատանայ:*" (이는 보이지 않는 용, 곧 파라
오를 죽이시기 위함이니, 그는 이집트인들의 강 위에서 거하던 이, 곧 사탄이다.)

270   다른 사본들에는 *որ* 대신에 *եւ պատերազմ եւ*가 기록되어 있다. 이를 해석하면 다음과 같다. "그는 싸움을
일으켰으나."

271   요한일서 4장 4절 참조.

제30장 페리텍시온이라는 나무에 관하여

Arm30. Վասն պերիդեքսիոն ծառոյ

Է ծառ ինչ պերիդեքսիոն, որ Թարգմանի կշտապանակ, եւ է ի
Հրնդիկս, եւ պտուղ ծառոյն քաղցր է քան զամենայն քաղցրութիւն,
եւ աղաւնիք իջանեն ի ծառն եւ ուտեն զպտուղն։ Եւ թշնամի է օձի,
զի ի Հովանոցէն[272] եւս փախչի։ Մինչ անդ ի նա կան աղաւնիքն,
չկարէ օձն մերձենալ յաղաւնիսն, եւ ոչ ի Հովանի ծառոյն
Հանդիպել[273]։ Թէ յարեւմուտս կոյս է Հովանին, յարեւելս կոյս
փախչի վիշապն. Թէ յարեւելս՝ յարեւմուտս։ Իսկ թէ մեկնիցի
աղաւնիքն ի ծառոյն, եւ գտցէ օձն, սպանանէ զնա։

Arm30. 페리덱시온[274]이라는 나무에 관하여

'팔찌'[275]로 번역되는, '페리덱시온'이라는 어떤 나무가 있습니다. 페리덱시
온은 인도에 있으며, 그 나무의 열매는 가장 달콤한 것보다도 더 달콤한데,

───────────────────────────────

272 이 낱말은 다른 사본들에 Հովանոյն으로 기록되어 있다.

273 이 낱말은 다른 사본들에 '접근함'을 뜻하는 Հայել로 기록되어 있다.

274 պերիդեքսիոն(페리덱시온)은 그리스어 περιδέξιον(페리덱시온)을 아르메니아어로 음차한 것이다.

275 그리스어 περιδέξιον은 문자적으로 '오른팔에 두르는 장신구'를 뜻하는데, 아르메니아어 역본이 이를 '팔찌'로 옮긴 것이다.

비둘기들은 그 나무로 내려와서 열매를 먹습니다. [그 나무는] 뱀의 천적이기도 한데, 이는 [그 나무의] 그늘로부터 뱀이 곧잘 도망치기 때문입니다. 비둘기들이 거기에 있는 동안, 뱀은 비둘기들에게 다가갈 수 없고, 나무의 그늘로도 가까이 갈 수 없습니다. 만일 그늘이 서쪽으로 향하면, 용(뱀)은 동쪽으로 도망칩니다. 만일 [그늘이] 동쪽으로 향하면, 용(뱀)은 서쪽으로 [도망칩니다.] 그런데 비둘기가 나무로부터 떠나간 것을, 뱀이 [비둘기를] 찾아낸다면, 그것을 죽여버립니다.

Ծառն օրինակ է Հօր {աստուծոյ}[276] *ամենեցուն, եւ պտուղն եւ հովանին` Որդին միածին.*[277] *որպէս եւ Գաբրիէլ ասաց. "Հոգին սուրբ եկեսցէ ի քեզ, եւ զօրութիւն բարձրելոյն հովանի լիցի ի վերայ քո:"*[278] *Պտուղն դարձեալ Հոգւոյն իմաստութիւնն. աղաւնիքն, որք ընդունին զՀոգին սուրբ` նմանեցին աղաւնոյն տեսլեանն:*

나무란 만유의 {하나님} 아버지의 예형이고, 열매와 그늘이란 독생하신 아들의 [예형]입니다. 이는 마치 가브리엘도 말하였던 바와 같습니다. "성령께서 그대에게 오실 것이며, 지극히 높으신 분의 권세가 그대 위에 그늘이 되리라." 그리고 열매란 성령의 지혜이기도 합니다. 비둘기들이란 성령을 모신 이들이니, 그들은 보이는 비둘기를 닮게 될 것입니다.[279]

---

276 Marr에는 이 부분이 추가되어 있다.

277 Muradyan은 나무와 열매와 그늘을 성삼위의 예형으로 이해하고서, 다음과 같이 기록하고 있다. "*եւ պտուղն որդւոյ եւ հովանին հոգւոյ:*" (열매란 아들의 [예형]이고, 그늘이란 성령의 [예형]이다.)

278 눅 1.35.

279 이 부분의 그리스어본을 참고하여 번역한 것이다. 그리스어본은 다음과 같다. "ἐξομοιωθέντες τῇ περιστερᾷ ὁράσεως." 예수께서 세례 받으실 때, 하늘에서 내려오신 성령께서 비둘기의 모습으로 보이게 나타난 것을 의미하는 것으로 보인다.

Զգոյշ լեր, ով մարդ, յետ առնլոյ զմշտնջենաւոր Հոգին, զիմանալի
աղաւնին որ էջ յերկնից եւ հանգեաւ ի վերայ Կուսին, ըստ նմին
օրինակի եւ ի վերայ քո հանգիցէ: Իսկ առանց աղաւնի լինիցիս
օտարացեալ յաստուածային գիտութենէ {գտանիցիս}²⁸⁰, գտանէ
վիշապն սատանայ եւ սպանանէ: Որպէս անդ չկարէ ի ծառն
մերձենալ եւ ոչ ի հովանին եւ ոչ ի պտուղն նորա. եւ դուք²⁸¹ Թէ
ունիցիք²⁸² զերկնաւոր Հոգին ձեզ հովանի, ոչ կարէ վիշապն
սատանայ վնասել զձեզ:²⁸³

오 사람이여! 신중하십시오. 영원하신 영, 곧 하늘로부터 내려오셔서 동정
녀 위에 머무신, 가지적(可知的)인 비둘기를 받은 이후에 말입니다. 그분은
바로 그 모습으로 그대 위에도 머무실 것입니다. 만일 그대가 비둘기 없이
신성한 앎으로부터 떨어진 채로 {있게 된다면}, 용(뱀)인 사탄이 [그대를] 찾
아서 죽여버릴 것입니다. 용(뱀)이 거기의 나무로 다가갈 수 없듯이, 그늘이
나 그것의 열매에도 다가갈 수 없습니다. 그대들도 하늘의 영을 그늘로 삼
는다면, 용(뱀)인 사탄은 그대들을 해할 수 없을 것입니다.

{Ասպա ուրեմն բարեաւք խաւսեցաւ բարոյախաւսան վասն
կշտապանակ ծառոյն:}²⁸⁴

---

280 다른 사본들에는 { } 부분이 추가되어 있다. 이 부분을 빼고 해석하면 다음과 같다. "만일 그 비둘기 없이 그
     대가 신성한 앎으로부터 떨어진다면."

281 다른 사본들에는 2인칭 인칭대명사의 복수 형태인 դուք가 2인칭 인칭대명사의 단수 형태인 դու로 나타난
     다.

282 다른 사본들에는 2인칭 복수 형태인 ունիցիք가 2인칭 단수 형태인 ունիցիս로 나타난다.

283 다른 사본들에는 զերկնաւոր Հոգին 이하가 다음과 같다. "չկարէ մերձենալ առ քեզ սատանայ:" 이를 살
     려 해석하면 다음과 같다. "그대들도 하늘의 영을 그늘로 삼는다면, 사탄은 그대에게 다가갈수 없고, 용(뱀)
     인 사탄은 그대들을 해할 수 없을 것입니다."

284 { } 부분은 Pitra에는 나오지 않고 다른 사본들에만 나타난다.

{그러므로 피지올로구스는 팔찌 나무에 관하여 잘 말해주었습니다.}

제31장   까마귀에 관하여 1

Arm31. վասն ազռաւին

*Բարւոք ասաց Երեմիա եթէ "Նրստար իբրեւ զագռաւ միայնացեալ
յանապատի:"*[285] *Ասէ եւ զագռաւէ, եթէ միայնայր է:*[286] *եթէ մեռանի
վարուժանն*[287]*, յայլ վարուժան ոչ մերձենայ:*

Arm31. 까마귀에 관하여 1

예레미야가 잘 말해주었습니다. "너는 혼자가 된 까마귀처럼 광야에 앉았
구나(거하는구나)." [피지올로구스가] 까마귀에 관하여 말하기를, 까마귀는 한
남편만 가집니다. 만일 [짝인] 수컷이 죽으면, 까마귀는 다른 수컷에게 다가
가지 않습니다.

---

285 LXX 렘 3.2: "ἆρον εἰς εὐθεῖαν τοὺς ὀφθαλμούς σου καὶ ἰδέ· ποῦ οὐχὶ ἐξεφύρθης; ἐπὶ ταῖς ὁδοῖς
 ἐκάθισας αὐτοῖς ὡσεὶ κορώνη ἐρημουμένη καὶ ἐμίανας τὴν γῆν ἐν ταῖς πορνείαις σου καὶ ἐν ταῖς
 κακίαις σου." (네 눈을 곧게 들어올려서 보고 보아라. 네가 어디에서 더럽혀졌느냐? 너는 고독한(버려진)
 까마귀처럼 그 길들 위에 앉았고, 네 음행과 네 악행들로 너는 그 땅을 더럽혔도다.)

286 이 문장은 Pitra에서 원래 다음과 같이 기록되어 있다. "*թէ մի ցեզ կայ որպէս զվարուժան է:*" 이를 해석
 하면 다음과 같다. "수컷과 같은 하나의 종(種)만 있다." 하지만 본문의 문맥은 한 남편에 대한 절개를 보여
 주므로, 이 책은 다른 사본들을 따라서 이 문장을 교정한다.

287 이 낱말은 Pitra에서 '친구'를 뜻하는 *ընկերն*으로 기록되어 있다. 본문의 문맥은 한 분의 신랑인 그리스도에
 대한 고백을 보여주므로, 이 책은 다른 사본들을 따라서 '수컷'을 뜻하는 *վարուժանն*으로 교정한다.

Հրէիցն ժողովուրդն որպէս[288] սպանին զԲան երկնաւոր զՀայրն իւրեանց զՅիսուս Քրիստոս, եւ չկոչեցաւ այր նոցա Յիսուս։ Եւ որպէս ասէ Առաքեալն[289], "Խօսեցայ զքեզ իբրեւ զկոյս սուրբ յանդիման առնել Քրիստոսի։"[290] Եւ նոքա թողին զարարիչն իւրեանց,[291] եւ շնացան[292] ընդ փայտի եւ ընդ քարի։

유대인들의 회당이 하늘의 말씀이시며 그들의 아버지이신 예수 그리스도를 죽인 것처럼, 예수께서는 그들의 남편이라고 불리지 않으셨습니다. 마치 사도가 말한 것과 같습니다. "나는 그대들을 순결한 처녀로 바치고자 그리스도와 중매하였습니다." 하지만 그들은 자기들의 창조주를 내버리고서, 나무와 더불어 그리고 돌과 더불어 간통하였습니다.[293]

Իսկ մեք եթէ ունիցիմք միշտ ի մտի մերում զարարիչն[294], ոչ լինիցիմք մօտ ի շնացողն սատանայ։ Ապա թէ վերասցի ի մտաց {մերոց}[295] բանն, մտանէ Հակառակորդն։ Առ գթոյն յանձին

---

288 다른 사본들에는 *որպէս* 대신 다음과 같이 기록되어 있다. "*ուրեմն էին, որ ...*" 이를 살려 이 문장을 다시 해석하면 다음과 같다. "그러므로 유대인들의 회당은 하늘의 말씀이시며 그들의 아버지이신 예수 그리스도를 죽였고."

289 Muradyan은 주어를 생략하며, Marr는 '사도'를 뜻하는 *Առաքեալն* 대신 '바울'을 뜻하는 *Պաւղոս*를 주어로 사용한다. 이 책은 Pitra를 그대로 살린다.

290 고후 11.2.

291 다른 사본들에는 이 문장이 다음과 같이 기록되어 있다. "*Եւ նոքա թողին զայրն իւրեանց զքրիստոս ...*" (그들은 그들의   남편이신 그리스도를 내버리고서.)

292 다른 사본들에는 '간통하다'를 뜻하는 *շնային*으로 기록되어 있다. 이쪽이 일반적으로 더 많이 쓰이는 형태이다.

293 예레미야 3장 9절 참조.

294 Muradyan에는 '창조주'를 뜻하는 *զարարիչն* 대신 '그분'을 뜻하는 *զայրն*으로 기록되어 있고, Marr에는 '그리스도'를 뜻하는 *զքրիստոս*로 기록되어 있다.

295 Pitra에는 없지만, 다른 사본들은 이를 추가하고 있다.

ունիցիս եւ աղօթս մատուցանիցես,[296] *զի "մի՛ ննջեսցէ պահապանն Իսրայելի,"*[297] *զի մի՛ մտանիցեն գողք {յիմանալի}*[298] *յաներեւույթ ի տուն քո։*

그러나 우리가 언제나 우리의 마음 속에 창조주를 생각한다면, 우리는 난 봉꾼인 사탄을 가까이 하지 않을 것입니다. 그러나 {우리의} 마음에서 말씀 이 사라진다면, 적대자가 들어옵니다. 그대는 스스로 간구에 대하여 생각 하며 기도를 바쳐야 합니다. 그리하면 "이스라엘을 지키시는 분께서 주무 시지 않으시니," 도둑들은 그대의 {가지적(可知的)이고} 보이지 않는 집으로 들어오지 않을 것입니다.

{Ապա ուրեմն բարեաւք ասաց բարոյախաւսն վասն ագռաւոյ։}[299]

{그러므로 피지올로구스는 까마귀에 관하여 잘 말해주었습니다.}

---

296 다른 사본들에는 이 문장이 다음과 같이 기록되어 있다. "*Եւ արդ փոյթ յանձին կալցիս աղօթս մատուցանել ...*" (따라서 어서 그대는 스스로 기도 바치기를 힘써야 할 것이다.)

297 시 121.4(LXX 120.4). 다른 사본들에는 이 문장이 다음과 같이 기록되어 있다. "*զի մի՛ նիրհիցէ եւ մի՛ ննջեսցէ պահապանն Իսրայելի ...*" (이는 이스라엘의 수호자가 졸지도 않으시고 주무시지도 않기 때문 이다.)

298 Pitra에는 없지만, 다른 사본들은 이를 추가하고 있다.

299 { } 부분은 Pitra에는 나오지 않고 다른 사본들에만 나타난다.

제32장 산비둘기에 관하여

Arm32. Վասն տատրակին

Որհնութիւն որհնութեանցն[300] *ասէ, "Ձայն տատրակի եղեւ լսելի յերկրի մերում:"*[301] *Ասէ գտատրակէն. մեկնի եւ գնայ ի բազմամբոխ երամացն, առանձինն սիրէ բնակել:*[302]

Arm32. 산비둘기에 관하여

아가는 말합니다. "산비둘기의 소리가 우리 땅에서 들려와요." [피지올로구스는] 산비둘기에 관하여 말합니다. 산비둘기는 밀집한 무리로부터 떨어져서 다니며, 혼자서 살아가기를 좋아합니다.

Նոյնպէս եւ Տէր մեր մեկնեալ գնաց յանապատ տեղի եւ կայր յաղօթս, զի ուսուցէ զմեզ, եւ ելանելով ի լեառն Թաբօր[303]

---

300 노래 중의 노래들, 즉 아가를 말한다. Muradyan은 이를 '송가 중의 송가'를 뜻하는 *երգս երգոցն*으로 기록한다.

301 아 2.12.

302 다른 사본들은 이 문장을 다음과 같이 기록한다. "*մեկնի գնայ առանձինն յանապատ տեղիս եւ ուրոյն կեալ սիրէ եւ ի մեջ բազում վարուժանաց չկամի բնակել:*" (산비둘기는 떨어져서 홀로 외딴 장소로 다니며, 떨어져서 살아가기를 좋아하고 많은 수컷들의 한 가운데서 살아가기를 원하지 않는다.)

303 다른 사본들은 앞 문장에서부터 이곳까지를 다음과 같이 기록한다. "*եւ կենարարն մեր առաջինն շողաւ*

երեւեցան նմա Մովսէս եւ Եղիա, եւ բարբառ եղեւ յամպոյն.[304] *"Դա է որդի իմ սիրելի, դմա լուարուք:"*

이렇게 우리 주님께서도 한적한 장소로 떨어져 다니시며 [거기서] 기도 가운데 계셨으니, 이는 우리를 가르치시기 위함입니다. 그분께서 다볼 산으로 오르셨을 때, 그분께 모세와 엘리야가 나타났고, 구름으로부터 음성이 있었습니다. "그는 나의 사랑하는 아들이니, 너희는 그의 말을 들으라."[305]

Տատրակ միայն բնակիլ սիրէ. եւ դուք, մանկունք եկեղեցւոյ, զՔրիստոս զգեցեալ էք. սիրեցէք զատ եւ որիշ[306] *բնակել {ի սատանայէ}*[307]:

산비둘기는 홀로 살아가기를 좋아합니다. 교회의 청년들인 그대들도 그리스도로 옷 입었습니다. [그러므로] 그대들은 고립되어 {사탄으로부터} 떨어져서 살아가기를 좋아해야 합니다.

ի լեառն Թաբոր ..." (우리의 구원자께서도 홀로 다볼 산으로 올라가셨으니.)

304 마태복음 17장 1-13절, 마가복음 9장 2-8절, 누가복음 9장 28-36절 참조.

305 마 17.5; 막 9.7; 눅 9:35.

306 다른 사본들에는 '떨어진, 고립된'을 뜻하는 *որիշ* 대신 *ուրոյն*으로 기록되어 있다. 두 낱말의 의미의 차이는 없다.

307 다른 사본들에는 이 부분이 생략되어 있다.

제33장   제비에 관하여

Arm33. վասն ծիծռան

Գրեալ է. "Որպէս ծիծառն այնպէս ճչեցի, իբրեւ զաղաւնի այնպէս մռչեցի[308], {զի նուաղեցաւ աչք իմ ի տեսանելոյ։}[309]"[310] եւ թէ "Տատրակ եւ ծիծառն ձագք վայրենիք ծանեան զժամանակս իւրեանց։"[311] Ասէ զծիծռունէն, թէ մի անգամ ծնանի եւ այլ ոչ։

Arm33. 제비에 관하여

[성경에] 기록되었습니다. "제비처럼 나는 울었고, 비둘기처럼 나는 신음하였습니다. {나의 눈이 보는 것에서 침침해졌기 때문입니다.}" 또 말합니다. "야생의 새끼 산비둘기와 제비들이 자기들의 때를 알았다." [피지올로구스가] 제비에 관하여 말하기를, 제비는 한 번 산란하고 더 이상 [산란하지] 않습니다.

---

308   이 낱말은 Pitra에서 *մռչեցի*로 기록되어 있고, 다른 사본들에는 *մռչեցի*로 기록되어 있다. 그러나 이 낱말의 원형은 '신음하다'를 뜻하는 *մռչեմ*이므로, 이 책은 다른 사본들을 따라 이 낱말을 *մռչեցի*로 교정한다.

309   다른 사본들에는 이 부분이 생략되어 있다.

310   사 38.14.

311   렘 8.7.

Նոյնպէս կենարարն մի անգամ յղացաւ եւ մի անգամ ծնաւ, մի անգամ խաչեցաւ, մի անգամ յարեաւ ի մեռելոց։ "Մի է Աստուած, մի Հաւատ, մի մկրտութիւն, մի Հայր ամենեցուն։"[312]

이렇게 구원자께서도 한 번 잉태되시어 한 번 출생하셨고, 한 번 십자가에 못 박히셨으며, 한 번 죽은 자들 가운데서 일으켜지셨습니다. "하나님은 한 분이시요, 믿음도 하나요, 세례도 하나요, 만유의 아버지도 한 분이십니다."

{Ապա ուրեմն բարեաւք ասաց բարոյախաւսն վասն ծիծառն եւ տատրակի։}[313]

{그러므로 피지올로구스는 제비와 멧비둘기에 관하여 잘 말해주었습니다.}

---

312 엡 4.5-6.

313 { } 부분은 Pitra에는 나오지 않고 다른 사본들에만 나타난다.

제34장 사슴에 관하여

Arm34. վասն եղջերուին

{Դաւիթ աղաղակէ եւ ասէ. "Որպէս փափագէ եղջերու յաղբերս ջուրց, այնպէս փափագէ անձն իմ առ քեզ, աստուած:"³¹⁴ }³¹⁵

Arm34. 사슴에 관하여

{다윗은 울부짖으며 말합니다. "사슴이 시냇물을 갈망하듯이, 나의 생명도 당신을 갈망합니다, 하나님이여."}

Բարոյախօսն ասէ զեղջերուէ³¹⁶, թէ սատիկ թշնամի է օձին. {Յորժամ}³¹⁷ փախչի օձն եւ մտանէ ի ծակն, եւ եղջերուն երթայ լնու զբերան իւր ջրով, եւ գայ ի ծակն ուր օձն մտաւ³¹⁸. {թէ ելանէ՝

---

314 시 42.1(LXX 41.2).

315 Pitra에는 이 부분이 생략되어 있지만, 다른 사본들에는 기록되어 있다.

316 다른 사본들을 따른 것이다. 원래 Pitra에는 이 낱말이 '일각수에 관한 것'을 뜻하는 զմիեղջերուէ로 기록되어 있다. 그러나 이 부분은 사슴에 관한 내용이며, '일각수'를 뜻하는 միեղջերու가 '사슴'을 뜻하는 եղջերու 와 '하나'를 뜻하는 մի의 유무만을 차이로 보이므로, Pitra가 이 낱말을 오기한 것으로 보인다. 따라서 이 책은 다른 사본들을 따라서 이 낱말에서 մի를 제거하고 զեղջերուէ로 수정한다.

317 Pitra에는 생략되어 있지만, 다른 사본들에는 기록되어 있다.

318 Marr는 이 낱말을 '있다'를 뜻하는 է로 대체한다. 이를 살려 해석하면 다음과 같다. "뱀이 있는 구멍으로 온다."

կոխէ եւ այնպէս սպանանէ. եւ թէ ոչ, գզուրն հեղու ի ծակն եւ
սատակէ.[319]

피지올로구스가 사슴에 관하여 말하기를, 사슴은 뱀에게 굉장히 적대적입니다. 뱀이 도망쳐서 구멍 안으로 들어가버릴 {때}, 사슴은 가서 자기의 입을 물로 채우고, 뱀이 들어간 구멍으로 옵니다. {만약 뱀이 나오면, 사슴은 [뱀을] 짓밟아 죽여버립니다. 그러나 만일 뱀이 그렇게 하지 않으면, 사슴은 그 구멍에 물을 쏟아서 죽여버립니다.}

Նոյնպէս եւ կենարարն մեր եսպան զսատանայ զմեծ վիշապն,
երկնային ջրովն զոր ունէր յաստուածայինն իմաստութենէն եւ
յանճառ առաքինութենէն: որ ոչ կարէր ժուժկալել այնմ ջրոյն
աներեւոյթ վիշապն, {այլ վաղվաղակի սատակի.}[320]

이렇게 우리 구세주께서도 사탄, 곧 큰 용(뱀)을 천상의 물로써 죽이셨는데, 그 물은 그분께서 신성한 지혜와 형언할 수 없는 미덕으로부터 가지셨던 것입니다. 보이지 않는 용은 그 물에 저항할 수 없었고, {그 즉시 죽임 당했습니다.}

{Ասպա ուրեմն բարեաւք խաւեցցաւ բարոյախաւսն զբարան
իւրաքանչիւր ազգաց:}[321]

---

319   Muradyan에는 이 부분이 다음과 같이 기록되어 있다. "*եւ արկանէ ի ծակն օձին, մինչեւ հանէ զօձն, կոխէ եւ սպանանէ զնա:*" (그리고 사슴은 뱀의 구멍에 [물을] 쏟아놓는데, 뱀을 빼낼 때까지 그리하고, 그를 짓밟아 죽여버린다.)

320   다른 사본들에는 괄호 안의 부분이 생략되어 있다.

321   { } 부분은 Pitra에는 나타나지 않고 다른 사본들에만 나타난다. Muradyan은 다음과 같이 결론을 맺는다.

{그러므로 피지올로구스는 각 종들의 습성을 잘 말해주었습니다.}

제35장　물총새(할키온)에 관하여

Arm35[322].[323] *վասն ժրահաւուն*

Է հաւ մի որ կոչի ժրահաւ. ի ծովու բնակէ, եւ բռնադատ ծնունդ առնէ, եւ բազում աշխատութեամբ հանէ ձու մեծագոյն, եւ տանի բունէ յատակ ծովու ովկիանուսի։ Եւ հագիւ ելանէ եւ իջանէ՝ վասն ծովուն եւ թշնամեացն. եւ ելեալ ի վերայ ծովուն հայի ի խորս եւ վերուստ ի վայր թիւէ գձուն մինչ ի ժամանակ ձագուն. եւ ապա առնու իւր օգնական, եւ իջանէ հանէ ի ցամաք եւ ի լոյս դիր[324] եւ սնուցանէ։

Arm35. 물총새(할키온)[325]에 관하여

물총새라고 불리는 작은 새가 있습니다. 물총새는 바다에 살고, 힘든 산란을 합니다. 그것은 매우 수고를 들여 매우 큰 알을 낳는데, [알을] 옮겨서 대양의 바닥을 둥지로 삼습니다. 그것은 [거기서] 거의 올라가거나 내려가지

322　Marr의 목록에는 36번에 해당한다.

323　이하의 내용들은 아르메니아 우화나 기타 설화들로부터 내용을 가져와서 피지올로구스 아르메니아어본이 창작해낸 것이다. 따라서 여기서부터는 아르메니아어본으로만 존재하며, 그리스어나 조지아어로 된 사본이 존재하지 않는다.

324　이 낱말은 Marr에서 '곳, 지역'을 뜻하는 *դիր* 대신에 '땅'을 뜻하는 *երկիր*로 기록되어 있다.

않는데, 이는 바다와 천적들 때문입니다. 그리고 [거기서] 올라오면, 그것은 바다 위에서 깊이를 살펴보며, 새끼의 [부화]시기까지 위에서 아래로 알을 품습니다. 그런 후 그것은 도움(조력자)를 얻어 [새끼를] 마른 땅, 곧 빛이 [드는] 곳으로 데려와서 [거기서] 기릅니다.

Իսկ Աստուած Հայեցեալ ի ծնունդս երկրայինս, եւ աչօք եւ քաղցր կամօք Հայի եւ թինէ եւ նախախնամէ զմեզ, մինչ ի ժամանակս որ ելանեմք ի զազիր եւ ի ժահահոտ բնակարանէս, այսինքն յանդնդոց ի լոյս անստուեր ի վերին Երուսաղէմ, ի մայրն ամենայն ձագուց, եւ սնուցեալ կերակրէ աստուածային կերակրով:

하나님께서도 지상의 자녀들을 바라보실 때, 눈길과 부드러운 의지로 우리를 바라보시며 품고 돌보십니다. 우리가 추하고 악취나는 이 거처로부터 떠나갈 때, 즉 심연으로부터 그림자 없는 빛, 곧 모든 어린 것들의 어머니인 천상의 예루살렘으로 떠나갈 그 때까지, 그분은 [우리를] 기르시며 신성한 음식으로 먹이십니다.

Զի Հաւն այն ժրահաւն Հագիւ ելանէ եւ Հանէ զձագն յանդնդոց. նոյն եւ Քրիստոս Հագիւ Հանէ զմեզ ի մեղաց ծովէս եւ ի թշնամեաց որսողաց, այս ինքն ի սատանայէ եւ ի զօրաց նորա:

---

325 그리스 신화에 나오는 할키온에 관한 이야기는 다음과 같다. 할키온은 바람의 신의 딸로서, 인간 남자와 사랑에 빠져 결혼한다. 이것을 못 마땅하게 여긴 제우스는 할키온의 남편이 배를 타고 있을 때 번개를 내리쳐 그가 바다에 빠져 죽게 만든다. 이로 인해 남편의 죽음에 망연자실한 할키온은 남편처럼 바다에 빠져 죽는다. 이를 보고 연민을 느낀 제우스는 이들을 물총새로 다시 태어나게 한다. 할키온이 해변가에 둥지를 틀 무렵이 되면 이상하리만큼 바다가 파도 없이 조용해지는데, 이는 그의 아버지인 바람의 신이 그를 불쌍히 여겨서라고 한다.

참으로 그 작은 새인 물총새는 [바닥에서] 거의 올라가지 않고, 심연으로부터 새끼를 데리고 나옵니다. 이렇게 그리스도께서도 이 죄악의 바다와 [우리의] 천적인 사냥꾼들, 즉 사탄과 그의 군세들로부터 우리를 데리고 나오십니다.

제36장 꿀벌에 관하여

Arm36[326]. վասն մեղուին

է թռչուն ինչ փանաքի եւ վտիտ, անախտ եւ անհաս եւ անքուն. եւ թէ ոք կարծէ զնա ի քուն, ոչ է, այլ խաղաղի եւ խորհի թէ "զինչ գործեցից զգործն զոր բշիշ յօրինէ:" Եւ ի տուէ եւ ի գիշերի անխափան կատարէ, եւ լնու զշտեմարանս իր ամենայն քաղցրութեամբ յամենայն ծաղկանց, եւ գիտէ ինքն թէ ոչ միայն իւրոյն, այլ ամենայն սպասաւորաց աշխարհիս բաւական լինի գործն: Մի անայլ համարիր, այլ ունի գբողոր տիեզերս հրահանգոյն ինքեանս :

Arm36. 꿀벌에 관하여

날아다니는 것 중에 작고 여위었는데, 순수하고 이해하기 어려우며 잠들지 않는 것이 있습니다. 어떤 사람이 그것이 잠들었다고 생각한다면, 그런 것이 아닙니다. 오히려 그것은 고요히 "내가 [벌집의] 칸을 만드는 일을 어떻게 할까?" 라는 생각에 잠겨 있는 것입니다. 그것은 낮과 밤에 끊임 없이

[일하여] 완성하고, 모든 꽃에서 [얻은] 온갖 달콤한 것으로 자기의 창고를 채웁니다. 또한 그것은 그 일이 자기만을 위한 것일 뿐만 아니라, 이 세상의 모든 섬기는 자들을 위한 것으로도 압니다. 그대는 그것이 사리분별을 못한다고 생각하지 마십시오. 오히려 그것은 기질적으로 온 세상을 자기 안에 지닙니다.

Եւ պարտ է մեզ բանաւորացս նախանձել ընդ թոչունն այնմիկ, եւ զամենայն անուշահոտութիւն ժողովել հանդերձ ամենայն աստուածպաշտութեամբ, եւ համբարել յշտեմարանս աստուածային, զի արժանի վաստակոց մերոց գործնութիւնս ժառանգեսցուք ի պարգեւողէն ամենեցուն, եւ զմիմեանս ժողովեսցուք ի ժողովել ծաղկանց անուշից, այս ինքն առնուլ եւ ժողովել ի սիրտս մեր զբանն Աստուծոյ:

이성적인 부류에 속하는 우리도 그 날아다니는 것을 따르기를 열망해야 하고, 온갖 감미로운 향기를 모든 경건함과 함께 모아야 하며, [그것을] 신성한 창고에 저장해야 합니다. 이는 우리가 모든 사람에게 [은혜를] 베푸시는 분으로부터 우리의 가치있는 공로의 복을 물려받기 위함이고, 우리가 서로를 감미로운 꽃으로부터 모으기 위함이니, 즉 하나님의 말씀을 우리의 마음으로 받아서 모으는 것입니다.

제37장 호랑이에 관하여

Arm37[327]. վասն վագերն

Է գազան ինչ նման առիւծու, նրբաքիթ եւ երկայն, ի Հնդկաց կողմն լինի, վագր կոչեն զանունն, զոր ասեն յապակեղէն շիշ ունել զկորիւն: Քանզի արագընթաց ասեն զվագրն իբրեւ զհողմ. եւ յորժամ իմանայ զկորեանց տանելն, թէ եւ յոյժ հեռացեալ են՝ փութով հասանէ. եւ որսորդքն զմի կորիւն ամանովն ի վայր դնեն: Առ յոյժ գործովլոյն ոչ մանրել իշխէ զշիշն եւ ոչ առնուլ՝ թէ վնասի կորիւնն, եւ հոլովելով տանի: Ասեն թէ արուեստիւ իբրեւ զառիւծ {ձեւացուցանեն}[328]:

---

327 Marr에는 이 본문이 수록되지 않았으며, Pitra와 Muradyan에만 나타난다. 단, Muradyan은 이를 첫째 아르메니아어 피지올로구스 창작본(이하, 첫째 창작본)으로 보지 않으며, 대신 훨씬 이후에 창작된 둘째 아르메니아어 피지올로구스 창작본(이하, 둘째 창작본)에 추가한다. Muradyan은 첫째 창작본은 Marr에 수록된 네 개의 본문(곰, 물총새, 꿀벌, 까마귀)만으로 여기는데, 실제로 이 네 개의 본문은 모두 피지올로구스 원문처럼 자연 사물에서 신앙적 교훈을 도출해낸다는 특징이 있다. 하지만 둘째 창작본은 신앙적 교훈이 거의 나타나지 않거나 생략된다. 따라서 이 책은 Pitra에 수록된 호랑이를 제외하고, 나머지 둘째 창작본은 수록하지 않는다. 이러한 창작본들에 관한 자세한 내용은 다음을 보라. G. Muradyan, *Physiologus: the Greek and Armenian versions with a study of translation technique,* 189; 195-197.

328 { } 부분은 Muradyan에 없으며, Pitra에서만 나타난다. 대신 Muradyan에는 '길들여지다'를 뜻하는 զիւթակա이 동사로 나타난다. 이를 살려 해석하면 다음과 같다. "사람들은 호랑이가 기묘하게도 사자처럼 길들여진다고 말합니다."

Arm37. 호랑이에 관하여

사자와 닮은 어떤 동물이 있는데, 코가 예민하고 길쭉하며, 인도 지방에 있고, 사람들은 그 이름을 호랑이라고 부릅니다. 사람들은 호랑이가 유리병 안에 새끼를 담아둔다고 말합니다. 참으로 호랑이는 바람처럼 날렵한데, 새끼들이 잡힌 것을 알면, 그들이 멀리 있더라도,[329] 즉시 다다릅니다. 그래서 사냥꾼들은 새끼 한 마리를 단지[에 담아] 어느 바닥에 놓아두는데, 호랑이는 큰 자애로 인해 새끼가 상해를 입을까봐 그 그릇을 감히 깨버리거나 옮기려고도 하지 않으며, 그릇을 굴려서 [새끼를] 끌고 갑니다. 사람들은 호랑이가 기묘하게도[330] 사자처럼 {보이게 한다고} 말합니다.

---

329 직역하면 다음과 같다. "너무 멀리 가버렸을지라도."

330 문자적으로는 '기교로써' 또는 '마술(기적)으로써'를 뜻한다.

Arm38[331]. վասն արջոյ

Բարոյախաւսն ասէ վասն արջոյ, թէ գազան է և գիշակեր, զգայուն
և մարդասէր, մեղաւորաց յանդիմանիչ իւր գազանային
բնութեամբն։ զի յաղագս ՛նազանդ բարուցն, զինչ ուսուցանեն,
՛նազանդի և առնէ ուրախութեամբ, և զիւր սահմանն ոչ ուրանայ։
զի յորժամ շնչէ ՛ողմ ցրտագին և իմանայ զգալ ձմեռնային
յեղանակին, գնայ ի վտակս ցուրց և զբերանն անդ բանայ և զջուրն
ի փորն առնու և ողողէ զամենային ադիսն և գործվայնն, մինչև
գիտէ, որ ոչ մնայ առ նմա ադտեղութիւն և ոչինչ։ և գնայ մտանէ ի
բոյն և անկանի որպէս մեռեալ ի քուն։ իբրև զի ամիս երիսս ոչ
շարժի ամենևին, և եթէ մնացեալ իցէ յաղտոյ անտի, սատակի։
իսկ եթէ սուրբ լուանայ, այլ շուտ գարթնու։ և գայն երեք ամիսն
մեռեալ կայ, մինչև գարուն լինի։ իսկ ի շնչել ՛արաւոյն լինի
գարուն, յառնէ և կերակրի և գոՀանայ զաստուծոյ։

Arm38. 곰에 관하여

피지올로구스가 곰에 관하여 말하기를, 곰은 포식 동물이며, 영리하고 온

---

331 Marr의 목록에는 35번에 해당한다.

화하고, 자기의 야생적인 본성으로 죄인들을 꾸짖습니다. 그 순종적인 습성에 관하여, 사람들이 보여주기를, 곰은 순종하며 기쁨으로 행하고, 자기의 한계를 부정하지 않는다고 합니다. 차가운 바람이 불어오고 겨울이 계절로 오고 있음을 알면, 곰은 물줄기가 흐르는 곳으로 가서 입을 열어 뱃속으로 물을 마시고, 모든 내장과 뱃속을 씻는데, 자기의 안에 더러움이 하나도 남지 않았다고, 스스로 알 때까지 그렇게 합니다. 그리고 굴로 들어가서 죽은 것처럼 잠에 빠져듭니다. 세 달가량 곰은 일절 움직이지 않는데, 만일 배설물이 남아 있다면, 곰은 죽고 맙니다. 그러나 깨끗하게[332] 씻어 냈다면, 곰은 곧장 깨어납니다. 곰은 세 달동안 죽은 것처럼 있는데, 봄이 될 때까지 그렇게 합니다. 그리고 남쪽에서 [바람이] 부는 봄이 되어서, 곰은 일어나서 [음식을] 먹고 하나님께 감사를 드립니다.

Ապա որչափ ես առաւել մարդն աստուծոյ, զի թէ ոչ մատիցէ առ քահանայն և վարդապետն[333] առ ի խոստովանել, այնպէս պարտ է սրբել զամենայն մեղացն տեսակ, որ ադտ ինչ ոչ մնայ, զի մի՛ կորուստ գործիցէ ոգւոյն։ Եւ այժմ են բազում մարդիկ, որ ի խոստովանութիւն երթան, և զոր բան ամաւթոյ է, թագուցանեն խոց յախտենից, որ մնայ և պահի և յայտնի յաւուր մեծի հրապարակին։

그렇다면 사람은 하나님께[334] 얼마나 더 그러해야 하겠습니까? 만일 어떤

---

332 '깨끗한'을 뜻하는 *սուրբ*는 '거룩한'을 뜻하기도 한다.

333 '장상'으로 번역한 *վարդապետ*는 본래 '스승'을 뜻하며, 스승 칭호를 듣는 수도자나 학자 계층을 의미한다. 고대 아르메니아에서 번역운동이 전개되는 가운데, 이들이 속한 수도원은 저절로 아르메니아의 학문 중심지가 되었다.

334 '하나님에게'를 뜻하는 *աստուծոյ*는 '하나님의'를 뜻할 수 있다. 이는 아르메니아어는 명사의 속격과 여격의

사람이 고해를 위해 사제나 장상(長上, 수도원장)에게 다가간다면, 마찬가지로 모든 죄들의 부류를 깨끗하게 함이 마땅합니다. 어떠한 얼룩도 남아서는 안 되는데, 이는 영에게 해를 가하지 않기 위함입니다. 지금도, 고해하러 갔으면서도, 불명예스러운 것, 영원한[335] 상처를 숨기는, 많은 사람들이 있습니다. 그것은 남아서 숨겨져 있다가도 커다란(위대한) 법정(심판)의 날에 드러날 것입니다.

형태가 동일하기 때문이다. 본문은 여격으로 해석한 것이며, 이를 속격으로 해석하면 다음과 같다. "그렇다면 하나님의 사람은 얼마나 더 그러해야 하겠습니까?"

335 '영원히'로 해석할 수도 있다. 이를 살려 해석하면 다음과 같다. "영원히 상처를 숨기는."

제39장　까마귀에 관하여 2

Arm39[336]. Վասն ագրաւու

"Տեսէք, ասէ, զագրաւս, զի ոչ սերմանեն և ոչ հնձեն:"[337]

ի ՃԽՋ[338] սաղմոսին ասէ. "այն որ տայ անասնոց կերակուր ձագուց ագրաւուց` և որ կարդան առ նա:"[339]

Եւ Յոբ ասէ, "որ պատրաստեաց ագրաւուց կերակուր:"[340]

Arm39. 까마귀에 관하여 2

[주님께서] 말씀하십니다. "까마귀들을 생각하라. 참으로 그것들은 씨 뿌리지도 거두지도 않는다."

336　Marr의 목록에는 38번에 해당한다.

337　눅 12.24.

338　아르메니아어 숫자로 146을 뜻하며, 시편의 장 번호를 뜻한다. 그런데 아르메니아어 구약 성경은 LXX를 옮긴 것이므로, 시편의 장 번호가 히브리어 성경을 번역한 개역개정 성경과 차이를 보인다. 개역개정 성경을 기준으로 시편 1-8장은 LXX와 동일하며, 9장과 10장은 LXX에서 9장으로 합쳐진다. 따라서 9장부터 113장까지는 개역개정의 장 번호가 LXX의 장 번호보다 1장씩 더 느려진다. 그러다가 114장과 115장은 LXX에서 113장으로 합쳐지고, 116장은 LXX에서 114장과 115장으로 나뉜다. 이에 따라 117장부터 146장까지 개역개정의 장 번호가 LXX의 장 번호보다 다시 1장씩 더 느려지다가, 147장이 LXX에서 146장과 147장으로 나뉜다. 이렇게 되어서 148-150장은 개역개정과 LXX의 장 번호가 동일해진다. 위의 설명에 따르면, 아르메니아어 성경의 시편 146장은 개역개정 성경의 시편 147장에 해당한다.

339　시 147.9(LXX 146.9): "διδόντι τοῖς κτήνεσι τροφὴν αὐτῶν καὶ τοῖς νεοσσοῖς τῶν κοράκων τοῖς ἐπικαλουμένοις αὐτόν." (피조물과 그분을 향해 우는 까마귀들의 새끼들에게 그들의 먹이를 주신 분께.)

340　욥 38.41a.

그리고 시편 146[장]에서 말합니다. "그분께서는 짐승들과 까마귀들의 새끼들, 곧 그분을 향해 우는 [새끼]들에게도 그것들의 먹이를 주시는도다." 그리고 욥은 말합니다. "그분은 까마귀들을 위해 먹이를 준비하시는도다."

Յորժամ հանէ ագռաւ զձագն ի ձուլյն, գնան հայր և մայրն և մոռանան զնոսայ³⁴¹։ իսկ ի մոռանալ ծնաւղացն՝ յաստուծոյ խնամոցն կերակրին։ զի գիշութիւն լինի ի բերանոցն և որդն ծնանի. և ի նեխոյ գիշութենէ ժողովին ճանճք և մժղուկք և ի ճանճոցն կերակրին։
Իսկ առ ի մարդիկ լինին ագռաւ և ձագ նորա մեղաւորք, որ բոլորով սրտիւ գոչեն առ աստուած և հառաչեն առ տէր, և տայ նոցա զկերակուր հոգւոյն։

까마귀가 알에서 새끼를 부화시킬 때, 아비와 어미는 떠나고 그것들을 잊습니다. 그러나 부모가 [새끼들을] 잊었을지라도, 하나님의 돌보심으로 새끼들은 먹이를 먹습니다. [새끼들의] 입에 습기가 생기고 벌레들이 나타나기 때문입니다. 파리나 모기들이 부패한 습기에 모여들고, 새끼들은 그 파리들을 먹습니다.

하지만 사람들에게는 까마귀와 그것의 새끼는 죄인들로 여겨집니다. 온 마음을 다하여 하나님께 부르짖고 주님께 탄식하는 자, 그들에게는 그분께서 영의 양식을 주십니다.

---

341 이 낱말은 목적어를 나타내는 비분리전치사 *զ*와 '그것들'을 뜻하는 *նոսա*의 합성어이다. 그런데 맨 끝에 붙은 *յ*는 여러 사본들에 공통적으로 나타나는데, 이러한 용법은 고대 아르메니아어 문법에 존재하지 않는다. 아마도 첫째 필사본에 오기된 것이 계속해서 다른 사본들에 영향을 준 것으로 보인다. 이 책은 이 낱말을 *զնոսա*로 이해하고 해석한다.

성경 찾아보기

성경	약어	장절 (LXX: 칠십인역)	본문의 순서와 제목
창세기	창	39장	20(바하나크리아이)
		49.9	2(사자)
출애굽기	출	21.17	11(후투티)
레위기	레	11.29	24(족제비)
신명기	신	14.17	8(올빼미)
		14.18	6(카라드리오스)
에스더	에	전체	20(바하나크리아이)
욥기	욥	전체	20(바하나크리아이)
		4.11	23(개미귀신)
		31.40	15(개미)
		38.41	39(까마귀)
		39.5	12(들나귀)
시편	시	24.8; 10 (LXX 23.8; 10)	2(사자)
		36.4 (LXX 35.5)	20(바하나크리아이)
		42.1 (LXX 41.2)	26(일각수), 34(사슴)
		45.9(LXX 44.10)	19(표범)
		51.5 (LXX 50.7)	21(자고새), 22(대머리독수리)
		58.5 (LXX 57.6)	24(족제비)
		63.10 (LXX 62.11)	18(여우)
		68.18 (LXX 67.19)	6(카라드리오스)
		102.6 (LXX 101.7)	7(사다새)
		103.5 (LXX 102.5)	9(독수리)
		118.22 (LXX 117.22)	22(대머리독수리)
		121.4 (LXX 120.4)	2(사자), 31(까마귀)
		147.9 (LXX 146.9)	39(까마귀)
잠언	잠	6.6	15(개미)

아가	아	2.12	32(산비둘기)
		2.15	18(여우)
		5.2	2(사자)
이사야	사	1.2	7(사다새)
		9.2	8(올빼미), 22(대머리독수리)
		13.21-22	16(유쉬카파리크와 이샤출)
		26.18	22(대머리독수리)
		38.14	33(제비)
		51.1	12(들나귀)
예레미야	렘	2.13	9(독수리)
		3.2; 9	31(까마귀)
		8.7	33(제비)
		17.11	21(자고새)
		12.9	28(하이에나)
에스겔	겔	29.3	29(이크니몬)
다니엘	단	2.34	22(대머리독수리)
		13.52 (LXX 수산나 1.52)	9(독수리), 20(바하나크리아이)
호세아	호	5.14	19(표범)
요나	욘	2.1-11	20(바하나크리아이)
스갸랴	슥	6.12	1(햇살도마뱀)
말라기	말	4.2	1(햇살도마뱀)
토빗기	토빗	3장	20(바하나크리아이)
유딧기	유딧	전체	20(바하나크리아이)
집회서	집회	19.2	3(이드로프스)
마태복음	마	3.7	13(독사)
		4.16	8(올빼미), 22(대머리독수리)
		7.14	14(뱀)
		8.17	6(카라드리오스)
		8.20	18(여우)
		10.9	27(비버)
		10.16	6(카라드리오스), 14(뱀)
		12.34	13(독사)
		17.5	32(산비둘기)
		21.42	22(대머리독수리)
		23.33	13(독사)
		24.19	21(자고새), 22(대머리독수리)
		25.1-13	15(개미)

마가복음	막	9.7	32(산비둘기)
		12.10	22(대머리독수리)
		13.17	21(자고새), 22(대머리독수리)
누가복음	눅	1.35	30(페리덱시온)
		1.69	26(일각수)
		1.79	8(올빼미), 22(대머리독수리)
		3.7	13(독사)
		9.35	32(산비둘기)
		9.58	18(여우)
		12.24	39(까마귀)
		12.32	8(올빼미)
		20.17	22(대머리독수리)
		21.23	21(자고새), 22(대머리독수리)
요한복음	요	1.11	6(카라드리오스)
		1.14	2(사자), 26(일각수)
		3.14	6(카라드리오스)
		10.18	10(피우니크)
		10.30	26(일각수)
		14.30	6(카라드리오스)
사도행전	행	3.1-8	27(비버)
로마서	롬	1.25	7(사다새)
		7.14	15(개미)
		8.2	15(개미)
		13.7	27(비버)
		16.18	16(유쉬카파리크와 이샤출)
고린도전서	고전	9.22	8(올빼미)
		15.33	16(유쉬카파리크와 이샤출)
		15.55	25(수달)
고린도후서	고후	2.11	20(바하나크리아이)
		3.6	15(개미)
		5.21	8(올빼미)
		11.2	31(까마귀)
갈라디아서	갈	5.22	19(표범)

에베소서	엡	2.7	19(표범)
		3.10	19(표범)
		4.5-6	33(제비)
		4.8	6(카라드리오스)
		4.24	9(독수리)
빌립보서	빌	2.8	8(올빼미)
골로새서	골	3.9	1(햇살도마뱀)
디모데후서	딤후	3.5	16(유쉬카파리크와 이샤출)
야고보서	약	1.8	23(개미귀신)
		5.14	23(개미귀신)
요한일서	요일	4.4	29(이크니몬)

아르메니아어 찾아보기

1. 이 파싱(parshing) 설명 모음은 각 장별로 아이브벤(알파벳) 순으로 나누어 져 있으며, 이전에 나온 낱말의 변화형이 다시 나올 경우, 그 낱말의 파 싱 설명을 가급적으로 생략하였다. 하지만 같은 낱말이라고 하더라도 부 정어, 전치사 또는 접미어가 붙어 있거나 변화형이 다를 경우에는 파싱 설명을 실었다.

2. 한 낱말이 전치사나 부정어, 접미어 등이 함께 복합적으로 이루어진 경 우에는 전치사나 부정어, 단어, 접미어 순으로 설명을 실었으며, /로 그 사이를 구분하였다.

3. 낱말의 원형 뒤에 〉가 들어간 경우, 〉이후의 낱말은 사본의 문법적 오 류를 바로잡은 것이다.

4. 파싱 설명에서의 약어는 다음과 같고, 설명 끝의 [ ] 안에 들어간 말은 낱말의 원형이다.

약어	영어 명칭	뜻	약어	영어 명칭	뜻	약어	영어 명칭	뜻
sg.	*singular*	단수	ind.	*indicative*	직설법	sutst.	*substative*	실명사
pl.	*plural*	복수	subj.	*subjunctive*	접속법	suf.	*suffix*	접미어
c.	*cum*	함께	imp.	*imperative*	명령법	obj.	*objective*	목적어
						num.	*numeral*	수사
nom.	*nominative*	주격	pres.	*present*	현재	pron.	*pronoun*	대명사
acc.	*accusative*	대격	impf.	*imperfect*	미완료	prop.	*proper*	고유
gen.	*genitive*	속격	aor.	*aorist*	부정과거			
dat.	*dative*	여격				dem.	*demonstrative*	지시
loc.	*locative*	처격	act.	*active*	능동태	pers.	*personal*	인칭
abl.	*ablative*	탈격	mp.	*mediopassive*	중간수동태	indef.	*indefinite*	비한정
instr.	*instrumental*	조격	mid.	*middle*	중간태	refl.	*reflexive*	재귀
			pass.	*passive*	수동태	interr.	*interrogative*	의문
n.	*noun*	명사				rel.	*relative*	관계
v.	*verb*	동사	prep.	*preposition*	전치사	poss.	*possessive*	소유
adj.	*adjective*	형용사	part.	*particle*	불변화사	intens.	*intensive*	강의
adv.	*adverb*	부사	conj.	*conjuction*	접속사	reci.	*reciprocal*	상호
ptc.	*participle*	분사	indecl.	*indeclinable*	무변화	coll.	*collective*	집합
inf.	*infinitive*	부정사	comp.	*comparative*	비교급	distr.	*distributive*	분배

서문

ամենայն ː adj. indecl. 모든 [*ամենայն*]

անասնոց ː pl. gen. 동물, 짐승 [*անասուն*]

առիւծուն ː n. sg. gen. 사자 [*առիւծ, առեւծ*] / *ն*- suf.

ասել ː inf. nom. 말하다, 이야기하다 [*ասեմ*]

արտասանեալ ː ptc. aor. act. sg. nom. 발음하다, 말하다; 전하다
    [*արտասանեմ*]

բարոյախոս ː prop. n. sg. nom. 자연학자(physiologus) [*բարոյախոս,*
    բարոյախաւս]

գազանաց ։ n. pl. gen. 동물 [*գազան*]

գերազանցեալ ։ ptc. aor. act. sg. acc. subst. 능가하다, 뛰어나다

    [*գերազանցեմ*]

եւ ։ 그리고; 역시도(even)

գանագան ։ adj. indecl. 다양한 [*գնագան*]

զբարս ։ զ- prep. c. loc. ~에 관하여(on); ~위에서(above) / *բարս*- n.

    pl. loc. 관습, 습성, 자연본성 [*բարք*]

զոմանս ։ զ- prep. c. acc. ~을(obj.) / *ոմանս*- indef. pron. pl. acc.

    subst. 어떠한(someone) [*ոմն*]

է ։ v. ind. pres. act. 3. sg. 있다, ~이다(be) [*եմ*]

թագաւոր ։ n. sg. nom. 왕 [*թագաւոր*]

իւրաքանչիւր ։ distr. pron. indecl. 각각의 [*իւրաքանչիւր*]

կերպարանօք ։ n. pl. instr. 모습, 외형 [*կերպարան*]

յինքեան ։ յ- prep. c. loc. ~에서 / *ինքեան*- intens. pron. loc. sg. 자기

    자신 [*ինքն*]

նշանակէ ։ v. ind. pres. act. 3. sg. 보여주다, 나타내다 [*նշանակեմ*]

որ ։ rel. pron. sg. nom. 그(것) [*որ*]

ունի ։ v. ind. pres. mp. 3. sg. 가지다; 생각하다; 알다 [*ունիմ*]

սանդարամետականացն ։ adj. pl. gen. 저열한, 낮은

    [*սանդարամետական*] / *ն*

սկացուք ։ v. subj. aor. mp. 1. pl. 시작하다 [*սկսիմ*]

ստորանկեալ ։ ptc. aor. pass. sg. acc. subst. 복종하다, 굴복하다

    [*ստորանկիմ*]

վասն ։ prep. c. gen. ~때문에; ~에 관하여

վասն այսորիկ ։ 이 때문에, 그러므로, 그렇다면

վերնոյն : վերնոյ- adj. sg. abl. subst. 위의, 하늘의 [վերին] / ն

տատս : n. pl. acc. 요소, 물질; 문자 [տառ]

քննեալ : ptc. aor. pass. sg. nom. 탐구하다; 숙고하다 [ք(ն)ննեմ]

1장. 햇살이라 불리는 도마뱀에 관하여

ազգաց : n. pl. gen. 종(genus) [ազգ]

անուանց : n. pl. gen. 이름 [անուն]

աչացն : աչաց- n. pl. abl. 눈(eyes) [աչք] / ն

աչքն : աչք- n. pl. nom. 눈(eyes) [աչք] / ն

ապա ուրեմն : conj. 그러므로

ասէ : v. ind. pres. act. 3. sg. 말하다, 이야기하다 [ասեմ]

արդարութեան : n. sg. gen. 공의, 정의 [արդարութիւն]

արեգականն : արեգական- n. sg. gen. 햇살, 태양빛 [արեգակն] / ն

արեգակն : n. sg. nom. 해, 태양 [արեգակն]

արեւելս : n. pl. acc. 동녘 [արեւելք]

արեւելք : n. pl. nom. 동녘 [արեւելք]

բանայցէ : v. subj. pres. act. 3. sg. 열다, 밝혀내다, 풀다 [բանամ]

բանան : v. ind. pres. pass. 3. pl. 열다, 밝혀내다, 풀다 [բանամ]

բարեաւք : adj. pl. instr. 좋은; adj. instr. | adv. 잘(well) [բարի]

բնութեանն : բնութեան- n. sg. dat. 본성 [բնութիւն] / ն

գեղեցիկ : adj. indecl. 좋은, 아름다운 [գեղեցիկ]

գուցէ : v. subj. pres. act. 3. sg. 존재하다 [գոմ]; գուցէ는 목적절을 이끄는 conj. 처럼 사용된다.

դու : pers. pron. 2. sg. nom. 너(you) [դու]

եթէ : 조건절을 이끄는 conj. ~라면(if)

երթայ : v. ind. pres. mp. 3. sg. 가다 [երթամ]

զաչս : զ / աչս- n. pl. acc. 눈(eyes) [աչք]

զարմանալի : adj. sg. nom. 놀라운, 기이한 [զարմանալի]

զգեցցիս : v. subj. aor. mp. 2. sg. [옷]입다 [զգենում]

զգոյշ : adj. sg. nom. 주의 깊은, 사려 깊은 [զգոյշ]

զի՞նչ : interr. 어떤(who, which, what)? 왜(why)? 어떻게(how)? [զի՞նչ]

զլոյս : զ / լոյս- sg. acc. 빛 [լոյս]

զհին : զ / հին- adj. indecl. 늙은; 옛; 낡은 [հին]

ընդ : prep. c. gen. ~대신; c. dat./loc. ~함께; c. acc. ~통하여, ~향해;
    c. abl. ~곁에; c. instr. ~아래에

թէ : 목적절을 이끄는 conj. ~라고(that); 조건절을 이끄는 conj. ~라면(if);
    또는(or)

ի : c. acc. ~향해, ~안으로, ~에서; c. abl. ~으로부터; c. loc. ~에서
    ծագել : inf. acc. 비추다, 빛나다; 나타나다; 떠오르다 [ծագեմ]

ինչ : indef. pron. sg. acc. 어떠한(certain) [ինչ]

իւր : refl. pron. sg. gen. 자기의 [իւր]

լեր : v. imp. aor. mp. 2. sg. 되다(become) [լինիմ]

խաւսեցաւ : v. ind. aor. mid. 3. sg. 말하다, 이야기하다 [խաւսիմ,
    խօսիմ]

խնդրէ : v. ind. pres. mp. 3. sg. 찾다 [խնդրեմ]

ծագեսցէ : v. subj. aor. act. 3. sg. 비추다, 빛나다; 나타나다; 떠오르다
    [ծագեմ]

ծերասցի : v. subj. aor. mp. 3. sg. 늙다, 나이 들다 [ծերանամ]

կոչի : v. ind. pres. pass. 3. sg. 부르다, 일컫다 [կոչեմ]

կուրանայցես : v. subj. pres. mp. 2. sg. [눈이]멀다 [կուրանամ]

կուրասցին : v. subj. pres. mp. 3. pl. [눈이]멀다 [կուրանամ]

հանդերձ : n. sg. acc. 옷 [հանդերձ]

հնար : n. sg. nom. 방법 [հնար]

հնարեսցի : v. subj. aor. pass. 3. sg. 고안하다 [հնարիմ]

հնոյն : հնոյ- adj. sg. gen. subst. 늙은; 옛; 낡은 [հին] / ն

մանկանայ : v. ind. pres. mp. 3. sg. 어려지다, 젊어지다 [մանկանամ]

մարգարէէ : n. sg. abl. 예언자 [մարգարէ]

մարդ : n. sg. nom. 사람 [մարդ]

մարդոյն : մարդոյ- n. sg. gen. 사람 [մարդ] / ն

մողեզի : n. sg. gen. 도마뱀 [մողեզ]

յերկոցունց : յ- prep. c. abl. ~로부터 / երկոցունց– coll. pron. pl.
    abl. 둘 모두(both) [երկոցին]

Յիսուս Քրիստոս : prop. n. sg. nom. 예수 그리스도

յորժամ : 시간절을 이끄는 conj. ~할 때(when)

նոյն : dem. adj. sg. nom. 바로 그(the same) [նոյն]

նոյնպէս : adv. 그렇게

նոր : adj. indecl. 새로운 [նոր]

ո՛վ : part. 오! (호격처럼 사용하는 간투사)

որմ : n. sg. acc. 벽 [որմ]

որպէս : part.; conj. ~처럼(like)

ունիցիս : v. subj. pres. mp. 3. sg. 가지다; 생각하다; 알다 [ունիմ]

ուստի : adv. 그러므로, 거기로부터

չկարիցէ : չ- part. 부정어(not) [չ, ոչ] / կարիցէ- v. subj. pres. act. 3.

sg. 할 수 있다(can) [կարեմ]

սրտի : n. sg. gen. 마음 [սիրտ]

կատնիցի : v. subj. pres. mp. 3. sg. 약해지다 [կատեմ]

տեղի : n. sg. nom. 장소 [տեղի]

տեսանել : inf. nom. 보다 [տեսանեմ]

փոխանակ : prep. c. gen. ~대신

փրկություն : n. sg. nom. 구원 [փրկություն]

քեզ : pers. pron. 2. sg. dat. 너(you) [դու]

քո : pers. pron. 2. sg. gen. 너(you) [դու]

---

2. 사자에 관하여

ագուն : ագու- n. sg. instr. 꼬리 [ագի] / ն

աթոռ : n. sg. nom. 권좌 [աթոռ]

աթոռս : n. pl. loc. 권좌 [աթոռ]

ամենակալն : ամենակալ- adj. indecl. 전능한 [ամենակալ] / ն

ամենայնի : adj. sg. gen. subst. 모든 [ամենայն]

այլ : adj. sg. nom. 다른; conj. 그러나 [այլ]

այնմ : dem. pron. sg. dat. 그(that) [այն]

այս ինքն : conj. 즉(that is)

աներևույթ : adj. indecl. 보이지 않는 [աներևույթ]

անծանոթ : adj. sg. nom. 무지한, 알려지지 않은; 낯선 [անծանոթ]

անքուն : adj. sg. nom. 잠들지 않는, 잠이 없는 [անքուն]

աշխարհի : n. sg. gen. 세상 [աշխարհ]

ապա : part. 곧, 그러자(then)

առաջին : num. adj. indecl. 첫째; 처음 [*առաջին*]

առաքեցաւ : v. ind. aor. pass. 3. sg. 보내다 [*առաքեմ*]

առիւծն : n. sg. nom. 사자 [*առիւծ, առեւծ*] / *ն*

ասաց : v. ind. aor. act. 3. sg. 말하다, 이야기하다 [*ասեմ*]

ասէ : v. ind. pres. act. 3. sg. 말하다, 이야기하다 [*ասեմ*]

ասէին : v. ind. impf. act. 3. pl. 말하다, 이야기하다 [*ասեմ*]

ասէր : v. ind. impf. act. 3. sg. 말하다, 이야기하다 [*ասեմ*]

աստուած : n. sg. nom. 하나님 [*աստուած*]

աստուածութիւնն : *աստուածութիւն* / *ն*

արթուն : adj. sg. nom. 잠들지 않는, 깨어 있는 [*արթուն*]

աւրհնէր : v. ind. impf. act. 3. sg. 노래하다; 영예를 돌리다 [*աւրհնեմ,*
   օրհնեմ]

բանն : *բան-* n. sg. nom. 말씀 [*բան*]/ *ն*

բարիոք = *բարեաւք* : adj. pl. instr. 좋은 [*բարի*]

բարք : n. pl. nom. 관습, 습성, 자연본성 [*բարք*]

բարքն : *բարք* / *ն*

բաց : adj. sg. nom. 열려 있는 [*բաց*]

բղխեցեր : v. ind. impf. act. 2. sg. 튀어오르다, 올라가다, 뿜어져나오다
   [*բղխեմ*]

գայ : v. ind. pres. act. 3. sg. 오다 [*գամ*]

գնայ : v. ind. pres. mp. 3. sg. 가다 [*գնամ*]

գտանիցեն : v. subj. pres. act. 3. pl. 찾다, 발견하다, 얻다 [*գտանեմ*]

եղեւ : v. ind. aor. mp. 3. sg. 되다 [*լինին, եղանիմ*]

են : v. ind. pres. act. 3. pl. 있다, ~이다(be) [*եմ*]

երեւեցաւ ; v. ind. aor. mp. 3. sg. 나타나다, 드러내다; 존재하다
   [երեւիմ]

երեք ; num. pl. nom. 셋(3) [երեք]

երկրորդ ; num. adj. indecl. 둘째 [երկրորդ]

երրորդ ; num. adj. indecl. 셋째 [երրորդ]

երրորդի ; num. adj. sg. loc. 셋째 [երրորդ]

եւ այլն ; 기타 등등(etc.)

զազգս ; զ / ազգս- n. pl. acc. 종류(genus); 족속 [ազգ]

զանդրանիկ ; զ / անդրանիկ- adj. sg. acc. 첫째의, 처음인
   [ամենակալ]

զաներեւոյթ ; զ / աներեւոյթ

զաստուած ; զ / աստուած

զաստուածութիւնն ; զ / աստուածութիւն- n. sg. acc. 신성
   [աստուածութիւն] / ն

զի ; conj. ~하기 위하여(in order that, so that); ~때문에(because)

զի մի́ ; c. subj. ~하지 않도록

զիմանալի ; զ / իմանալի

զկորիւնն ; զ / կորիւն- n. sg. acc. 갓난 새끼 [կորիւն] / ն

զհետն ; զ / հետ- n. sg. acc. 흔적, 발자국 [հետ] / ն

զՅուդա ; զ / Յուդա- prop. n. sg. acc. 유다 [Յուդա]

զնա ; զ / նա

զորդին ; զ / որդի- n. sg. acc. 아들; 성자(聖子) [որդի] / ն

զուարթնոցն ; զուարթնոց- n. pl. gen. 천군 [զուարթուն] / ն

զտէր ; զ / տէր- n. sg. acc. 주(主) [տէր]

էջ ; v. ind. aor. act. 3. sg. 내려오다 [իջանեմ]

էր : v. ind. impf. act. 3. sg. 있다, ~이다(be) [*եմ*]

ըստ : prep. c. dat. ~에 따라, ~위에; c. acc. ~바깥으로, ~을 따라; c. abl. ~뒤에

թէպէտ : conj. 비록, 그럼에도 불구하고

ժամանակ : n. sg. acc. 때, 시기 [*ժամանակ*]

իմ : pers. pron. 1. sg. gen. 나(I) [*ես*]

իմանալի : adj. indecl. 가지적인(可知的, intelligible) [*իմանալի*]

իշխանութիւն : n. sg. nom. 권세, 권위 [*իշխանութիւն*]

իշխանութիւնս : n. pl. loc. 권세, 권위 [*իշխանութիւն*]

իսկ : part. 또한, 게다가, 그런데

Իսրայելի : prop. n. sg. gen. 이스라엘 [*Իսրայել*]

իւրոյ : refl. adj. 3. sg. gen. 자기의 [*իւր*]

լեալ : ptc. aor. mp. sg. nom. 되다 [*լինին*]

լինին : v. ind. pres. mp. 3. pl. 되다(become) [*լինիմ*]

խաղաղեաց : v. ind. aor. act. 3. sg. 감추다 [*խաղաղեմ*]

խաղաղէ : v. ind. pres. act. 3. sg. 감추다 [*խաղաղեմ*]

ծագելով : inf. instr. 비추다, 빛나다; 나타나다; 떠오르다 [*ծագեմ*]

ծածկեցաւ : v. ind. aor. mid. 3. sg. 숨기다 [*ծածկեմ*]

ծնանի : v. ind. pres. mp. 3. sg. 낳다, 출산하다 [*ծնանիմ*]

կալցեն : v. subj. aor. act. 3. pl. 취하다; 지배하다 [*կալում*]

կամ : part. 또는

կատարեալ : ptc. aor. act. sg. acc. 이루다; 완성하다 [*կատարեմ*]

կորիւն : n. sg. nom. 새끼 [*կորիւն*]

կուսին : *կուսի-* n. sg. gen. 처녀; 동정녀 마리아 [*կոյս*] / *ն*

հայրն : *հայր-* n. sg. nom. 아버지; 성부(聖父) [*հայր*] / *ն*

հանապազ : adv. 항상, 언제나 [*հանապազ*]

հարկանի : v. ind. pres. pass. 3. sg. [냄새를]맡다; [냄새가]나다
　　[*հարկանեմ*]

հոգին : *հոգի-* n. sg. nom. 영; 성령 [*հոգի, ոգի*] / *ն*

հոտ : n. sg. nom. 냄새 [*հոտ*]

հրեշտակ : n. sg. nom. 천사 [*հրեշտակ*]

հրեշտակս : n. pl. loc. 천사 [*հրեշտակ*]

հօր : n. sg. dat. 아버지; 성부(聖父) [*հայր*]

հօրէ : n. sg. abl. 아버지; 성부 [*հայր*]

ճակատն : *ճակատ-* n. sg. acc. 얼굴 [*ճակատ*] / *ն*

ճեմէ : v. ind. pres. act. 3. sg. 걷다 [*ճեմեմ*]

մատակ : adj. indecl. 암컷인 [*մատակ*]

մարդկան : n. sg. gen. 인류, 사람 [*մարդիկ*]

մարմին : n. sg. nom. 몸 [*մարմին*]

մարմինն : *մարմին* / *ն*

մեռեալ : ptc. aor. mp. sg. acc. subst. 죽다 [*մեռանիմ*]

մեր : pers. pron. 1. pl. gen. 우리(we) [*մեք*]

մինչեւ : conj. ~까지(until)

մշտնջենաւոր : adj. indecl. 영원한 [*մշտնջենաւոր*]

մորոջն : *մորոջ-* n. sg. loc. 굴, 풀숲 [*մայրի, մորի*] / *ն*

յազգէն : *յ / ազգէ-* n. sg. abl. 종류(genus); 족속 [*ազգ*] / *ն*

Յակոբ : prop. n. sg. nom. 야곱 [*Յակոբ*]

յաղթեաց : v. ind. aor. act. 3. sg. c. gen. 정복하다, 승리하다,
　　능가하다; [*յաղթեմ*]

յարգանդ : *յ / արգանդ-* n. sg. acc. 자궁, 태 [*արգանդ*]

յարմատոյն : յ / *արմատոյ*- n. sg. abl. 뿌리 / *ն*

յարոյց : v. ind. aor. act. 3. sg. 일으키다 [*յարուցանեմ*]

յարուցանէ : v. ind. pres. act. 3. sg. 일으키다 [*յարուցանեմ*]

յաւուր : յ / *աւուր*- n. sg. loc. 날, 낮 [*աւր, օր*]

Յեսեայ : prop. n. sg. gen. 이새 [*Յեսսէ*]

յերկիր : յ / *երկիր*- n. sg. acc. 땅 [*երկիր*]

Յուդա : prop. n. sg. nom. 유다 [*Յուդա*]

Յուդայ : prop. n. sg. gen. 유다 [*Յուդա*]

նմա : dem. pron. sg. dat. 그(he, she, it) [*նա*]

նմանէ : dem. pron. sg. abl. 그(he, she, it) [*նա*]

ննջեմ : v. ind. pres. act. 1. sg. 잠자다 [*ննջեմ*]

ննջէ : v. ind. pres. act. 3. sg. 잠자다 [*ննջեմ*]

ննջէր : v. ind. impf. act. 3. sg. 잠자다 [*ննջեմ*]

նստի : v. ind. pres. mp. 3. sg. 앉다 [*նստիմ*]

շառաւեղէ : n. sg. abl. 새싹, 움튼 것 [*շառաւիղ*]

ո՛վ : interr. sg. nom. 누구(who)? [*ո՛վ*]

ողջանալոյն : inf. gen. 회복하다; 건강하게 하다 [*ողջանամ*]

որդեակ : n. sg. nom. 아들, 자식 [*որդեակ*]

որպէս զի : conj. ~하기 위하여

որսորդաց : n. pl. gen. 사냥꾼 [*որսորդ*]

որսորդքն : *որսորդք*- n. pl. nom. 사냥꾼 [*որսորդ*] / *ն*

պահապանն : *պահապան*- n. sg. nom. 수호자 [*պահապան*] / *ն*

պահէ : v. ind. pres. act. 3. sg. 붙잡다, 지키다 [*պահեմ*]

սա : dem. pron. sg. nom. 이(this) [*սա*]

սիրտ : n. sg. nom. 마음 [*սիրտ*]

սուրբ : adj. sg. nom. 깨끗한; 거룩한 [սուրբ]

վարիցեն : v. subj. pres. act. 3. pl. 이끌다, 몰다, 이용하다 [վարեմ]

վերին : adj. indecl. 위의; c. gen. ~보다 더 위의 [վերին]

փառաց : n. pl. gen. 영광 [փառք]

վիշէ : v. ind. pres. act. 3. sg. (바람을)불다 [վիշեմ]

փրկեսցէ : v. subj. aor. act. 3. sg. 구원하다 [փրկեմ]

քանզի : conj. 왜냐하면; ~하기 위하여; part. 참으로, 실로

քուն : n. sg. acc. 잠 [քուն]

օրհնութեանցն : n. pl. gen. 노래; 축복 [օրհնութիւն, արհնութիւն]

օրհնութիւն : n. sg. nom. 노래; 축복 [օրհնութիւն, արհնութիւն]

օրհնութիւն օրհնութեանցն : 아가(노래 중의 노래)

---

3. 이드로프스(영양)라는 동물에 관하여

այր : n. sg. nom. 남자; 남편; 사람 [այր]

անհնարին : adj. sg. acc. 두려운; 극한의 [անհնարին]

աշխարհս : n. sg. gen. 세상 [աշխարհ] / ս- suf.

բարուց : n. pl. dat. & abl. 관습, 습성, 자연본성; 행실 [բարք]

բերկրին : v. ind. act. mp. 3. pl. 즐거워하다 [բերկրիմ]

գազան : n. sg. nom. 동물 [գազան]

գետ : n. sg. acc. 강(江) [գետ]

գինոյ : n. sg. abl. 술 [գինի]

գլուխ : n. sg. acc. 끝; 머리; 완성 [գլուխ]

գոչէ : v. ind. pres. act. 3. sg. 울부짖다, 포효하다 [գոչեմ]

գացէ : v. subj. aor. act. 3. sg. 찾다, 발견하다, 얻다 [գտանեմ]

դիւրաւ : adv. 쉽게

եղջերի : n. sg. acc. 뿔 [եղջեր, եղջիւր]

եղջերան : եղջերա- n. pl. acc. & loc. 뿔 [եղջեր, եղջիւր] / ն

եղջերքն : եղջերք- n. pl. nom. 뿔 [եղջեր, եղջիւր] / ն

երեկինք : n. pl. nom. 황야; 에레킨 나무 [երեկին]

երէ : n. sg. nom. 생물; 동물 [երէ]

երէն : երէ / ն

երկայնք : adj. pl. nom. 긴 [երկայն]

երկու : num. pl. nom. 둘 [երկու]

գառաքինութիւն : գ / առաքինութիւն- n. sg. acc. 미덕(virtue)
    [առաքինութիւն]

գարձաթսիրութիւն : գ / արձաթսիրութիւն- n. sg. acc. 탐욕
    [արձաթսիրութիւն]

գգոչիւն : գ / գոչիւն- n. sg. acc. 포효, 울음소리 [գոչիւն]

գերծանի : v. ind. pres. mp. 3. sg. 탈출하다, 벗어나다 [գերծանիմ]

գծառս : գ / ծառս- n. pl. acc. 나무 [ծառ]

գշատախօսութիւն : գ / շատախօսութիւն- n. sg. acc. 수다스러움
    [շատախօսութիւն]

գուարթունք : n. pl. nom. 천군 [գուարթուն]

գպատրանս : գ / պատրանս- n. pl. acc. 기만, 술책 [պատրան]

գցանկութիւն : գ / ցանկութիւն- n. sg. acc. 정욕 [ցանկութիւն]

գքեզ : գ / քեզ- pers. pron. 2. sg. acc. 너(you) [դու]

էիր : v. ind. impf. act. 2. sg. 있다, ~이다(be) [եմ]

իմբռնել : inf. nom. 붙잡다; 이해하다 [իմբռնեմ]

ըմբռնեցիս : v. subj. aor. pass. 2. sg. 사로잡다 [ըմբռնեմ]

ըմպէ : v. ind. pres. act. 3. sg. 마시다 [ըմպեմ]

իդրոպս : n. sg. nom. 안톨로프스, 그리스어 '안톨로프스'의 음역

    [իդրոպս, աւթոդրոպոս]

իմաստուն : adj. sg. nom. 분별력 있는; 지혜로운 [իմաստուն]

լսէ : v. ind. act. act. 3. sg. 듣다 [լսեմ]

խաղացես : v. subj. aor. act. 2. sg. 달리다; 놀다 [խաղամ]

խառնեալ : ptc. aor. pass. sg. nom. 섞다 [խառնեմ]

խոտորեաց : v. imp. aor. mid. 2. sg. 벗어나다, 우회하다 [խոտորեմ]

ծայր : n. sg. nom. 끝자락 [ծայր]

ծարաւեցի : v. subj. aor. pass. 3. sg. [목이]마르다 [ծարաւեմ]

կամ : part. 또는

կայ : n. sg. nom. 자세; 위치, 자리 [կայ]

կապին : ind. pres. pass. 3. pl. 묶다, 휘감다 [կապեմ]

կնոջէ : n. sg. abl. 여자 [կին]

կոչին : v. ind. pres. pass. 3. pl. 부르다, 일컫다 [կոչեմ]

կտակարանք : n. pl. nom. 계약 [կտակարան]

կրօնաւոր : n. sg. nom. 수도자 [կրօնաւոր, կրաւնաւոր]

հակառակորդին : հակառակորդի- n. sg. gen. 적대자, 원수

    [հակառակորդ] / ն

հանդերձս : n. pl. acc. 옷 [հանդերձ]

հանիցեն : v. subj. pres. act. 3. sg. 옮기다, 가져가다; 제거하다;

    산출하다 [հանեմ]

հրեշտակք : n. pl. nom. 천사 [հրեշտակ]

մահ : n. sg. acc. 죽음 [մահ]

մանրուստք : adj. pl. acc. 잔가지를 가진 [*մանրուստ*]

մեծամեծս : adj. pl. acc. 거대한 [*մեծամեծ*]

մի́ : 부정어(not)

մինչդեռ : conj. ~동안(while)

յԱրածանի : *յ* / *Արածանի*- prop. n. sg. acc. 아라차니(강의 이름)
    [*Արածանի*]

յերկոքին : *յ* / *երկոքին*- coll. num. undecl. 둘 모두(both) [*երկոքին*,
    երկոքեան]

յորդայթս : *յ* / *որդայթս*- pl. loc. 뒤 [*որդայթ*]

նաՀատակեալդ : *նաՀատակեալ*- ptc. aor. act. sg. nom. subst.
    분투자, 헌신자 [*նաՀատակեմ*] / *դ*- suf.

նաՀատակելոցն : ptc. aor. act. pl. gen. 분투하다, 헌신하다 | subst.
    분투자, 헌신자 [*նաՀատակեմ*]

նորա : dem. pron. sg. gen. 그(he, she, it) [*նա*]

շաղեալ : ptc. aor. pass. sg. nom. 섞다, 반죽하다 [*շաղեմ*]

շաղկապեալ : ptc. aor. pass. sg. nom. 결합하다, 결속하다
    [*շաղկապեմ*]

ողորալ : inf. nom. 들이받다, 치다 [*ողորամ*, *ողորիմ*]

ողորեսցիս : v. subj. aor. mp. 2. sg. 싸우다, 들이받다 [*ողորիմ*]

ոստոցն : *ոստոց*- n. pl. gen. 나뭇가지 [*ոստ*] / *ն*

որով : rel. pron. sg. instr. 그(것) [*որ*]

որսորդն : *որսորդ*- n. sg. nom. 사냥꾼 [*որսորդ*] / *ն*

ուրախ : adj. sg. nom. 기쁜, 즐거운 [*ուրախ*]

չեՀաս : *չ* / *եՀաս*- v. ind. act. act. 3. sg. 달성하다, 도달하다; 얻다
    [*Հասանեմ*]

պատեալ ։ ptc. aor. pass. sg. nom. 두르다, 에워싸다 [պատնեմ]

պատեսցիս ։ v. subj. aor. pass. 2. sg. 두르다, 에워싸다 [պատեմ]

պրակունս ։ n. pl. acc. 떨기나무 [պրակ, պուրակ]

պրակսն ։ պրակս- n. pl. acc. 떨기나무 [պրակ, պուրակ] / ն

պրակք ։ n. pl. nom. 떨기나무 [պրակ, պուրակ]

ջուր ։ n. sg. acc. 물 [ջուր]

սակաւ ։ adj. indecl. 약간의, 작은 [սակաւ]

սատիկ ։ adj. indecl. 강력한, 포악한, 거대한 [սատիկ]

սատանայ ։ n. sg. nom. 악마, 마귀; 사탄 [սատանայ]

սատանայի ։ n. sg. gen. 악마, 마귀; 사탄 [սատանայ]

սկսանի ։ ind. pres. mp. 3. sg. 시작하다 [սկսանիմ]

սղոցաձեւք ։ adj. pl. nom. 톱 모양을 한 [սղոցաձեւ]

սղոցել ։ inf. nom. 베다, 자르다 [սղոցեմ]

սղոցեցեր ։ v. ind. aor. act. 2. sg. 베다, 자르다 [սղոցեմ]

սպանանէ ։ v. ind. act. act. 3. sg. 죽이다 [սպանանեմ]

վաճառս ։ n. pl. acc. 상품, 물건, 선물 [վաճառ]

վստահ ։ adj. sg. nom. 자신감에 찬, 용맹한 [վստահ]

---

4. 부싯돌에 관하여

այրէ ։ v. ind. pres. act. 3. sg. 태우다 [այրեմ]

ապա ։ conj. 하지만, 그러나

ապրեսցին ։ v. subj. aor. mp. 3. pl. 살아남다; 구원받다 [ապրիմ]

առաքինիդ ։ առաքինի- adj. sg. nom. subst. 순수한, 덕망 있는
  [առաքինի] / դ

արդարք ։ adj. pl. nom. 의로운 [արդար]

արու ։ adj. sg. nom. subst. 남자의, 수컷인 [արու]

արուն ։ արու / ն

բազումս ։ adj. pl. acc. 많은 [բազում]

բացեալ ։ adj. sg. nom. 떨어진, 거리가 있는 [բացեալ]

բորբոքի ։ v. ind. pres. pass. 3. sg. 점화하다, 불 붙이다 [բորբոքեմ]

գվայրս ։ գ / վայրս- n. pl. acc. 곳, 장소; 바닥 [վայր]

էգ ։ adj. sg. nom. subst. 여자의 [էգ]

էին ։ v. ind. impf. act. 3. pl. 있다, ~이다(be) [եմ]

իցես ։ v. subj. pres. act. 2. sg. 있다, ~이다(be) [եմ]

իցէ ։ v. subj. pres. act. 3. sg. 있다, ~이다(be) [եմ]

կանանց ։ n. pl. gen. 여자 [կին]

կրաւնաւորաց ։ n. pl. gen. 수도자 [կրօնաւոր, կրաւնաւոր]

հուր ։ n. sg. acc. 불 [հուր]

հրահանաց ։ adj. pl. gen. subst. 발화성의, 불을 붙이는 [հրահան]

միմեանց ։ reci. pron. pl. abl. 서로 [միմեանց]

մինչ ։ conj. ~동안(while); ~까지(up to)

մտին ։ v. ind. aor. act. 3. pl. 들어가다 [մտանեմ]

մօտ ։ adj. sg. nom. 가까운 [մօտ, մաւտ]

յէգն ։ յ / էգ / ն

Յովսէփ ։ prop. n. sg. nom. 요셉 [Յովսէփ]

նահատակութիւնդ ։ նահատակութիւն- n. sg. acc. 헌신; 신심(信心)
  [նահատակութիւն] / դ

ուրեք : adv. 어느 곳이든 | adj. 어떤 [*ուրեք*]

հարկանեն : ? / *հարկանեն-* v. ind. pres. act. 3. pl. 치다, 때리다; 점화하다, 불 붙이다 [*հարկանեմ*]

Սամփսոն : prop. n. sg. nom. 삼손 [*Սամփսոն*]

փորձութիւն : n. sg. acc. 유혹 [*փորձութիւն*]

քարինք : n. pl. nom. 돌 [*քար*]

---

5. 톱상어라고 불리는 동물에 관하여

ալիքն : *ալիք-* n. pl. nom. 파도 [*ալի*] / *ն*

ամբարհաւաճութեան : n. sg. gen. 오만 [*ամբարհաւաճութիւն*]

ամփոփէ : v. ind. pres. act. 3. sg. 접다 [*ամփոփեմ*]

այնք : dem. pron. pl. nom. 그(that) [*այն*]

անցին : v. ind. aor. mid. 3. pl. 꿰뚫다, 가로지르다 [*անցանեմ*]

աշխարհիս : *աշխարհի* / *ս*

աշխարհս : *աշխարհ* / *ս*

առ : prep. c. gen. ~때문에; c. acc. ~대하여, ~반(反)하여; c. abl. ~위하여; c. instr. ~에서, ~때에

առ ժամանակ մի : 잠깐동안, 일시적으로

առագաստեալ : ptc. aor. act. sg. nom. 항해하다; 돛을 달다 [*առագաստեմ*]

առաքինանան : v. ind. pres. mp. 3. pl. 용기를 보이다; 덕스럽게 보이다 [*առաքինանամ*]

առնուն : v. ind. pres. act. 3. pl. 잡다, 가지다 [*առնում*]

արծաթսիրութեան : n. sg. gen. 탐욕 [*արծաթսիրութիւն*]

երեսուն : num. sg. acc. 삼십(30) [*երեսուն*]

զալիս : *զ* / *ալիս*- n. pl. acc. 파도 [*ալի*]

զթեւան : *զ* / *թեւս* / *ն*

զնաւ : *զ* / *նաւ*- n. sg. acc. 배(ship) [*նաւ*]

թեւս : n. pl. acc. 날개; 지느러미 [*թեւ*]

իբրեւ : prep. c. acc. ~처럼; conj. ~할 때(when)

իբրեւ զ : c. acc. ~같이(like)

իսպառ : adv. 완전히, 전적으로

իրաց : pl. gen. 것(thing); 사안(matter) [*իր*]

խոնարհեցուցանէ : v. ind. pres. act. 3. sg. 굽히다, 내리다
    [*խոնարհեցուցանեմ*]

ծով : n. sg. acc. 바다 [*ծով*]

ծովն : *ծով* / *ն*

ծովու : n. sg. gen. 바다 [*ծով*]

կարեն : v. ind. pres. act. 3. pl. 할 수 있다(can) [*կարեմ*]

հակառակի : v. ind. pres. mp. 3. sg. c. dat. 경주하다, 경쟁하다
    [*հակառակիմ*]

հակառակութիւնս : n. pl. acc. 역경 [*հակառակութիւն*]

հանել : inf. nom. 옮기다, 가져가다; 제거하다; 산출하다 [*հանեմ*]

մարգարէիցն : *մարգարէից*- n. pl. gen. 예언자 [*մարգարէ*] / *ն*

յառաջին : *յ* / *առաջին*

յինքն : *յ* / *ինքն*- intens. pron. acc. sg. 자기 자신 [*ինքն*]

նաւն : *նաւ* / *ն*

նաւորդացն : *նաւորդաց*- n. pl. dat. 항해자 [*նաւորդ*] / *ն*

նաւս : նաւ / ս

նմանի : v. ind. pres. mp. 3. sg. c. dat. 모방하다 [նմանիմ]

շնութեան : n. sg. gen. 간음 [շնութիւն]

շկարացեալ : շ / կարացեալ- ptc. aor. act. sg. nom. 할 수 있다(can) [կարեմ]

պոռնկութեան : n. sg. gen. 간통 [պոռնկութիւն]

սղոց : n. sg. nom. 톱(saw); 톱상어 [սղոց]

սղոցն : սղոց / ն

սրբոց : adj. pl. gen. subst. 깨끗한; 거룩한 [սուրբ]

վատակի : v. ind. pres. mp. 3. sg. 지치다 [վատակիմ]

վտաւանս : n. pl. acc. 활을 쏘았을 때 닿는 거리(약180m), 그리스어 스타디온(στάδιον)의 번역어 [վտաւան]

տանին : v. ind. pres. mp. 3. sg. 옮기다; 인도하다, 이끌다 [տանիմ]

տատանիցին : v. subj. pres. mp. 3. pl. 흔들다, 동요하게 하다 [տատանիմ]

տեղին : տեղի / ն

տեւեաց : v. ind. aor. act. 3. sg. 인내하다; 지속되다 [տեւեմ]

տոկալ : inf. nom. 견디다, 이겨내다 [տոկամ]

քառասուն : num. sg. acc. 사십(40) [քառասուն]

օրինակ : n. sg. nom. 예시, 예형(type) [օրինակ, աւրինակ]

6. 카라드리오스(물떼새)에 관하여

աղբ : n. sg. nom. 배설물 [*աղբ*]

ամենեւին : adv. 결코 ~가 아니다

այսորիկ : dem. pron. sg. gen. 이(this) [*այս*]

ապրի : v. ind. pres. mp. 3. sg. 살다, 살아남다 [*ապրիմ*]

ասիցես : v. subj. pres. act. 2. sg. 말하다, 이야기하다 [*ասեմ*]

արարածք : n. pl. nom. 창조물 [*արարած*]

աւձն : *աւձ–* n. sg. nom. 뱀 [*աւձ, oձ*] / *ն*

բարի : adj. sg. nom. 좋은 [*բարի*]

բարձրանալ : inf. nom. 올라가다; 넘어서다 [*բարձրանամ*]

բարձրացոյց : v. ind. aor. act. 3. sg. 들어올리다 [*բարձրացուցանեմ*]

բերէ : v. ind. pres. act. 3. sg. [act.] 옮기다, 품다, 산출하다; [mp.] 가다, 기울다, 행동하다 [*բերեմ*]

բժշկէ : v. ind. pres. act. 3. sg. 낮게 하다, 치유하다 [*բժշկեմ*]

գերեաց : v. ind. aor. act. 3. sg. 포로로 삼다, 붙잡다 [*գերեմ*]

գոյ : v. ind. pres. act. 3. sg. 존재하다 [*գոմ*]

գտանէ : v. ind. pres. act. 3. sg. 찾다, 발견하다, 얻다 [*գտանեմ*]

գտանի : v. ind. pres. pass. 3. sg. 찾다, 발견하다, 얻다 [*գտանեմ*]

դարձուցանէ : v. ind. pres. act. 3. sg. 돌리다 [*դարձուցանեմ*]

եբարձ : v. ind. aor. act. 3. sg. 짊어지다; 없애다 [*բառնամ*]

եկն : v. ind. aor. act. 3. sg. 오다 [*գամ*]

գաւձն : *գ* / *աւձ* / *ն*

զբժիշկն : *զ* / *բժիշկ–* n. sg. acc. 의사 [*բժիշկ*] / *ն*

զգերութիւն ։ զ / գերութիւն- n. sg. acc. 포로 됨, 종살이 [գերութիւն]

զերեսս ։ զ / երես- n. sg. acc. 얼굴 [երես] /ս

զհիւանդն ։ զ / հիւանդ- adj. sg. acc. subst. 병든 [հիւանդ] / ն

զհիւանդութիւնն ։ զ / հիւանդութիւն / ն

զհիւանդութիւնս ։ զ / հիւանդութիւնս- n. pl. acc. 질병
　　　[հիւանդութիւն]

զոր ։ զ / որ

զցաւս ։ զ / ցաւս- n. pl. acc. 고통 [ցաւ]

ընկալան ։ v. ind. aor. mp. 3. pl. 받아들이다, 맞아들이다 [ընդունիմ]

թագաւորաց ։ n. pl. gen. 왕 [թագաւոր]

թերեւս ։ adv. 아마도

Թոշուն ։ n. sg. nom. 날아다니는 것, 새 [Թոշուն]

ի վերայ ։ prep. c. gen. ~에 관하여

իշխան ։ n. sg. nom. 지배자, 통치자 [իշխան]

իւրքն ։ իւրք- poss. pron. 3. pl. nom. 그의 것, 그의 소유 [իւր] / ն

խաչն ։ խաչ- n. sg. acc. 십자가 [խաչ] / ն

կարծեն ։ v. ind. pres. act. 3. pl. 믿다, 생각하다, 추측하다 [կարծեմ]

կենաց ։ n. pl. gen. 생명 [կենք]

կերպարանն ։ կերպարան- n. sg. acc. 모습, 형상 [կերպարան] / ն

կլանէ ։ v. ind. pres. act. 3. sg. 흡수하다, 삼키다 [կլանեմ]

կրկնակ ։ adj. sg. nom. 이중의, 이중으로 된 [կրկնակ]

համակ ։ adv. 온전히, 완전히

հանդարտ ։ adj. sg. nom. 평온한, 온순한, 조용한 [հանդարտ]

հեթանոսս ։ հեթանոս- n. sg. acc. 이방인 [հեթանոս] / ս

հզաւր ։ adj. sg. nom. 강력한, 힘이 있는 [հզաւր, հզօր]

հիւանդն : հիւանդ- adj. sg. acc. subst. 병든 [*հիւանդ*] / *ն*

հիւանդութեան : n. sg. loc. 질병 [*հիւանդութիւն*]

հիւանդութիւնն : հիւանդութիւն- n. sg. nom. 질병 [*հիւանդութիւն*]
/ *ն*

Հրեայան : Հրեայս- prop. n. pl. acc. 유다인 [*Հրեայ*] / *ն*

ճանաչէ : v. ind. pres. act. 3. sg. 알다 [*ճանաչեմ*]

մահու : n. sg. gen. 죽음 [*մահ*]

մարդոյ : n. sg. gen. 사람 [*մարդ*]

մեռանելոց : ptc. aor. mp. pl. gen. subst. 죽다 [*մեռանիմ*]

մերժեցին : v. ind. aor. act. 3. pl. 거부하다, 부인하다, 몰아내다
[*մերժեմ*]

միանգամ : adv. 한 번

Մովսէս : prop. n. sg. nom. 모세 [*Մովսէս*]

յանապատին : յ / անապատի- n. sg. loc. 광야 [*անապատ*] / *ն*

յաշաց : յ / աշաց- n. pl. abl. 눈(eyes) [*աչք*]

յառեւծն : յ / առեւծ- n. sg. acc. 사자 [*առիւծ, առեւծ*] / *ն*

յարքունիս : յ / արքունիս- adj. pl. loc. 궁정의, 왕실의 [*արքունի*]

յաւձին : յ / աւձի– n. sg. loc. 뱀 [*աւձ, օձ*] / *ն*

յերկնից : յ / երկնից- n. pl. abl. 하늘 [*երկինք*]

յերկրորդ : յ / երկրորդ

յիշէ : v. ind. pres. act. 3. sg. 기억하다; 기록하다 [*յիշէմ*]

յիս : յ / իս- pers. pron. 1. sg. loc. 나(I) [*ես*]

յիւրան : յ / իւրս- poss. pron. 3. pl. acc. 그의 것, 그의 소유 [*իւր*] / *ն*

յոչխարն : յ / ոչխար- n. sg. acc. 양(羊) [*ոչխար*] / *ն*

յոռութիւն : n. sg. nom. 나쁜 면, 단점 [*յոռութիւն*]

Յովհաննէս : prop. n. sg. nom. 요한(네스) [*Յովհաննէս*]

նմա : dem. pron. sg. loc. 그(he, she, it) [*նա*]

նոցա : dem. pron. pl. gen. 그(he, she, it) [*նա*]

շլացեալս : ptc. aor. pass. pl. acc. 눈 멀게 하다 [*շլացուցանեմ*]

որդւոյ : n. sg. gen. 아들 [*որդի*]

որպէս ..., նոյնպէս ... : 마치 ~처럼, 그렇게 ~하다 (Just as ..., so ...)

ոք : indef. pron. sg. nom. 어느 [*ոք*]

պարտ : n. sg. nom. 의무, 빚; 이유 [*պարտ*]

պարտ է : c. inf. ~ 해야 한다(It is necessary to)

պիղծ : adj. indecl. 부정한, 더러운 [*պիղծ*]

զիարդ : interr. 어떻게(how)

բերիցի : v. subj. pres. mp. 3. sg. [act.] 옮기다, 품다, 산출하다; [mp.]
  가다, 기울다, 행동하다 [*բերեմ*]

պշնու : v. ind. pres. act. 3. sg. 응시하다, 바라보다 [*պշնում*]

սեւութիւն : sg. nom. 거무스름함 [*սեւութիւն*]

սպիտակ : adj. sg. nom. 하얀, 백색의 [*սպիտակ*]

վերացաւ : v. ind. aor. pass. 3. sg. 올라가다; 올리다 [*վերանամ*]

վկայեաց : v. ind. aor. act. 3. sg. 증언하다; 순교하다 [*վկայեմ*]

  աւետարանիչն : *աւետարանիչ-* n. sg. nom. 복음사가
  [*աւետարանիչ*] / *ն*

տեսանէ : v. ind. pres. act. 3. sg. 보다 [*տեսանեմ*]

ցաւն : *ցաւ-* n. sg. nom. 고통 [*ցաւ*] / *ն*

փարատի : v. ind. pres. pass. 3. sg. 흩뜨리다, 제거하다 [*փարատեմ*]

փորոյն : *փորոյ-* n. sg. gen. 공동(空洞); 내장 [*փոր*] / *ն*

քարադրիոս : n. sg. nom. 칼라드리오스, 물떼새 [*քարադրիոս*]

քարադրն : քարադր = քարադրիոս- n. sg. nom. 칼라드리오스,
   물떼새 [քարադր] / ն

Քրիստոսի : prop. n. sg. gen. 그리스도 [Քրիստոս]

օրէնս : n. pl. loc. 법, 율법 [օրէն, աւրէն]

---

7. 사다새(펠리칸)에 관하여

անարգեցին : v. ind. pres. act. 3. pl. 모독하다, 모욕을 주다
   [անարգեմ]

ապաշխարութեան : n. sg. gen. 고백, 참회 [ապաշխարութիւն]

ապտակեն : v. ind. pres. act. 3. pl. 때리다, 치다 [ապտակեմ]

առնեն : v. ind. pres. act. 3. pl. 만들다, 행하다 [առնեմ]

արարիչն : արարիչ- n. sg. nom. 창조자, 조물주 [արարիչ] / ն

արիւնն : արիւն- n. sg. nom. 피 [արիւն] / ն

աւուրն : աւուր / ն

բարձրացուցի : v. ind. aor. act. 1. sg. 들어올리다
   [բարձրացուցանեմ]

բերանոյ : n. sg. abl. 입 [բերան]

գան : n. sg. acc. 채찍 [գան]

գորով : n. sg. acc. 연민 [գորով]

գութ : n. sg. acc. 동정(sympathy) [գութ]

դարձեալ : ptc. aor. mp. sg. nom. 돌아서다 [դարձած]

Դաւիթ : prop. n. sg. nom. 다윗 [Դաւիթ]

ել : v. ind. aor. act. 3. sg. 나가다; 태어나다; 올라가다 [ելանեմ]

եղէ ։ v. ind. aor. mp. 1. sg. 되다(become) [*լինիմ*]

Եսայեալ ։ prop. n. sg. nom. 이사야 [*Եսայեալ*]

զարարածս ։ q / *արարածս*- n. pl. acc. 창조물 [*արարած*]

զարարիշն ։ q / *արարիշ* / *ն*

զարիւն ։ q / *արիւն*

զերեսս ։ q / *երեսս*- n. pl. acc. 얼굴 [*երես*]

զիս ։ q / *իս*- pers. pron. 1. sg. acc. 나(I) [*ես*]

զկող ։ q / *կող*- n. sg. acc. 옆구리 [*կող*]

զձագս ։ q / *ձագս*- n. pl. acc. 새끼 [*ձագ*] / *ն*

զմեզ ։ q / *մեզ*- pers. pron. 1. pl. acc. 우리(we) [*մեք*]

զմօրն ։ q / *մօր*- n. sg. gen. 어머니 [*մայր*] / *ն*

զնոսա ։ q / *նոսա*- dem. pron. pl. acc. 그(he, she, it) [*նա*]

զորդեկան ։ q / *որդեկս*- n. pl. acc. 자식 [*որդեակ*] / *ն*

զջուրն ։ q / *ջուր* / *ն*

ընդէ՞ր ։ interr. 왜(why)? [*ընդէ՞ր*]

թողութիւն ։ n. sg. acc. 용서 [*թողութիւն*]

իջանէ ։ v. ind. pres. act. 3. sg. 떨어지다; 내려가다 [*իջանեմ*]

լուսաւոր ։ adj. indecl. 빛나는, 찬란한 [*լուսաւոր*]

խաչ ։ n. sg. acc. 십자가 [*խաչ*]

ծնայ ։ v. ind. aor. mp. 1. sg. 낳다, 출산하다 [*ծնանիմ*]

ծնաւ ։ v. ind. aor. mid. 3. sg. | [mid.] 낳다; [pass.] 태어나다 [*ծնանիմ*]

կաթեցոյց ։ v. ind. aor. act. 3. sg. 흘리다, 흐르게 하다

    [*կաթեցուցանեմ*]

կարի ։ adv. 매우

կենաց ։ n. pl. gen. 생명 [*կեանք*]

կոխեն : v. ind. pres. act. 3. pl. 짓밟다, 뭉개다 [կոխեմ]

հանէ : v. ind. pres. act. 3. sg. 옮기다, 가져가다; 제거하다; 산출하다 [հանեմ]

հարաք : v. ind. pres. act. 1. pl. 치다, 때리다; 점화하다, 불 붙이다 [հարկանեմ]

հաւալսան : n. sg. dat. 펠리칸(사다새) [հաւալուսն]

հաւալսանն : հաւալսան / ն

հերձու : v. ind. pres. act. 3. sg. 가르다 [հերձանեմ]

հօրն : հօր- n. sg. gen. 아버지 [հայր] / ն

ձագուցն : ձագուց- n. pl. gen. 새끼 [ձագ] / ն

ճաշակումն : n. sg. acc. 맛을 봄; 만찬; 성찬(eucharist) [ճաշակումն] / ն

մարմինս : n. pl. acc. 몸 [մարմին]

մեք : pers. pron. 1. pl. nom. 우리(we) [մեք]

մկրտութիւն : n. sg. acc. 세례 [մկրտութիւն]

յետոյ : prep. c. abl. ~뒤에; adv. 이후에

յերրորդ : յ / երրորդ

նոքա : dem. pron. pl. nom. 그(he, she, it) [նա]

որդենէր : adj. sg. nom. 모성애가 있는, 자식을 사랑하는 [որդենէր]

որդիս : n. pl. acc. 아들 [որդի]

պաշտեցաք : v. ind. pres. act. 1. pl. 경배하다 [պաշտեմ]

սուգ : n. sg. acc. 슬픔, 흐느낌 [սուգ]

սպանանեն : v. ind. pres. act. 3. pl. 죽이다 [սպանանեմ]

սպանաք : v. ind. pres. act. 1. pl. 죽이다 [սպանանեմ]

փոքր մի : adv. 조금씩, 약간

աճեն : v. ind. pres. act. 3. pl. 자라나다 [աճեմ]

օր : n. sg. acc. 날, 낮 [*աւր, օր*]

---

8. 올빼미에 관하여

այն : dem. pron. sg. nom. 그(that) [*այն*]

անտի իսկ : adv. 그러므로

առաւել : adv. 무척, 극도로

առաքեալ : ptc. aor. pass. sg. nom. 보내다; subst. 보냄을 받은 자,
    사도 [*առաքեմ*]

ասեմ : v. ind. pres. act. 1. sg. 말하다, 이야기하다 [*ասեմ*]

ասեն : v. ind. pres. act. 3. pl. 말하다, 이야기하다 [*ասեմ*]

արար : v. ind. aor. act. 3. sg. 만들다, 행하다 [*առնեմ*]

աւետիք : n. pl. nom. 약속 [*աւետիք*]

բերիցես : subj. pres. act. 2. sg. [act.] 옮기다, 품다, 산출하다; [mp.]
    가다, 기울다, 행동하다 [*բերեմ*]

բոյն : *բոյ*- n. sg. nom. 올빼미 [*բու*] 〉 *բու* / *ն*

գիտէր : v. ind. impf. act. 3. sg. 알다 [*գիտեմ*]

երկնշիր : v. imp. pres. mp. 2. sg. 두려워하다 [*երկնշիմ*]

զամենեսեան : *զ* / *ամենեսեան*- pron. pl. acc. 모든 사람 [*ամենեքին,*
    ամենեքեան]

զանձն : *զ* / *անձն*- n. sg. acc. 생명, 영혼 | refl. pron. 개인, 자신
    [*անձն*]

զբուէ : *զ* / *բու*է- n. sg. abl. 올빼미 [*բու*] 〉 *բուոյ*

զգիշերն : *զ* / *գիշեր*- n. sg. acc. 밤 [*գիշեր*] / *ն*

qdnnnılınnı : q / dnnnılınn- n. sg. acc. 사람들, 군중, 회중
[*dnnnılınn*] / *u*

qılbunumıbu : q / ıllbunumıb- adj. sg. abl. 생명을 주는; subst. 구원자
[*ılbunumı*] / *u*

qunıbıy : q / ınıbıy- prop. n. pl. gen. 유다인 [*ınıbuı*]

qdbnu : q / dbnu- n. pl. acc. 죄 [*dbn*]

qınıı : q / ınıı- n. sg. acc. 낮 [*ınıı*]

*ıuıunıı : * n. sg. loc. 어둠; 슬픔; 무지 [*ıuıuı*]

*ınııunıbgnıg : * v. ind. aor. act. 3. sg. 낮추다, 겸허하게 하다
[*ınııunıbgnıguıubd*]

ıllbunumıb : ıllbunumı- adj. sg. nom. 생명을 주는; subst. 구원자
[*ıllbunumı*] / *u*

*ıllbgnıuıgb : * v. subj. aor. act. 3. sg. 구원하다, 살려주다 [*ıllbgnıguıubd*]

ıuıngb : ıuıng- n. pl. gen. 아버지; 성조(聖祖), 구약의 족장들 [*ıuııı*] / *u*

*ıllbunuıng : * n. pl. gen. 이방인 [*ıllbunıu*]

*ıoıı : * n. sg. nom. 양떼 [*ıoıı*]

*uuıllıuıı : * v. ind. impf. mp. 1. pl. 앉다; 살다 [*uuıllıd*]

nnnllıınnııbıllu : nnnllıınnııbıllı- n. sg. nom. 양자됨, 입양
[*nnnllıınnııbıllı*] / *u*

*nnng : * rel. pron. pl. dat. 그(것) [*nn*]

*nnuı : * rel. pron. pl. nom. 그(것) [*nn*]

ıuıınıllnuıuıgb : ıuıınıllnuıuıng- n. pl. dat. 계명 [*ıuıınıllnuıuıı*]
/ *u*

*uıınbuıg : * v. ind. aor. act. 3. sg. 사랑하다 [*uıınbd*]

*uıınb : * v. ind. pres. act. 3. sg. 사랑하다 [*uıınbd*]

ստուերս ։ n. sg. loc. 그림자 [*ստուեր*]

կոքրիկ ։ adj. sg. nom. 작은; 어린 [*կոքրիկ*]

քան (*զ*) ։ c. comp. acc. ~보다(than)

քան ։ adv. 또한; c. comp. acc. ~보다(than)

քաշ ։ adv. 무척, 더욱

---

9. 독수리에 관하여

աղբերս = *աղբեր* ։ n. sg. acc. 샘, 시내; 근원 [*աղբերս*]

աղբերն ։ *աղբեր* / *ն*

աստուծոյ ։ n. sg. gen. 하나님, 신 [*աստուած*]

արեգականն ։ n. sg. gen. 햇살, 태양빛 [*արեգակն*] / *ն*

աւարէ ։ v. ind. pres. mp. 3. sg. 없애다, 제거하다 [*աւարեմ*]

աւուրբք ։ n. pl. instr. 날, 낮 [*աւր, օր*]

բարի եւ օգուտ ։ adv. 선하고 유익하게, 훌륭하게

բարձրաւանդակ ։ n. sg. acc. 높이; adj. indecl. 높은, 고양된
　　　[*բարձրաւանդակ*]

գործովք ։ n. pl. instr. 행실 [*գործ*]

դէպ ։ prep. c. acc. ~을 향하여

երիցս անգամ ։ adv. 세 번

երկին ։ n. sg. acc. 하늘 [*երկին*]

զարծուի ։ *զ* / *արծուի*- n. sg. acc. 독수리 [*արծուի*]

զգենուցուս ։ v. subj. pres. act. 2. sg. (옷)입다 [*զգենում*]

զգեցար ։ v. ind. aor. pass. 2. sg. (옷)입다 [*զգենում*]

զիս : զ / իս

զՅիսուս Քրիստոս : զ / Յիսուս Քրիստոս

զնորս : զ / նոր / ս

թեւքն : թեւք- n. pl. nom. 날개; 지느러미 [թեւ] / ն

թողին : v. ind. aor. act. 3. pl. 허락하다, 용납하다, 보내다, 버리다,
유기하다 [թողում]

թոչի : v. ind. pres. mp. 3. sg. 날다 [թոչիմ]

իւրովք : refl. adj. pl. instr. 자기의 [իւր]

լուան : v. ind. aor. pass. 3. pl. 듣다 [լսեմ]

լուսաւորի : v. ind. pres. pass. 3. sg. 비추다, 조명하다 [լուսաւորեմ]

խարակի : v. ind. pres. pass. 3. pl. 불태우다 [խարակեմ]

խնդրէ : v. ind. pres. act. 3. sg. 찾다, 갈구하다 [խնդրեմ]

խնդրիցես : v. subj. pres. mp. 2. sg. 찾다 [խնդրեմ]

ծանրանան : v. ind. pres. mp. 3. pl. 무거워지다; 둔해지다
[ծանրանամ]

ծերացի : v. subj. aor. mp. 3. sg. 나이 들다, 늙다 [ծերանամ]

ծերքն : ծերք- adj. pl. nom. 늙은; subst. 노인 [ծեր] / ն

կենդանւոյ : adj. sg. gen. 살아 있는 [կենդանի]

հանդերձ : prep. c. instr. ~와 함께 (보통 후치사로 사용됨)

հանդերձն : հանդերձ / ն

հաստատեցաւ : v. ind. aor. pass. 3. sg. 세우다, 공고히하다, 조성하다
[հաստատեմ]

հնացեալ : ptc. aor. mp. sg. nom. subst. 나이 들다; 쓸모가 없어지다
[հնանամ]

հոգւոյն : հոգւոյ- n. sg. gen. 영; 성령 [հոգի] / ն

մանկանայ : v. ind. pres. mp. 3. sg. 젊어지다, 어려지다 [*մանկանամ*]

մանկութիւն : n. sg. nom. 젊음 [*մանկութիւն*]

մարդն : *մարդ* / ն

մերկանայցես : v. subj. pres. act. 2. sg. 벗다 [*մերկանամ*]

մկրտի : v. ind. pres. mid. 3. sg. 잠그다, 씻다; 세례를 주다 [*մկրտեմ*]

մկրտիցիս : v. subj. aor. pass. 2. sg. 잠그다, 씻다; 세례를 주다
   [*մկրտեմ*]

մշտնջենաւոր : adj. indecl. 영원한 [*մշտնջենաւոր*]

յաղբերն : յ / աղբեր / ն

յանուն : յ / անուն- n. sg. acc. 이름 [*անուն*]

յեթերն : յ / եթեր- n. sg. acc. 에테르; 창공 [*եթեր*] / ն

նորոգեսցի : v. subj. aor. pass. 3. sg. 새롭게 하다; 고치다 [*նորոգեմ*]

շլանան : v. ind. pres. mp. 3. pl. 눈이 멀다, 시력이 나빠지다 [*շլանամ*]

շլացութիւնն : *շլացութիւն*- n. sg. nom. 어둑함, 눈멂 [*շլացութիւն*] /
   ն

ունիցիս : v. subj. pres. mp. 2. sg. 가지다; 생각하다; 알다 [*ունիմ*]

չարութեան : n. sg. gen. 악행, 사악함 [*չարութիւն*]

չլիցես : չ / լիցես- v. subj. pres. act. 2. sg. 듣다 [*լսեմ*]

պատկերին : *պատկերի*- n. sg. dat. 모상 [*պատկեր*] / ն

ջերմութենէ : n. sg. abl. 열기, 뜨거움 [*ջերմութիւն*]

ջրոյն : *ջրոյ*- n. sg. gen. 물 [*ջուր*] / ն

սատանայէ : n. sg. abl. 악마, 마귀; 사탄 [*սատանայ*]

սրբոյ = *սրբոյ* : adj. sg. gen. 깨끗한; 거룩한 [*սուրբ*]

վատեալ : ptc. aor. act. sg. nom. 약해지다 [*վատեմ*]

10. 피우니크(불사조)라고 불리는 새에 관하여

ազդ : n. sg. acc. 정보 [*ազդ*]

ահկի : n. sg. gen. 고대 아르메니아의 달력에서 9번째 달, 불꽃의 달
　　　[*ահեկան*]

ամբաստանէին : v. ind. impf. act. 3. pl. 고소하다, 비난하다
　　　[*ամբաստանեմ*]

ամբարձցուք : v. subj. aor. act. 1. pl. 들어올리다; 올라가다
　　　[*ամբարնամ*]

ամի : n. sg. gen. 해, 년(年) [*ամ*]

այսինքն : part. 즉, 다시 말하자면(=id est)

այրէ : v. ind. pres. act. 3. sg. 불태우다 [*այրեմ*]

անձամբ : n. sg. instr. sg. acc. 생명, 영혼 | refl. pron. 개인, 자신
　　　[*անձն*]

անմիտք : adj. pl. nom. subst. 어리석은 [*անմիտ*]

　　ամբաստանէք : v. ind. impf. act. 2. pl. 고소하다, 비난하다
　　　[*ամբաստանեմ*]

　　զվրկէին : զ / *վրկի*- n. sg. gen. 구원자 [*վրկիչ*] / ն
　　երեր : v. ind. aor. act. 3. sg. [act.] 옮기다, 품다, 산출하다; [mp.]
　　가다, 기울다, 행동하다 [*երերմ*]

անուշահոտ : adj. indecl. 감미로운 [*անուշահոտ*]

անուշից : adj. pl. gen. subst. 향기로운, 기분 좋은 [*անուշ*]

առաքինացուք : v. subj. aor. act. 1. pl. 용기를 보여주다;
　　　덕스러워지다 [*առաքինանամ*]

առաքինութեան : n. sg. gen. 미덕(virtue) [*առաքինութիւն*]

առնէ : v. ind. pres. act. 3. sg. 만들다, 행하다 [*առնեմ*] / c. *ազդ–*
알리다

առնուլ : inf. nom. 잡다, 가지다 [*առնում*]

արեգ : n. sg. indecl. 해, 태양 [*արեգ*]

արեգի : n. sg. gen. 고대 아르메니아의 달력의 8번째 달, 태양의 달
[*արեգ*]

բագինն : *բագին–* n. sg. nom. 제단 [*բագին*] / *ն*

բնակէ : v. ind. pres. act. 3. sg. 거주하다, 살다 [*բնակեմ*]

գործէ : v. ind. pres. act. 3. sg. 일하다, 만들다 [*գործեմ*]

գործովք : n. pl. instr. 행위, 일 [*գործ*]

գտանէ : v. ind. pres. act. 3. sg. 발견하다 [*գտանեմ*]

դառնայ : v. ind. pres. act. 3. sg. 돌아가다 [*դառնամ*]

դնել : inf. nom. 놓다, 두다 [*դնեմ*]

    զանձն : *զ* / *անձն*

    միւս անգամ : adv. 다시

եթէ : 만약(조건절을 이끄는 conj.), 간혹 *թէ* 처럼 사용함.

ելանէ : v. ind. pres. act. 3. sg. 나가다, 오르다 [*ելանեմ*]

երկնաւոր : adj. indecl. 하늘의 [*երկնաւոր*]

զառաջինն : *զ* / *առաջին* / *ն*

զբագին : *զ* / *բագին–* n. sg. acc. 제단 [*բագին*]

զբագինն : *զ* / *բագին* / *ն*

զբանն : *զ* / *բան* / *ն*

զերկոսին : *զ* / *երկոսին–* coll. pron. pl. acc. 둘 다 [*երկոքին*]

զերկու : *զ* / *երկու–* num. indecl. 2 [*երկու*]

զկրակն ։ q / կրակ- n. sg. acc. 불 [կրակ] / ն

զհոտ ։ q / հոտ

զձեռս ։ q / ձեռս- n. pl. acc. 손 [ձեռն]

զփիւնիքս ։ q / փիւնիքս = փիւնիկ

թեւան ։ թեւս / ն

թոչի ։ v. ind. pres. mp. 3. sg. 날다 [թոչիմ]

թոչնոյ ։ n. sg. gen. 날아다니는 것, 새 [թոչուն]

թոչունն ։ թոչուն / ն

ի վաղիւն ։ part. 다음 날

իմանայ ։ v. ind. pres. act. 3. sg. 알다, 깨닫다 [իմանամ]

իշխանութիւն ։ n. sg. acc. 권위, 권세 [իշխանութիւն]

ունիմ ։ v. ind. pres. mp. 1. sg. 가지다; 생각하다; 알다 [ունիմ]

իւրովի ։ adv. 스스로, 친히

Լիբանանու ։ prop. n. sg. gen. 레바논 [Լիբանան]

լնու ։ v. ind. pres. act. 3. sg. 채우다 [լնում]

լուցանէ ։ v. ind. pres. act. 3. sg. 불 붙이다, 점화하다 [լուցանեմ]

խնկովք ։ n. pl. acc. 유향 [խունկ]

խնկովք ։ n. pl. instr. 유향 [խունկ]

հին ։ adj. indecl. 늙은; 옛; 낡은 [հին]

հինգհարիւր ։ num. indecl. 오백(500) [հինգհարիւր]

հրաժարի ։ v. ind. pres. mp. 3. sg. 그만두다; 떠나다 [հրաժարիմ]

Հրեայքն ։ Հրեայք- prop. n. pl. nom. 유다인 [Հրեայ] / ն

ձագ ։ n. sg. nom. 새끼 [ձագ]

մերովք ։ poss. adj. 1. pl. instr. 우리의 [մեր]

մոխրին ։ մոխրի- n. sg. loc. 재 [մոխիր] / ն

մտանէ ։ v. ind. pres. act. 3. sg. 들어가다 [մտանեմ]

յամսեանն ։ յ / ամսեան- n. sg. loc. 달, 월(月) [ամիս] / ն

յետ ։ prep. c. gen. ～ 이후에

որդն ։ n. sg. acc. 벌레 [որդն]

որթափայտով ։ n. sg. instr. 포도나무 [որթափայտ]

որոնէ ։ v. ind. pres. act. 3. sg. 찾다, 조사하다 [որոնեմ]

պարգեւօք ։ n. pl. instr. 선물 [պարգեւ]

Պարեմնղի ։ prop. n. sg. gen. 파메노트(고대 알렉산드리아의 달력에서 8번째 월)의 음역 [պարեմնղ]

սպանանել ։ inf. nom. 죽이다 [սպանանեմ]

տեղին ։ տեղի- n. sg. acc. 장소 [տեղի] / ն

Փարմութի ։ prop. n. sg. gen. 파르무티(고대 알렉산드리아의 달력에서 9번째 월)의 음역 [փարմութ]

Փիւնիկ ։ prop. n. sg. nom. 피닉스(Pheonix), 불사조 [Փիւնիկ]

քաղաքէն ։ քաղաքէ- n. sg. abl. 도시 [քաղաք] / ն

քաղաքի ։ n. sg. gen. 도시 [քաղաք]

քուրմն ։ քուրմ- n. sg. nom. (특히 이교도의) 사제 [քուրմ] / ն

քրմէն ։ քրմէ- n. sg. abl. (특히 이교도의) 사제 [քուրմ]/ ն

քրմին ։ n. sg. dat. (특히 이교도의) 사제 [քուրմ]

---

11. 후투티라고 불리는 새에 관하여

անարգեն ։ v. ind. pres. act. 3. pl. 멸시하다, 거스르다, 비난하다 [անարգեմ] արասցուք : v. subj. aor. act. 1. pl. 만들다, 행하다 [առնեմ]

բամբասէ : v. ind. pres. act. 3. sg. 험담하다, 비방하다 [բամբասեմ]

գիրք : n. pl. nom. 글, 기록; [pl.] 성경 [գիր]

դուք : pers. pron. 2. pl. nom. 그대들, 당신들 [դուք]

զհայր : q / հայր- n. sg. acc. 아버지 [հայր]

զմայր : q / մայր- n. sg. acc. 어머니 [մայր]

թեւօքն : n. pl. instr. 날개; 지느러미 [թեւ]

իմացուն : adj. sg. nom. 지적인 [իմացուն]

իւրեանց : refl. pron. pl. gen. 자기의 [իւր]

լեզուն : v. ind. pres. act. 3. pl. 핥다 [լեզում]

խոսուն : adj. sg. nom. 이성적인 [խոսուն]

ծերացեալ : ptc. aor. mp. sg. nom. 나이 들다, 늙다 [ծերանամ]

ծնողացն : ptc. pres. mp. pl. gen. subst. 낳다 | subst. 부모 [ծնանիմ]

ձուոյ : n. sg. abl. 알 [ձու]

մահու : n. sg. instr. 죽음 [մահ]

մարդիկ : n. sg. nom. 인류, 사람 [մարդիկ]

մեռցի : v. subj. pres. mp. 3. sg. 죽다 [մեռանիմ]

յաշագն : յ / աշագ / ն

յոպոպ : n. sg. nom. 후투티 [յոպոպ]

որդիքն : որդիք- n. pl. nom. 아들 [որդի] / ն

ջերուցանեն : v. ind. pres. act. 3. pl. 따뜻하게 하다, 가열하다
    [ջերուցանեմ]

ջերուցիք : v. ind. aor. mp. 2. pl. 따뜻하게 하다, 가열하다
    [ջերուցանեմ]

սնուցանեն : v. ind. pres. act. 3. pl. 먹이다, 기르다 [սնուցանեմ]

վատեալ ։ ptc. aor. mp. sg. nom. (시력이)나빠지다, 눈 멀다 [*վատիմ*]

տեսանեն ։ v. ind. pres. act. 3. pl. 보다 [*տեսանեմ*]

գհայրն ։ g / *հայր* / *ն*

գմայրն ։ g / *մայր* / *ն*

փետտեն ։ v. ind. pres. act. 3. pl. 뽑다 [*փետտեմ*]

փոխարէն ։ n. sg. acc. 보응, 보답 [*փոխարէն*]

---

12. 들나귀에 관하여

ազատացեալ ։ ptc. aor. act. sg. nom. 풀어주다 [*ազատանամ*]

աճումն ։ n. sg. acc. 성장, 발전; 증가, 번성 [*աճումն*]

ամուլ ։ adj. sg. nom. 불모의, 아이가 없는 [*ամուլ*]

այլք ։ adj. pl. nom. subst. 다른 [*այլ*]

գրեալ ։ ptc. aor. act. sg. nom. 쓰다, 기록하다 [*գրեմ*]

գեկեղեցւոյ ։ q / *եկեղեցւոյ*- n. sg. abl. 교회(ecclesia) [*եկեղեցի*]

գկարեւորս ։ q / *կարեւորս*- adj. pl. acc. subst. 중요한, 필수적인;
     subst. 생식기 [*կարեւոր*]

գցիռ ։ q / *ցիռ*- n. sg. nom. 들나귀, 야생 당나귀 [*ցիռ*]

գօրասցի ։ v. subj. aor. mp. 3. sg. 번식하다; 강해지다 [*գօրանամ*]

թող ։ v. imp. aor. act. 2. sg. 허락하다, 용납하다; 보내다; 버리다,
     유기하다 [*թողում*]

ժուժկալութեան ։ n. sg. loc. 절제 [*ժուժկալութիւն*]

ժուժկալութիւն ։ n. sg. acc. 절제 [*ժուժկալութիւն*]

ի վերայ ։ c. gen. ~이상으로, ~위로

խոստանան : v. ind. pres. act. 3. pl. 약속하다 [*խոստանամ*]

ծամէ : v. ind. pres. act. 3. sg. 씹다 [*ծամեմ*]

ծնանէիր : v. ind. impf. mp. 2. sg. 낳다 [*ծնանիմ*]

ծնանիցի : v. subj. pres. mp. 3. sg. 만들다, 행하다 [*ծնանիմ*]

կտակարանին : *կտակարանի*- n. sg. gen. 계약 [*կտակարան*] / ն

կրթեն : v. ind. pres. act. 3. pl. 가르치다 [*կրթեմ*]

կրթէ : v. ind. pres. act. 3. sg. 가르치다 [*կրթեմ*]

կրօնան : *կրօնս*- n. pl. acc. 계명, 율례 [*կրօն, կրաւն*] / ն

մանկունքն : *մանկունք*- n. pl. nom. 아이, 젊은이, 청년; 종 [*մանկուն*]
    / ն

մատակն : *մատակ*- n. sg. nom. 암컷 [*մատակ*] / ն

յերկնաւոր : *յ / երկնաւոր*

նորքս : *նորք*- adj. pl. nom. subst. 새로운 [*նոր*] / ս

վասն զի մի́ = որպէս զի մի́ = զի մի́ : c. subj. ~하지 않도록

գռուց = գռող : n. pl. gen. 들나귀, 야생 당나귀 [*գիռ*]

---

13. 독사에 관하여

աճեն : v. ind. pres. act. 3. pl. 자라나다, 늘어나다 [*աճեմ*]

այնպէս : adv. 그렇게, 그래서

ապա յետոյ : adv. 그러다가, 이후에

առնու : v. ind. pres. act. 3. sg. 잡다, 가지다 [*առնում*]

արուին : *արու*- adj. sg. gen. subst. 남자의, 수컷인 [*արու*] / ն

արուն : *արու* / ն

արուն : *արու* / *ն*

աւետարանն : *աւետարան*- n. sg. nom. 복음(서) [*աւետարան*] / *ն*

բազում : adj. sg. nom., acc. 여럿의; 많은; 큰 | adv. 여러 번; 많이;
크게 [*բազում*]

բարկութենէն : *բարկութեն*- n. sg. abl. 분노, 진노 [*բարկութիւն*] / *ն*

բերանն : *բերան*- n. sg. acc. 입 [*բերան*] / *ն*

գալոցն : ptc. fut. mp. pl. gen. 오다 [*գամ*]

գիտէ : v. ind. pres. act. 3. sg. 알다 [*գիտեմ*]

ելանեն : v. ind. pres. act. 3. pl. 나가다, 오르다 [*ելանեմ*]

գեգն : *գ* / *էգ* / *ն*

գծնունդն : *գ* / *ծնունդ*- n. sg. acc. 탄생, 기원, 생산; 세대, 혈통, 자손
[*ծնունդ*] / *ն*

գկողս : *գ* / *կող* / *ս*

գսերմն : *գ* / *սերմն*- n. sg. acc. 씨; 정액 [*սերմն*]

էգն : *էգ* / *ն*

իգին : *իգի*- adj. sg. loc. subst. 여자의 [*էգ*] / *ն*

իժին : *իժի*- n. sg. gen. 독사 [*իժ*] / *ն*

իժից : n. pl. gen. 독사 [*իժ*]

լինի : : v. ind. pres. mp. 3. sg. 되다(become) [*լինիմ*]

ծակեն : v. ind. pres. act. 3. pl. 꿰뚫다, 구멍내다 [*ծակեմ*]

ծնունդք : n. pl. nom. 탄생, 기원, 생산; 세대, 혈통, 자손 [*ծնունդ*]

կարէ : v. ind. pres. act. 3. sg. 할 수 있다 [*կարեմ*]

կենդանի : adj. sg. nom. 살아있는 [*կենդանի*]

կլանէ : v. ind. pres. act. 3. sg. 삼키다 [*կլանեմ*]

կորիւնքն : *կորիւնք*- n. pl. nom. 새끼 [*կորիւն*] / *ն*

կորէ : v. ind. pres. act. 3. sg. 자르다 [կորեմ]

կրէ : v. ind. pres. act. 3. sg. 옮기다; (새끼를)배다; 품다 [կրեմ]

հայրակերք : adj. pl. nom. subst. 아버지를 죽인, 부친살해자의
　　　[հայրակեր]

հանդարտել : inf. nom. 억누르다, 제어하다, 진정시키다
　　　[հանդարտեմ]

մայրասպանք : adj. pl. nom. subst. 어머니를 죽인, 모친살해자의
　　　[հայրակեր]

մեռանի : v. ind. pres. mp. 3. sg. 죽다 [մեռանիմ]

մօր : n. sg. gen. 어머니 [մայր]

յաւիտեան : n. sg. nom. 세대; 영원 | adv. 영원히 [յաւիտեան]

յղանայ : v. ind. pres. mp. 3. sg. 임신시키다 [յղանամ]

որովայն : n. sg. nom. 자궁, 내장 [որովայն]

չիք : part. ～이 없다(nothing) [չիք]

սպանին : v. ind. aor. act. 3. pl. 죽이다 [սպանանեմ]

ցՓարիսեցիս : ց- prep. c. acc. ～에게; ～까지 / Փարիսեցիս- prop. n.
　　　pl. acc. 바리새인 [Փարիսեցի] / ն

փախչի : v. ind. pres. mp. 3. sg. 달아나다, 도망치다 [փախչիմ]

փախչիլ : inf. nom. 달아나다, 도망치다 [փախչիմ]

Փարիսեցիքն : Փարիսեցիք- prop. n. pl. nom. 바리새인 [Փարիսեցի]
　　　/ ն

14. 뱀에 관하여

Ադամ : prop. n. sg. nom. 아담 [*Ադամ*]

անձուկ : adj. sg. nom. 험한, 거친 [*անձուկ*]

գիշեր : n. sg. acc. 밤 [*գիշեր*]

դիմել : inf. nom. 달려들다 [*դիմեմ*]

դուռնն : *դուռն*- n. sg. nom. 문 [*դուռն*] / *ն*

դրախտին : *դրախտի*- n. sg. loc. 낙원 [*դրախտ*] / *ն*

եղերուք : v. imp. aor. mp. 2. pl. 되다(become) [*լինիմ*]

երգս : *երգս*- n. pl. acc. 노래 [*երգ*] / *ս*

երկնչի : v. ind. pres. mp. 3. sg. 두려워하다 [*երկնչիմ*]

զայլ : *զ* / *այլ*

զաներևույթան : *զ* / *աներևույթս*- adj. sg. acc. subst. 보이지 않는
     [*աներևույթ*] / *ն*

զաստուածային : *զ* / *աստուածային*- adj. indecl. 신적인, 거룩한
     [*աստուածային*]

զգեստով : n. sg. instr. 옷 [*զգեստ*]

զերկնաւոր : *զ* / *երկնաւոր*

զերկրաւոր : *զ* / *երկրաւոր*- adj. indecl. 세상에 속한, 세상적인
     [*երկրաւոր*]

զթիւնս : *զ* / *թիւնս*- n. pl. acc. 독 [*թոյն*]

զթիւնան : *զ* / *թիւնս* / *ն*

զխորիան : *զ* / *խորիս*- n. sg. nom. 껍질, 허물 [*խորիս*] / *ն*

զմարդն : *զ* / *մարդ* / *ն*

զմոխրալից : զ / մոխրալից- adj. indecl. 재투성이의 [*մոխրալից*]

զպղծախառն : զ / պղծախառն- adj. indecl. 불결한, 더러운
   [*պղծախառն*]

զքառասուն : զ / քառասուն

զօձս : զ / օձս- n. pl. acc. 뱀 [*աւձ, օձ*]

ըմբել : inf. nom. 마시다 [*ըմբեմ, ըմպեմ*]

ընթանայ : v. ind. pres. mp. 3. sg. 달려가다 [*ընթանամ*]

ընկենու : v. ind. pres. act. 3. sg. 떨어지게 하다; 내던지다 [*ընկենում*]

թափէ : v. ind. pres. act. 3. sg. 쏟다; 옮기다; 움켜쥐다 [*թափեմ*]

թուլանայցէ : v. subj. pres. mp. 3. sg. 느슨해지다, 풀어지다
   [*թուլանամ*]

ժողովիցմք : v. subj. pres. pass. 1. pl. 모으다, 집합시키다 [*ժողովիմ*]

իմացուք : v. subj. pres. act. 1. pl. 알다 [*իմանամ*]

լսել : inf. nom. 듣다 [*լսեմ*]

խորագէտք : adj. pl. nom. 지혜로운 [*խորագէտ*]

ծակ : n. sg. acc. 구멍 [*ծակ*]

ծերանայցէ : v. subj. pres. mp. 3. sg. 나이 들다 [*ծերանամ*]

կամի : v. ind. pres. mp. 3. sg. 원하다 [*կամիմ*]

կեանս : n. pl. acc. 생명 [*կեանք*]

ճանապարհն : ճանապարհ- n. sg. nom. 길 [*ճանապարհ*] / *ն*

մանկանալ : inf. nom. 어려지다, 젊어지다 [*մանկանամ*]

մերկ : adj. sg. acc. 벗은, 나체의 [*մերկ*]

մշտնջենաւոր : adj. sg. acc. 영원한 [*մշտնջենաւոր*]

մորթն : մորթ- n. sg. nom. 껍질, 피부 [*մորթ*] / *ն*

յայր : յ / այր- n. sg. acc. 동굴 [*այր*]

յեկեղեցւոջ : յ / եկեղեցւոջ- n. sg. loc. 교회 [եկեղեցի]

նահատակի : v. ind. pres. mp. 3. sg. 금욕하다; 훈련하다
  [նահատակիմ]

նեղ : adj. sg. nom. 좁은 [նեղ]

շբերել : շ / բերել- inf. nom. [act.] 옮기다, 품다, 산출하다; [mp.] 가다,
  기울다, 행동하다 [բերեմ]

շկարաց : շ / կարաց- v. ind. aor. act. 3. sg. 할 수 있다(can) [կարեմ]

շուտէ : շ / ուտէ- v. ind. pres. act. 3. sg. 먹다 [ուտեմ]

շտանի : շ / տանի

պատահմանէ : n. sg. abl. 우연, 운명; 사건, 만남 | adv. 우연히, 갑자기
  [պատահումն]

պարտիմք : v. ind. pres. mp. 1. pl. 종속되다; 빚지다; c. inf. ~해야
  한다 [պարտիմ]

վատիցեն : v. subj. pres. act. 3. pl. 약해지다 [վատեմ]

տանի : v. ind. pres. mp. 3. sg. 옮기다; 인도하다, 이끌다 [տանիմ]

տիւ : n. sg. acc. 낮 [տիւ]

ցանկայ : v. ind. pres. act. 3. sg. 갈망하다, 원하다 [ցանկամ]

քարածերպ : n. sg. acc. (바위의)틈새, 균열 [քարածերպ]

օձին : օձի- n. sg. gen. 뱀 [աւձ, օձ] / ն

---

15. 개미에 관하여

ազատեցին : v. subj. aor. act. 3. pl. 해방하다 [ազատեմ]

անասնացուցին : v. ind. pres. mid. 3. pl. 짐승으로 만들다

[անասնացուցանեմ]

անասնոյ : n. sg. gen. 동물 [անասուն]

անձրեւ : n. sg. nom. 비 [անձրեւ]

անտի : adv. 거기서

առանց : prep. c. gen. ~없이

բայց : conj. 그러나

բերիցէ : v. subj. pres. act. 3. sg. [act.] 옮기다, 품다, 산출하다; [mp.] 가다, 기울다, 행동하다 [բերեմ]

բուսանիցի : v. subj. pres. mp. 3. sg. 발아하다, 자라나다 [բուսանիմ]

բուսցին : v. subj. pres. mp. 3. pl. 발아하다, 자라나다 [բուսանիմ]

բռնի : adv. 강압적으로

գարին : գարի- n. sg. nom. 보리 [գարի] / ն

գարւոյ : n. sg. gen. 보리 [գարի]

գիրն : գիր- n. sg. nom. 문자, (기록된)글 [գիր] / ն

գուցէ երբ = գուցէ : ~하지 않도록

դարձեալ : ptc. aor. mp. sg. nom. 돌아서다 | adv. 다시 [դառնամ]

եղեն : v. ind. aor. mp. 3. pl. 되다 [եղանիմ]

երբէք = երբեք : adv. 간혹; 결코 ~않다

երթ : v. imp. aor. mp. 2. sg. 가다 [երթամ]

երթան : v. ind. pres. mp. 3. pl. 가다 [երթամ]

զանձինս : զ / անձինս- n. pl. acc. 생명, 영혼 | refl. pron. 개인, 자신 [անձն]

զելանելն : զ / ելանել- inf. acc. 나가다, 오르다 [ելանեմ] / ն

զիւր : զ / իւր

զհատն : զ / հատ / ն

զհետ : զ / հետ

ընդ մէջն : 가운데로; 반으로

ընտրեա : v. imp. aor. act. 2. sg. 분별하다; 고르다 [ընտրեմ]

ժողովէցէք : v. ind. pres. act. 2. pl. 모으다 [ժողովեմ]

ջրացան : v. ind. aor. mp. 3. pl. 근면하다 [ջրանամ]

ջրացեալ : v. ptc. aor. mp. sg. nom. 근면하다 [ջրանամ]

լինիցի : v. subj. pres. mp. 3. sg. 되다(become) [լինիմ]

կեղևէ : v. ind. pres. act. 3. sg. 껍질을 까다 [կեղևեմ]

կերակուր : n. sg. nom. 음식 [կերակուր]

կեցուցանէ : v. ind. pres. act. 3. sg. 살리다, 생명을 주다
        [կեցուցանեմ]

կուսանացն : կուսանաց- n. pl. gen. 처녀, 동정녀 [կոյս] / ն

հանեն : v. ind. pres. act. 3. pl. 옮기다, 가져가다; 제거하다; 산출하다
        [հանեմ]

հասկն : հասկ- n. sg. acc. 이삭 [հասկ] / ն

հատն : հատ- n. sg. acc. 낱알 [հատ] / ն

հոգեւորն : հոգեւոր- adj. sg. acc. subst. 영적인, 신령한 [հոգեւոր] / ն

հոգեւորք : adj. pl. nom. subst. 영적인, 신령한 [հոգեւոր]

հոգւոյն : հոգւոյ- n. sg. gen. 영 [հոգի] / ն

հոտոտի : v. ind. pres. mp. 3. sg. (냄새를)맡다 [հոտոտիմ]

ձմեռն : n. sg. nom. 겨울 [ձմեռն]

մէջն : մէջ- adj. sg. acc. subst. 가운데의 [մէջ] / ն

մրջիւն : n. sg. acc. 개미 [մրջիւն]

մրջմանն : մրջման- n. sg. gen. 개미 [մրջիւն] / ն

մրջմանց : n. pl. gen. 개미 [մրջիւն]

յամենայն ։ յ / ամենայն

յայնցանէ ։ յ / այնցանէ- dem. pron. pl. abl. 그(that) [այն]

յառաջ քան զ- ։ c. acc. ~보다 앞서서

յարտն ։ յ / արտ- n. sg. acc. 지면, 대지 [արտ] / ն

յիմար ։ adj. indecl. 어리석은 [յիմար]

յօրէնս ։ յ /օրէնս- n. pl. loc. 법 [օրէնք, աւրէնք]

նախանձին ։ v. ind. pres. mp. 3. pl. 시기하다 [նախանձիմ]

ուսիր ։ v. imp. aor. mp. 2. sg. 배우다 [ուսանիմ]

ուսմանց ։ n. pl. abl. 가르침 [ուսումն]

չասեն ։ չ / ասեն

չունին ։ չ / ունին- v. ind. pres. mp. 3. pl. 가지다; 생각하다; 알다
        [ունիմ]

պատգամս ։ n. pl. acc. 말씀 [պատգամ]

Սողոմոն ։ prop. n. sg. nom. 솔로몬 [Սողոմոն]

սովամահ ։ adj. sg. nom. 기아의, 굶주려 죽어가는 [սովամահ]

սպանողք ։ ptc. pres. act. pl. nom. subst. 죽이다 [սպանանեմ]

սրբոյն ։ adj. sg. gen. subst. 거룩한 [սուրբ] / ն

վայ ։ n. sg. nom. 화, 재앙 [վայ]

տողեալ ։ ptc. aor. act. sg. nom. 정렬하다, 줄 서다 [տողեմ]

տուք ։ v. imp. aor. act. 2. pl. 주다 [տամ]

զբեռնաւորն ։ զ / բեռնաւոր- adj. sg. acc. subst. 짐을 진 [բեռնաւոր]
        / ն

ցորենոյ ։ n. sg. gen. 밀 [ցորեան]

ցորենոյն ։ ցորենոյ / ն

փախերուք ։ v. imp. aor. mp. 2. pl. 달아나다, 도망치다 [փախչիմ]

օտարոտի : adj. indecl. 낯선; 이상한 [*օտարոտի*]

օրէնք : n. pl. nom. 법; 율법 [*օրէնք, աւրէնք*]

---

16. 유쉬카파리크(세이렌){와 이샤출(오노켄타우로스)}에 관하여

այնշափի : adj. 그렇게나 큰(tantum) | adv. 매우, 크게 [*այնշափի*]

այնպիսիքն : *այնպիսիք*- adj. pl. nom. subst. 그러한 [*այնպիսի*] / *ն*

անհաստատից : adj. pl. gen. subst. 견고하지 않은; 머뭇거리는;
변덕스러운 [*անհաստատ*]

անմեղաց : adj. pl. gen. subst. 죄 없는; 정결한 [*անմեղ*]

անտի նորա : adv. 거기서부터

անցանեն : v. ind. pres. act. 3. pl. 흐르다; 달려가다; 재촉하다;
지나가다 [*անցանեմ*]

ապականեն : v. ind. pres. act. 3. pl. 망치다; 오염시키다; 타락시키다
[*ապականեմ*]

բանք : n. pl. nom. 말씀 [*բան*]

բերեն : v. ind. pres. act. 3. pl. [act.] 옮기다, 품다, 산출하다; [mp.]
가다, 기울다, 행동하다 [*բերեմ*]

բնակեսցին : v. subj. aor. mp. 3. pl. 거주하다, 살다 [*բնակեմ*]

գտանին : v. ind. pres. pass. 3. pl. 찾다, 발견하다, 얻다 [*գտանեմ*]

դեւք : n. pl. nom. 악령, 귀신 [*դեւ*]

Եսայի = *Եսայեայ* : prop. n. sg. nom. 이사야 [*Եսայի*]

երանելի : adj. indecl. 복된 [*երանելի*]

երգեն : v. ind. pres. act. 3. pl. (노래)부르다 [*երգեմ*]

երգոց : n. pl. gen. 노래 [երգ]

երգս : n. pl. acc. 노래 [երգ]

երկակենցաղ : adj. sg. nom. 두 방식으로 사는 [երկակենցաղ]

երկմիտ : adj. sg. nom. 두 마음을 가진, 표리부동한 [երկմիտ]

զաղփաղփուն : adj. sg. nom. 불안정한 [զաղփաղփուն]

զանասնոց : զ / անասնոց

զգուսանաց : զ / գուսանաց- n. pl. gen. 가수, 노래하는 사람 [գուսան]

զկերպարանս : զ / կերպարանս- n. pl. acc. 모습, 외형 [կերպարան]

զհակառակորդին : զ / հակառակորդի / ն

զհերձուածողացն : զ / հերձուածողաց- n. pl. gen. 이단, 분파 [հերձուածող] / ն

զյուշկապարկաց : զ / յուշկապարկաց

զնուագս : զ / նուագս- n. pl. acc. 선율 [նուագ]

զսիրտ : զ / սիրտ

զվիշապաց : զ / վիշապաց- n. pl. gen. 큰 뱀; 악어; 용 [վիշապ]

զօրինակ : զ / օրինակ

զօրութեանց : n. pl. gen. 힘, 권능 [զօրութիւն]

զօրութենէ : n. sg. abl. 힘, 권능 [զօրութիւն]

ընկենուն : v. ind. pres. act. 3. pl. 떨어지게 하다; 내던지다 [ընկենում]

ժողովեալ : ptc. aor. pass. sg. nom. 모으다 [ժողովեմ]

ժողովրդեանն : ժողովրդեան- n. sg. loc. 회중 [ժողովուրդ] / ն

իշացլուցն : իշացլուց- n. pl. gen. 당나귀 황소, '히포켄타우로스'의 음역 [իշացուլ] / ն

իշոյ : n. sg. gen. 당나귀 [էշ]

լսեն ։ v. ind. act. act. 3. pl. 듣다 [լսեմ]

կաքաւեցեն ։ v. subj. aor. act. 3. pl. 춤추다 [կաքաւեմ]

կերպարանք ։ n. pl. nom. 모습, 외형 [կերպարան]

կեսն ։ կես- n. sg. nom. 반(半) | adv. 부분적으로 [կին] / ն

կին ։ n. sg. nom. 여자 [կին]

կորնչին ։ v. ind. pres. mp. 3. pl. 사라지다, 멸망하다; 죽다 [կորնչիմ]

հանցեն ։ v. subj. aor. act. 3. pl. 옮기다, 가져가다; 제거하다; 산출하다
    [հանեմ]

հեշտանան ։ v. ind. pres. mp. 3. pl. 기분이 좋아지다, 즐거워하다
    [հեշտանամ]

հեռացեալ ։ ptc. aor. pass. sg. nom. 자제하다 [հեռամ]

հեռացեալք ։ ptc. aor. act. pl. nom. 제거하다, 지우다 [հեռանամ]

ձագս ։ n. pl. acc. 새끼 [ձագ]

ճանապարհս ։ n. pl. loc. 길 [ճանապարհ]

ճշմարտութեան ։ n. sg. gen. 진리 [ճշմարտութիւն]

մահաբերք ։ adj. pl. nom. 죽음을 몰고오는, 파괴적인 [մահաբեր]

մեղաց ։ n. pl. abl. 죄 [մեղ]

միւսն ։ միւս- pron. sg. nom. 다른 것 [միւս] / ն

մտանեն ։ v. ind. pres. act. 3. pl. 들어가다 [մտանեմ]

յեկեղեցի ։ յ / եկեղեցի- n. sg. acc. 교회 [եկեղեցի]

յուշկապարիկք ։ n. pl. nom. 당나귀 악령, 폐허를 떠도는 귀신; 세이렌
    [յուշկապարիկ]

յուշկապարկաց ։ n. pl. gen. 당나귀 악령, 폐허를 떠도는 귀신; 세이렌
    [յուշկապարիկ]

նաւորդք ։ n. pl. nom. 항해자 [նաւորդ]

ոզնիք ։ n. pl. nom. 고슴도치 [ոզնի]

չարք ։ adj. pl. nom. 악한 [չար]

պատորեն ։ v. ind. pres. act. 3. pl. 정복하다, 굴복시키다 [պատորեմ]

Պաւղոս ։ prop. n. sg. nom. 바울 [Պաւղոս]

պորտան ։ պորտ- n. sg. acc. 배꼽 [պորտ] / ն

տեղիս ։ n. pl. acc. 장소 [տեղի]

ցլոյ ։ n. sg. gen. 황소 [ցուլ]

քաղցունս ։ adj. pl. acc. 온유한 [քաղցր]

քաղցրաձայնս ։ adj. pl. acc. 선율이 아름다운 [քաղցրաձայն]

քաղցրութեամբ ։ n. sg. instr. 감미로움, 달콤함 [քաղցրութիւն]

---

17. 고슴도치에 관하여

ամբարեալ ։ ptc. aor. pass. sg. nom. 저장하다; 쌓다 [ամբարեմ]

այգոյ = այգւոյ ։ n. sg. gen. 포도원 [այգի]

այգոյն ։ այգոյ / ն

անուամբ ։ n. sg. instr. 이름 [անուան]

ապականել ։ inf. nom. 망치다; 오염시키다 [ապականեմ]

առաքինութեանդ ։ առաքինութեան / դ

առեալ ։ ptc. aor. act. sg. nom. 잡다, 가지다 [առնում]

արկանէ ։ v. ind. pres. act. 3. sg. 던지다 [արկանեմ]

գետին ։ n. sg. acc. 땅 [գետին]

գլնդաձեւ ։ adj. indecl. 둥근, 구형의 [գլնդաձեւ]

եկեալ ։ ptc. aor. act. sg. nom. 오다 [գամ]

ես : v. ind. pres. act. 2. sg. 있다, ~이다(be) [*եմ*]

երեւի : v. ind. pres. mp. 3. sg. 나타내다; 보여주다 [*երեւիմ*]

երթեալ : ptc. aor. mp. sg. nom. 가다 [*երթամ*]

զգեղեցկութիւն : q / *գեղեցկութիւն*- n. sg. acc. 아름다움, 우아함
    [*գեղեցկութիւն*]

գեռուն : n. sg. nom. 기는 동물 [*գեռուն*]

զմուկն : q / *մուկն*- n. sg. acc. 쥐 [*մուկն*]

զշրուանդն : q / *շրուանդ*- n. sg. acc. (포도)송이, 뭉텅이 [*շրուանդ*] / *ն*

զոգնոյ : q / *ոգնոյ*

զպտուղն : q / *պտուղ*- n. sg. acc. 열매 [*պտուղ*] / *ն*

թագաւորին : *թագաւորի*- n. sg. gen. 왕 [*թագաւոր*] / *ն*

թաւալի : v. ind. pres. mp. 3. sg. 구르다 [*թաւալիմ*]

թողու : v. ind. pres. act. 3. sg. 허락하다, 용납하다, 보내다, 버리다,
    유기하다 [*թողում*]

թոյլ : adj. sg. nom. 연약한, 희미한, 부드러운; c. subj. *տամ* 허용하다
    [*թոյլ*]

ժամանեալ : ptc. aor. mp. sg. nom. 이르다, 도달하다; 무르익다;
    일어나다 [*ժամանեմ*]

լոկ : adj. sg. nom. 텅 빈 [*լոկ*]

խայթոցաւք : n. pl. instr. 독침 [*խայթոցք*]

խոնարհ : adj. sg. acc. subst. 아래의 [*խոնարհ*]

խոշան : *խոշ*- n. pl. acc. (고슴도치의)가시; 장애물 [*խոշ*] / *ն*

ծակոտել : inf. nom. 꿰뚫다 [*ծակոտեմ*]

ծովու ոգնի : 바다의 가시, 성게

կառչին : v. ind. pres. mp. 3. pl. 달라붙다 [*կառչիմ*]

կեաննան ։ կեանս / ն

կերպարանօք ։ n. pl. instr. 모습, 외형 [կերպարան]

հակառակորդ ։ adj. indecl. 적대자의 [հակառակորդ]

հասեալ ։ ptc. aor. act. sg. nom. 달성하다, 도달하다; 얻다 [հասանեմ]

հնձանն ։ հնձան- n. sg. acc. 포도주틀 [հնձան] / ն

ճառեաց ։ v. ind. aor. act. 3. sg. 강론하다, 말하다 [ճառեմ]

ճշմարիտ ։ adj. indecl. 참된 [ճշմարիտ]

մահացուք ։ adj. pl. instr. 죽음을 불러오는, 치명적인 [մահացու]

յաւիտենից ։ n. pl. gen. 세대; 영원 | adv. 영원히 [յաւիտեան]

յիմանալի ։ յ / իմանալի

յիրավի ։ յ / իրավի- adj. sg. loc. subst. 정당한, 정의로운 | adv. 정당하게 [իրաւ]

յշտեմարանս ։ յ / շտեմարանս- n. pl. loc. 창고 [շտեմարան]

յողկոյզն ։ յ / ողկոյզ- n. sg. acc. 포도나무 [ողկոյզ] / ն

նման ։ adj. sg. nom. c. dat. ~과 닮은 [նման]

նմանագոյնս ։ adj. comp. pl. acc. 더 닮은 [նմանագոյն]

ոզնի ։ n. sg. nom. 고슴도치 [ոզնի]

ոզնոյն ։ ոզնոյ- n. sg. gen. 고슴도치 [ոզնի] / ն

ոզնոցն ։ n. sg. dat. 고슴도치 [ոզնի]

ողն ։ n. sg. nom. 등; 뒷면 [ողն]

որոյ ։ rel. pron. sg. gen. 그(것) [որ]

պտուղքն ։ պտուղք- n. pl. nom. 열매 [պտուղ] / ն

սփռէ ։ v. ind. pres. act. 3. sg. 흩뜨리다 [սփռեմ]

վառեալ ։ ptc. aor. act. sg. nom. 장비하다, 장착하다; 무장하다 [վառեմ]

վտարանդի ։ adj. sg. nom. 추방된, 내쳐진 [վտարանդի]

տացես : v. subj. aor. act. 2. sg. 주다; c. *թոյլ* 허용하다 [*տամ*]

կշովք : n. pl. instr. 가시 [*կուշ*]

կուշն : *կուշ-* n. sg. nom. 가시 [*կուշ*] / *ն*

---

18. 여우에 관하여

աղուեսի = *աղուիու* : n. sg. dat. 여우 [*աղուես*]

աղուեսուն : *աղուեսու-* n. sg. gen. 여우 [*աղուես*] / *ն*

աղուեսունս : n. pl. acc. 여우 [*աղուես*]

աղուեսուց : n. pl. dat. 여우 [*աղուես*]

աղուիսուն : *աղուիսու-* n. sg. gen. 여우 [*աղուես*] / *ն*

ամենեւին : adv. 전적으로, 완전히

ամփոփէ : v. ind. pres. act. 3. sg. 참다, 억누르다; 가두다 [*ամփոփեմ*]

այգեաց : n. pl. gen. 포도원 [*այգի*]

անկանի : v. ind. pres. mp. 3. sg. 눕다 [*անկանիմ*]

բաժինք : n. pl. nom. 몫, 부분 [*բաժին*]

գոն : v. ind. pres. act. 3. pl. 존재하다 [*գոմ*]

դաշտ : n. sg. acc. 초원; 흙 [*դաշտ*]

դպիրն : *դպիր-* n. sg. nom. 기록자, 서기관 [*դպիր*] / *ն*

դրժող : adj. sg. nom. 신뢰하지 못하는, 못 믿을 [*դրժող*]

եղեցին : v. subj. aor. mp. 3. pl. 되다(become) [*լինիմ*]

երգ(ք) երգոցն : 노래 중의 노래, 아가

եւեթ : adv. 그저, 단지, 결코

զաղուեսէ : *զ* / *աղուեսէ-* n. sg. abl. 여우 [*աղուես*]

զապականիչս : զ / ապականիչս- adj. pl. acc. 망치는, 오염시키는, 파괴하는 [*ապականիչ*]

գինքն : զ / ինքն

գՀերովդէս : զ / Հերովդէս- prop. n. sg. acc. 헤롯 [*Հերովդէս*]

գշունչն : զ / շունչ- n. sg. acc. 호흡; 바람 [*շունչ*] / ն

գկոր : զ / կոր- n. sg. acc. 배 [*կոր*]

թակէ : v. ind. pres. act. 3. sg. 쏜다; 옮기다; 움켜쥐다 [*թակեմ*]

թռչնոցն : թռչնոց- n. pl. gen. 날아다니는 것, 새 [*թռչուն*] / ն

թռչունք : n. pl. nom. 날아다니는 것, 새 [*թռչուն*]

ի վեր : adv. 위로, 위에

իջանեն : v. ind. pres. act. 3. pl. 내려오다 [*իջանեմ*]

լուաւ : v. ind. aor. act. 3. sg. 듣다 [*լսեմ*]

խաբանօք : n. pl. instr. 기만, 속임수 [*խաբանք*]

խաբէ : v. ind. pres. act. 3. sg. 기만하다, 속이다 [*խաբեմ*]

կալարուք : v. imp. aor. mp. 2. pl. 가지다; 생각하다; 알다 [*ունիմ*]

կայ : v. ind. pres. mp. 3. sg. 서다; 있다, 존재하다 [*կամ*]

կենդանին : կենդանի- adj. sg. nom. subst. 살아있는; 동물 [*կենդանի*]
/ ն

Համարին : v. ind. pres. mp. 3. pl. 세다, 헤아리다; 간주하다, 생각하다
[*Համարիմ*]

ճաշակել : inf. nom. c. abl. 맛보다 [*ճաշակեմ*]

մարմնոյ : n. sg. abl. 몸 [*մարմին*]

մեծամեծք : adj. pl. nom. 매우 큰, 거대한 | adv. 극도로, 대단히
[*մեծամեծ*]

մենքեայք : n. pl. nom. 책략, 꾀 [*մենքեայ*]

մեռեալ ։ ptc. aor. mp. sg. nom. 죽다 [մեռանիմ]

մոխրի ։ n. sg. acc. 재(ash) [մոխրի]

յարդ ։ n. sg. nom. 밀짚 [յարդ]

յերգս ։ յ / երգս

  երգոցն ։ երգոց / ն

յորայս ։ adv. 반듯이, 등을 댄채로

յուտել ։ յ / ուտել- inf. nom. 먹다 [ուտեմ]

նենգաւոր ։ adj. sg. nom. 기만하는, 교활한 [նենգաւոր]

նմանեցոյց ։ v. ind. pres. act. 3. sg. 비유하다 [նմանեցուցանեմ]

որձք ։ n. pl. nom. 굴 [որձ]

  որս ։ n. sg. acc. 먹이 [որս]

ուռուցանէ ։ v. ind. pres. act. 3. sg. 부풀리다 [ուռուցանեմ]

ուր ։ adv. ~한 곳 (where)

չարամահ ։ adv. 죽음에 이르도록; 잔혹하게 | adj. 죽음에 이르는; 잔혹한

չգտանէ ։ չ / գտանէ

չհայի ։ չ / հայի- v. ind. pres. mp. 3. sg. 바라보다 [հայիմ]

պոռնկութիւնք ։ n. pl. nom. 간통, 매춘 [պոռնկութիւն]

փոքր = փոքրիկ ։ adj. sg. nom. 작은 [փոքր]

փոքրկունս ։ adj. pl. acc. 작은 [փոքրիկ]

քաղցնու ։ v. ind. pres. mp. 3. sg. 배가 고파지다 [քաղցնում]

ամենախայտ : adj. indecl. 다양한 색깔의 [*ամենախայտ*]

ամենածաղիկ : adj. sg. nom. 다양한 색을 가진 [*ամենածաղիկ*]

անոյշ : adj. sg. acc. 달콤한 [*անոյշ*]

աջմէ : n. sg. abl. 오른쪽 [*աջ*]

աստուածեղէն : adj. sg. nom. 신성한, 신적인 [*ամենածաղիկ*]

աւուրց : n. pl. gen. 날, 낮 [*աւր, օր*]

բազմածաղիկ : adj. sg. nom. 다양한, 다채로운 [*բազմածաղիկ*]

բարբառոյ : n. sg. gen. 소리 [*բարբառ*]

բարբառով : n. sg. instr. 소리 [*բարբառ*]

բերանոյ : n. sg. abl. 입 [*բերան*]

բուրեաց : v. ind. aor. act. 3. sg. (향기를)발산하다 [*բուրեմ*]

բուրէ : v. ind. pres. act. 3. sg. (향기를)발산하다 [*բուրեմ*]

գազանքն : *գազանք*- n. pl. nom. 동물 [*գազան*] / *ն*

գեղեցիկ : adj. sg. nom. 아름다운 [*գեղեցիկ*]

գիտութեան : n. sg. gen. 가르침, 앎 [*գիտութիւն*]

գոչէ : v. ind. pres. act. 3. sg. 소리내다, 울부짖다 [*գոչեմ*]

եղիցի : v. subj. aor. mp. 3. sg. 되다(become) [*լինիմ*]

երից : num. pl. gen. 셋(3) [*երեք*]

երկայնմտութիւն : n. sg. nom. 오래참음 [*երկայնմտութիւն*]

եփրեմի : prop. n. sg. gen. 에프라임 [*եփրեմ*]

զանասնոց : *զ* / *անասնոց*- n. pl. abl. 동물, 짐승 [*անասուն*]

զարդարեալ : ptc. aor. act. sg. nom. 미화하다, 꾸미다, 다듬다

[*զարդարեմ*]

զարդարուն : adj. sg. nom. 화려한 [*զարդարուն*]

զգon : adj. sg. nom. 온화한, 사려깊은 [*զգon*]

զդշխոյն : q / *դշխոյ-* n. sg. acc. 왕비 [*դշխոյ*] / *ն*

զթռչnng : q / *թռչnng-* n. pl. abl. 날아다니는 것, 새 [*թռչուն*]

զծաղկեայ : q / *ծաղկեայ-* adj. indecl. 수놓인, 장식된 [*ծաղկեայ*]

զհետ : q / *հետ*

զհետ երթան : v. ind. pres. act. 3. pl. 따라가다 [*երթամ*]

զյովազէ : q / *յովազէ-* n. sg. abl. 표범 [*յովազ*]

զպանթերոյն : q / *պանթերոյ-* n. sg. abl. 표범(panther) [*պանթեր*] / *ն*

թշնամի : n. sg. nom. 적수, 원수, 천적 [*թշնամի*]

իմաստութիւն : n. sg. nom. 지혜로움 [*իմաստութիւն*]

իրիք : pron. sg. gen. 어떠한(사물) [*իք*]

իցեն : v. subj. pres. act. 3. pl. 있다, ~이다(be) [*եմ*]

խաղաղութիւն : n. sg. acc. 평화; 화해 [*խաղաղութիւն*]

խնկոց : n. pl. gen. 향료 [*խունկ*]

խoսեցան : v. ind. aor. mid. 3. pl. 말하다, 이야기하다 [*խաւսիմ,*
  խoսիմ]

կարի : adv. 매우

կացցէ : v. subj. aor. mp. 3. sg. 서다; 있다, 존재하다 [*կամ*]

կեր : n. sg. acc. 먹이 [*կեր*]

հանդարտ : adj. sg. nom. 조용한 [*հանդարտ*]

հանդերձ : n. sg. acc. 겉옷 [*հանդերձ*]

հեռաւորաց : adj. pl. dat. subst. 먼(far) [*հեռի*]

հեռի : adj. sg. nom. 먼(far) [*հեռի*]

հոտ : n. sg. acc. 향기, 냄새 [*հոտ*]

հոտն : *հոտ* / ն

մարգարէն : *մարգարէ*- n. sg. nom. 예언자 [*մարգարէ*] / ն

մեծաձայն : adj. indecl. 큰 소리의, 소리가 큰 [*մեծաձայն*]

մեռելոց : ptc. aor. act. pl. abl. subst. 죽다 [*մեռանիմ*]

մերձ : adj. sg. nom. 가까운 [*մերձ*]

մերձաւորաց : adj. pl. dat. subst. 가까운 [*մերձ*]

մերոյ : poss. adj. 1. sg. gen. 우리의(our) [*մեր*]

մորւոջն : *մորւոջ*- n. sg. loc. 숲; 은신처, 굴 [*մորի*, *մայրի*] / ն

յագեսցի : v. subj. pres. mp. 3. sg. 만족하다 [*յագիմ*]

յառնէ : v. ind. pres. act. 3. sg. 일어나다 [*յառնեմ*]

յարեաւ : v. ind. aor. mp. 3. sg. 일어나다 [*յառնեմ*]

յերկինս : *յ* / *երկինս*- n. pl. loc. 하늘 [*երկինք*]

յերկրի : *յ* / *երկրի*- n. sg. loc. 땅 [*երկիր*]

յովազ : n. sg. nom. 표범 [*յովազ*]

յովազին : *յովազի*- n. sg. gen. 표범 [*յովազ*] / ն

յովազն : *յովազ* / ն

Յովսեփու : prop. n. sg. gen. 요셉 [*Յովսեփ*]

նոյն = *նոյնպէս* : adv. 그렇게

ողորմութիւն : n. sg. nom. 자비로움 [*ողորմութիւն*]

ոչ ինչ : adj. sg. acc. subst. 그 무엇도 아닌, 아무것도 아닌(nothing)

ոսկեհուռն : *ոսկեհուռ*- adj. indecl. 금색의 | n. sg. nom. 금
   [*ոսկեհուռ*] / ն

ուստի : adv. 그러므로, 거기로부터

ուտիցէ : v. subj. pres. act. 3. sg. 먹다 [*ուտեմ*]

պաճուճեալ : ptc. aor. act. sg. nom. 장식하다, 꾸미다 [*պաճուճեմ*]

պանթեր : n. sg. nom. 그리스어 판테르(표범)의 음역 [*պանթեր*]

պատմուճան : n. sg. acc. 옷 [*պատմուճան*]

սիրելի : adj. sg. nom. 사랑하는; 호의적인 [*սիրելի*]

տանդ : *տան*- n. sg. gen. 집, 집안 [*տուն*] / *դ*

տեառն : n. sg. gen. 주(主) [*տեր*]

օձի : n. sg. dat. 뱀 [*աւձ, օձ*]

---

20. 바하나크리아이(방패거북이)라는 동물에 관하여

Ազմողէ : prop. n. sg. abl.(?) 아스모데오스 [*Ազմող*]

աձէ : v. ind. pres. act. 3. sg. 옮기다, 이끌다; 쥐다, 잡다 [*աձեմ*]

այլուր : adv. 다른데서는

անդր : adv. 거기로, 거기에

անտեղեակ : adj. sg. nom. 모르는, 무지한 [*անտեղեակ*]

անտեղեակք : adj. pl. nom. 모르는, 무지한 [*անտեղեակ*]

բանայ : v. ind. pres. act. 3. sg. 열다 [*բանամ*]

բերանոյն : *բերանոյ* / *ն*

բնական : adj. indecl. 태생적인, 천성으로 타고난 [*բնական*]

գազանին : *գազանի*- n. sg. gen. 동물 [*գազան*] / *ն*

գեհեն : n. sg. acc. 게헨나; 지옥 [*գեհեն*]

գնաց : v. ind. aor. mp. 3.sg. 걷다 [*գնամ*]

գունդք : n. pl. nom. 군중, 무리 [*գունդ*]

Դանիէլ : prop. n. sg. nom. 다니엘 [*Դանիէլ*]

դնեն : v. ind. pres. act. 3. pl. 놓다, 두다 [դնեմ]

դուստր : n. sg. nom. 딸 [դուստր]

Եզեկիէլ : prop. n. sg. nom. 에제키엘(에스겔) [Եզեկիէլ]

Եսթեր : prop. n. sg. nom. 에스테르(에스더) [Եսթեր]

երանելին : երանելի- adj. indecl. 복된 [երանելի] / ն

Երեմիա : prop. n. sg. nom. 예레미야 [Երեմիա]

զանհաւատս : զ / անհաւատս- adj. pl. acc. subst. 믿음이 없는
    [անհաւատ]

զբագում : զ / բագում

զբերանն : զ / բերան / ն

զխարիսն : զ / խարիս- n. sg. acc. 닻 [խարիս] / ն

զձկունսն : զ / ձկունս- n. pl. acc. 물고기 [ձուկն] / ն

զյոյսն : զ / յոյս- n. sg. acc. 소망 [յոյս] / ն

ընկղմէ : v. ind. pres. act. 3. sg. 가라앉히다 [ընկղմեմ]

Թեկղի : prop. n. sg. nom. 테클라 [Թեկղի]

Թեմերուէ : prop. n. sg. abl. 타미리스 [Թեմերոս]

իմանամք : v. ind. pres. act. 1. pl. 알다, 깨닫다 [իմանամ]

խորհրդոց : n. pl. gen. 생각 [խորհրդ]

ծերոցն : ծերոց- adj. pl. abl. subst. 늙은 [ծեր] / ն

կապեսցես : v. subj. aor. act. 2. sg. 묶다 [կապեմ]

կատարեալ : ptc. aor. pass. indecl. 이루다; 완성하다 [կատարեմ]

կատարեալք : ptc. aor. pass. pl. nom. 이루다; 완성하다 [կատարեմ]

կիտէն : n. sg. abl. 고래 [կէտ]

կղզի : n. sg. acc. 섬 [կղզի]

կնոջէն : կնոջէ / ն

կրակ : n. sg. nom. 불 [*կրակ*]

Հակառակորդացն : *Հակառակորդաց*- n. pl. abl. 적대자
[*Հակառակորդ*] / *ն*

Հասանեն : v. ind. pres. act. 3. pl. 달성하다, 도달하다; 얻다
[*Հասանեմ*]

Հողոփեռնեայ : prop. n. sg. abl. 홀로페르네스 [*Հողոփեռն*]

Հրոյն : *Հրոյ*- n. sg. gen. 불 [*Հուր*] / *ն*

ծայն : n. sg. nom. 소리 [*ծայն*]

ծկունքն : *ծկունք*- n. pl. nom. 물고기 [*ծուկն*] / *ն*

ծուկն : n. sg. nom. 물고기 [*ծուկն*]

մանր : adj. sg. nom. subst. 작은 [*մանր*]

մանրկունս : adj. pl. acc. 작은 [*մանրկուն*]

մեծամեծ : adj. indecl. 큰 [*մեծամեծ*]

մեծէ : adj. sg. abl. 큰, 강한 [*մեծ*]

յանդունդս : *յ* / *անդունդս*- n. pl. acc. 심연 [*անդունդք*]

յատակս : *յ* / *ատակս*- n. pl. acc. 바닥 [*ատակ*]

յԱրտաշիսէ : *յ* / *Արտաշիսէ*- prop. n. sg. abl. (아르타)크세르크세스,
아하수에로 [*Արտաշիս*]

յաւագին : *յ* / *աւագին*- adj. indecl. 모래로 된 [*աւագին*]

յիրար : *յ* / *իրար*- reci. pron. sg. acc. 각자, 서로 [*իրար, իրեար*]

Յոբ : prop. n. sg. nom. 욥 [*Յոբ, Յովբ*]

Յովնան : prop. n. sg. nom. 요나 [*Յովնան*]

Յուդիթ : prop. n. sg. nom. 유딧 [*Յուդիթ*]

նաւորդացն : n. pl. gen. 항해자 [*նաւորդ*] ※ 부정사의 의미상 주어는
속격

Շուշան : prop. n. sg. nom. 수산나 [*Շուշան*]

շարածայն : adj. indecl. 거친 소리를 내는, 불경한 소리를 내는 [*շարածայն*]

չգիտելով : *չ* / *գիտելով*- inf. instr. 알다 [*գիտեմ*] ※ 부정사의 조격은 분사와 같음

չեմք : *չ* / *եմք*- v. ind. pres. act. 1. pl. 있다, ~이다(be) [*եմ*]

ջեռնու : v. ind. pres. mp. 3. pl. 따뜻해지다 [*ջեռնում*]

Ռագուելի : prop. n. sg. gen. 라구엘 [*Ռագուէլ*]

Սառայ : prop. n. sg. nom. 사라 [*Սառայ*]

սրբոցն : *սրբոց*- pl. gen. 거룩한 [*սուրբ*] / *ն*

վահանակրիայ : n. sg. nom. 그리스어 '아스피도켈로네'의 음역 [*վահանակրիայ, վահանակրեայ*]

վիշապածկան : n. sg. dat. 용-물고기(dragon-fish) [*վիշապածուկն*]

վիշապածուկն : n. sg. nom. 용-물고기 [*վիշապածուկն*]

վիշապէն : *վիշապէ*- n. sg. abl. 큰 뱀; 악어; 용 [*վիշապ*] / *ն*

ցիցս : n. pl. acc. 지주핀, 말뚝 [*ցից*]

փախնուն = փախչիմ : v. ind. pres. mp. 3. pl. 달아나다, 도망치다 [*փախնում*]

---

21. 자고새에 관하여

ազգն : n. sg. nom. *ազգ*- 종류(genus), 족속 [*ազգ*] / *ն*

այսաւր : adv. 오늘

անզգամ : adj. sg. nom. 사악한; 어리석은 [*անզգամ*]

ապաւինեցար : v. ind. aor. mp. 2. sg. 믿다, 신뢰하다; 의지하다
[ապաւինեմ]

առաքեալն : առաքեալս- ptc. aor. pass. pl. acc. 보냄을 받은 | subst.
사도 [առաքեալ] / ն

առաքինին : առաքինիս- adj. pl. acc. subst. 복된 [առաքինի] / ն

արդարն : արդար- adj. indecl. 의로운 [արդար] / ն

գողանայ : v. ind. pres. act. 3. sg. 훔치다 [գողանամ]

գործեաց : v. ind. aor. act. 3. sg. 만들다, 일하다 [գործեմ]

գտցի : v. subj. pres. mp. 3. sg. 찾다, 발견하다 [գտանեմ]

դիմեցեր : v. ind. aor. act. 2. sg. 뛰다, 달리다 [դիմեմ]

եկիր : v. ind. aor. act. 2. sg. 오다 [գամ]

երամն : երամս- n. pl. acc. 모임 [երամ] / ն

Երեմիաս : prop. n. sg. nom. 예레미야 [Երեմիաս]

երթան : v. ind. pres. mp. 3. pl. 가다 [երթամ]

զայլն : զ / այլ- adj. sg. acc. subtst. 다른 [այլ] / ն

զայլոց : զ / այլոց- adj. pl. gen. subst. 다른 [այլ]

զանիրաւն : զ / անիրաւ- adj. sg. acc. subst. 불의한 [անիրաւ] / ն

զանմիտ : զ / անմիտ

զանմիտն : զ / անմիտ- adj. sg. acc. subst. 어리석은 [անմիտ] / ն

զեկեղեցի : զ / եկեղեցի

զերծար : v. ind. aor. mp. 2. sg. 도망치다, 탈출하다 [զերծանիմ]

զձագան : զ / ձագս- n. pl. acc. 새끼 [ձագ] / ն

զորդիս : զ / որդիս- n. pl. acc. 아들 [որդի]

զՔրիստոս : զ / Քրիստոս

թխէ : v. ind. pres. act. 3. sg. 품다 [թխեմ]

Թողցեն : v. subj. aor. act. 3. pl. 허락하다, 용납하다, 보내다, 버리다, 유기하다 [*Թողում*]

Թռչին : v. ind. pres. mp. 3. pl. 날다 [*Թռչիմ*]

ժողովեաց : v. ind. aor. act. 3. sg. 모으다, 얻다, 맞이하다 [*ժողովեմ*]

ի կէս : 절반에, 중간에

իւրում : refl. adj. sg. loc. 자기의 [*իւր*]

լքանեն : v. ind. pres. act. 3. pl. 떠나다 [*լքանեմ*]

խոստովանութիւն : n. sg. acc. 고백, 고해 [*խոստովանութիւն*]

խորամանկութեամբ : n. sg. instr. 교활함, 사기, 책략 [*խորամանկութիւն*]

խոիլ : n. sg. acc. 잡초, 건초더미 [*խոիլ*]

ծնեալ : ptc. aor. mp. pl. nom. 낳다 [*ծնանիմ*]

ծնողսն : *ծնող-* ptc. pres. act. pl. acc. 낳다, 출산하다 | subst. 부모 [*ծնանիմ*] / *ն*

կաքաւէն : *կաքաւ-* n. sg. abl. 자고새 [*կաքաւ*] / *ն*

կաքաւին : *կաքաւ-* n. sg. gen. 자고새 [*կաքաւ*] / *ն*

կաքաւն : *կաքաւ-* n. sg. nom. 자고새 [*կաքաւ*] / *ն*

կուտել : inf. nom. 모으다, 쌓다 [*կուտեմ*]

հանդարտել : inf. nom. 안정되다, 쉬다, 달래다 [*հանդարտեմ*]

հասակի : n. sg. loc. 나이 [*հասակ*]

ձագքն : *ձագ-* n. pl. nom. 새끼 [*ձագ*] / *ն*

ձայն : n. sg. acc. 소리 [*ձայն*]

ձուոցն : *ձուոց-* n. pl. abl. 새끼 [*ձու*] / *ն*

ձուս : n. pl. acc. 알 [*ձու*]

ճանաչիցեն : subj. pres. act. 3. pl. 알다, 깨닫다 [*ճանաչեմ*]

մարգարէսն ։ մարգարէս- n. pl. acc. 예언자 [մարգարէ] / ն

մեծութիւն ։ n. sg. acc. 부유함, 재산; 크기, 몸집 [մեծութիւն]

միայն լոկ ։ adv. 오직, 홀로

մնայ ։ v. ind. pres. act. 3. sg. 남다, 머무르다 [մնամ]

յանիրաւ ։ յ / անիրաւ- adj. indecl. 불의한 [անիրաւ]

յաւուրս ։ յ / աւուրս

յափշտակէ ։ v. ind. pres. act. 3. sg. 강탈하다, 빼앗다 [յափշտակեմ]

յեկեղեցին ։ յ / եկեղեցի / ն

յիւրաքանչիւր ։ յ / իւրաքանչիւր

յղիք ։ adj. nom. pl. 임신한 [յղի]

Ներին ։ Ների- prop. n. sg. gen. 로마의 황제 네론; 적그리스도 [Ներ] / ն

շնացեր ։ v. ind. aor. act. 2. sg. 간음하다 [շնամ]

չափ ։ adj. indecl. 적절한 [չափ]

պոռնկեցար ։ v. ind. aor. act. 2. sg. 간통하다 [պոռնկեմ]

սպաներ ։ v. ind. aor. act. 2. sg. 죽이다 [սպանանեմ]

ստրնդեայք ։ adj. pl. nom. 젖먹는 [ստրնդեայ]

վախճանի ։ n. sg. loc. 끝, 마지막 [վախճան]

վաղիւն ։ վաղիւ- adv. 내일 / ն

տղայք ։ n. pl. nom. 아기 [տղայ]

---

22. 대머리독수리에 관하여

ականն ։ ական- n. sg. gen. 돌 [ակն] / ն

ակնս ։ ակն / ս

Ահարոն : prop. n. sg. nom. 아론 [*Ահարոն*]

ամաղեկացիքն : *ամաղեկացիք*- prop. n. pl. nom. 아말렉 사람
    [*ամաղեկացի*] / *ն*

ամենայնէ : adj. sg. abl. subst. 모든 [*ամենայն*]

անարգեցին : v. ind. aor. act. 3. pl. 멸시하다 [*անարգեմ*]

անաւրէնութեամբ : n. sg. instr. 죄악 [*անաւրէնութիւն*]

    յղացաւ : v. ind. aor. mp. 3. sg. 임신하다 [*յղանամ*]

անգեղ : n. sg. gen. 대머리독수리 [*անգղ*]

անգղ : n. sg. nom. 대머리독수리 [*անգղ*]

անկեան : n. sg. gen. 모퉁이(돌) [*անկուն*]

աստուածածին : n. sg. acc. 하나님을 낳으신 분, 테오토코스
    [*աստուածածին*]

աստուածոցն : *աստուածոց*- n. pl. dat. 신, 하나님 [*աստուած*] / *ն*

բարձրաւանդակի : n. sg. loc. 꼭대기 [*բարձրաւանդակ*]

բոլորակ : adj. sg. nom. 동그란 [*բոլորակ*]

բոյն : n. sg. nom. 둥지, 서식지 [*բոյն*]

գլուխ : n. sg. nom. 끝; 머리; 완성 [*գլուխ*]

գոյ : v. ind. pres. act. 3. sg. 존재하다 [*գոմ*]

դիւրածին : adj. sg. acc. 해산에 도움을 주는 [*դիւրածին*]

եբրայեցւոց : prop. n. pl. abl. 히브리인 [*եբրայեցի*]

եկին : v. ind. aor. act. 3. pl. 오다 [*գամ*]

եղեւ : v. ind. aor. mp. 3. sg. 되다(become) [*լինիմ*]

երբեմն : adv. 예전에, 한때; 이따금씩

երկն : n. sg. nom. 수고, 고통 [*երկն*]

զակն : *զ* / *ակն*- n. sg. acc. 돌 [*ակն*]

զանգակ : n. sg. nom. 종 [զանգակ]

զաներեւոյթ : զ / աներեւոյթ

զԳողիադ : զ / Գողիադ- prop. n. sg. acc. 골리앗 [Գողիադ]

զՀոգի : զ / Հոգի

զպատուիրանս : զ / պատուիրանս- n. pl. acc. 계명 [պատուիրան]

զվէմն : զ / վէմ- n. sg. acc. 돌 [վէմ] / ն

էաք : v. ind. impf. act. 1. pl. 있다, ~이다(be) [եմ]

ընկալ : v. imp. aor. mp. 2. sg. 받아들이다 [ընդունեմ]

յանձն : յ / անձն

զսուրբ : զ / սուրբ

ընկալեալ : ptc. aor. act. sg. nom. 받아들이다 [ընդունեմ]

ընկուզագարդ : adj. sg. nom. 견과류 모양을 한 [ընկուզագարդ]

ժուժկալեցես : v. subj. aor. act. 2. sg. 견디다 [ժուժկալեմ]

ի ներքս : 그 안에

լերանց : n. pl. gen. 구릉, 산 [լեարն]

խաղայ : v. ind. pres. mp. 3. sg. 달리다, 놀다; 울리다 [խաղամ]

խանձարուրս : n. pl. loc. 강보, 포대기 [խանձարուր]

խորհուրդ : n. sg. acc. 신비, 비밀 [խորհուրդ]

ծածկեցաւ : v. ind. aor. mp. 3. sg. 덮다; 숨기다 [ծածկեմ]

ծառայեաք : v. ind. impf. act. 1. pl. 섬기다, 경배하다 [ծառայեմ]

ծնաւ : v. ind. aor. mid. 3. sg. [mid.] 낳다 | [pass.] 태어나다 [ծնանիմ]

ծնաք : v. subj. aor. mp. 1. pl. 낳다 [ծնանիմ]

կամեսցի : v. subj. aor. act. 3. sg. 원하다 [կամիմ]

կամիցիս : v. subj. pres. mp. 2. sg. 원하다 [կամիմ]

կատարս : n. pl. loc. 꼭대기, 정상; 끝, 완성 [կատար]

կարիւք : n. pl. instr. 강압, 압제, 폭력 [*կար*]

կարկառս : n. pl. loc. 돌무더기 [*կարկառ*]

կեցցուք : v. subj. pres. act. 1. pl. 살아가다, 살다 [*կեամ*]

կոյսն : *կոյս*- n. sg. acc. 처녀, 동정녀 [*կոյս*] / *ն*

կոտորէին : v. ind. impf. act. 3. pl. 치다, 때리다; 파괴하다, 쳐부수다
   [*կոտորեմ*]

կտակարանքն : *կտակարանք* / *ն*

հայրենի : adj. indecl. 아버지의 [*հայրենի*]

հասանիցէ : v. subj. pres. act. 3. sg. 이르다, 도달하다 [*հասանեմ*]

հասին : v. ind. aor. act. 3. pl. 도달하다 [*հասանեմ*]

հատաւ : v. ind. aor. pass. 3. sg. 자르다 [*հատանեմ*]

հաւատա : v. imp. aor. act. 2. sg. 믿다 [*հաւատամ*]

հին : adj. indecl. 옛, 오래된, 낡은 [*հին*]

Հնդիկս : prop. n. pl. acc. 인도 [*Հնդիկ*]

ձայն : n. sg. nom. 소리 [*ձայն*]

ձեռին : *ձեռի*- n. sg. gen. 손 [*ձեռ*] / *ն*

Մարիամ : prop. n. sg. acc. 마리아 [*Մարիամ*]

Մարիամայ : prop. n. sg. abl. 마리아 [*Մարիամ*]

մեղս : n. pl. loc. 죄 [*մեղ*]

մոլորելոյն : *մոլորելոյ*- inf. dat. 방황하다, 잘못을 범하다 [*մոլորիմ*] /
   ն

Մովսեսի : prop. n. sg. gen. 모세 [*Մովսես*]

յահի : *յ* / *ահի*- n. sg. loc. 경외 [*ահ*]

յայնժամ : part. 그러고나서(then), 그러므로, 따라서

յայնմ : *յ* / *այնմ*

յայտնեցաւ : v. ind. aor. mp. 3. sg. 드러내다, 보이다 [*յայտնեմ*]

յանգիտութեան : *յ* / *անգիտութեան*- n. sg. loc. 무지 [*անգիտութիւն*]

յաւետարանին : *յ* / *աւետարանի*- n. sg. loc. 복음(서) [*աւետարան*] / *ն*

յերկեղի : *յ* / *երկեղի*- n. sg. loc. 두려움 [*երկեղ*]

յղանայցէ : v. ind. aor. mp. 3. sg. 임신하다 [*յղանամ*]

յղացի : v. subj. aor. mp. 3. sg. 임신하다 [*յղանամ*]

յղացաք : v. subj. aor. mp. 1. pl. 임신하다 [*յղանամ*]

յոգւոյ : *յ* / *ոգւոյ* = *հոգւոյ*- n. sg. gen. 영; 성령 [*հոգի*]

յորովայնի : *յ* / *որովայնի*- n. sg. loc. 자궁, 내장 [*որովայն*]

ներքս : adv. 내적으로, 안쪽으로, 안에

նստի : v. ind. pres. mp. 3. sg. 앉다 [*նստիմ*]

նշանակէին : v. ind. impf. mp. 3. pl. 나타내다, 가리키다, 명시하다 [*նշանակեմ*]

շարժիլ : inf. nom. 흔들다, 움직이다 [*շարժեմ*]

շինողքն : ptc. aor. act. pl. nom. subst. 건축하다 [*շինեմ*]

շնորհքն : *շնորհք*- n. pl. nom. 은총 [*շնորհ*] / *ն*

շնութիւնք : n. pl. nom. 간음 [*շնութիւն*]

ողորմութեան : n. sg. gen. 자비 [*ողորմութիւն*]

ունէին : v. ind. impf. mp. 3. pl. 가지다; 생각하다; 알다 [*ունիմ*]

ունէր : v. ind. impf. mp. 3. sg. 가지다; 생각하다; 알다 [*ունիմ*]

պատեցաւ : v. ind. aor. pass. 3. sg. 두르다, 에워싸다 [*պատեմ*]

պոռնկութիւնք : n. pl. nom. 간통 [*պոռնկութիւն*]

սատակեաց : v. ind. aor. act. 3. sg. 죽이다 [*սատակեմ*]

սուտց : adj. pl. abl. 거짓된, 틀린, 그른 [*սուտ*]

վայ : part. 화 있도다, 화 있을진저

յղեաց : adj. dat. pl. 임신한 [յղի]

ունիցին : v. subj. pres. mp. 3. pl. 가지다; 생각하다; 알다 [ունիմ]

մանկունս : n. pl. acc. 아기 [մանկուն]

ստինդիայս : adj. pl. acc. 젖을 먹는 [ստինդիայ]

յաւուրան : յ / աւուրան- n. pl. loc. 날, 낮 [աւր, օր]

յայնոսիկ : յ / այնոսիկ- dem. pron. pl. loc. 저(that) [այն]

տայ : v. ind. pres. act. 3. sg. 주다; c. ձայն (소리가)나다 [տամ]

տուն : n. sg. nom. 집, 집안 [տուն]

փրկիչն : փրկիչ- n. sg. nom. 구원자 [փրկիչ] / ն

փրկութեան : n. sg. gen. 구원 [փրկութիւն]

քակտեսցին : v. subj. aor. mid. 3. pl. 자르다, 분할하다; 파괴하다
    [քակտեմ]

քարանձաւս : n. pl. loc. 동굴 [քարանձաւ]

քարիւ : n. sg. instr. 돌 [քար]

քումմէ : poss. adj. 2. sg. abl. [քո]

---

23. 개미귀신에 관하여

այոյն : այոյ- part. 예(yes) / ն

առ ի : ~ 때문에, ~ 아래서

առիւծոյ = առիւծու : n. sg. gen. 사자 [առիւծ]

աստուծոյ : n. sg. dat. 신, 하나님 [աստուած]

արդ : conj. 그러므로, 따라서

բնութիւն ։ n. sg. nom. 본성 [բնութիւն]

գէշ ։ n. sg. acc. 고기 [գէշ]

գիշակեր ։ adj. sg. nom. 고기를 먹는, 육식성의 [գիշակեր]

գնալ ։ inf. nom. 걷다 [գնամ]

դէմք ։ n. pl. nom. 얼굴 [դէմք]

եղբայր ։ n. sg. nom. 형제 [եղբայր]

Եղիփազ ։ prop. n. sg. nom. 엘리파즈(엘리바스) [Եղիփազ]

զաղդաղդիւն ։ adj. sg. nom. 불안정한 [զաղդաղդիւն]

Թեմնացի ։ prop. n. sg. nom. 템나(데만) 사람 [Թեմնացի]

լեզուս ։ n. pl. acc. 말 [լեզու]

ծառայել ։ inf. nom. 섬기다 [ծառայեմ]

կարեմք ։ v. ind. pres. act. 1. pl. 할 수 있다(can) [կարեմ]

կերակուր ։ n. sg. nom. 먹이 [կերակուր]

կորիւնն ։ կորիւն / ն

հնդակեր ։ adj. sg. nom. 콩을 먹는, 채식성의 [հնդակեր]

հունդ ։ n. sg. acc. 낱알, 씨앗 [հունդ]

մամոնային ։ մամոնայի- n. sg. dat. 물질; 맘몬 [մամոնայ] / ն

մէջ ։ n. sg. acc. 가운데; 내부, 속 [մէջ]

միտս ։ n. pl. acc. 생각 [միտ]

մրջիմնառիւծ ։ n. sg. nom. 개미귀신 [մրջմանառիւծ]

մրջման ։ n. sg. gen. 개미 [մրջիւն]

մրջմանառիւծուն ։ մրջմանառիւծու- n. sg. gen. 개미귀신

    [մրջմանառիւծ] / ն

ոչ պարտ ։ ~하지 말아라 c. inf.

ոչն ։ ոչ- part. 아니오(no) / ն

ունել : inf. nom. 가지다; 생각하다; 알다 [ունիմ]

ուտէ : v. ind. pres. act. 3. sg. 먹다 [ուտեմ]

շգոյէ : շ / գոյէ- n. sg. abl. 존재함 [գոյ]

սատակեցաւ : v. ind. aor. pass. 3. sg. 죽이다 [սատակեմ]

---

24. 족제비에 관하여

ականջան : ականջս- n. pl. acc. 귀 [ականջ] / ն

արտաքս : adv. 바깥에

աքսին : աքսի- n. sg. gen. 족제비 [աքիս] / ն

բերանով : n. sg. instr. 입 [բերան]

զականջս : զ / ականջս- n. pl. acc. 귀 [ականջ]

զատուածային : զ / ատուածային

զաքիան : զ / աքիս- n. sg. acc. 족제비 [աքիս] / ն

զաքսէ : զ / աքսէ- n. sg. abl. 족제비 [աքիս]

զբանս : զ / բանս- n. pl. acc. 말씀 [բան]

զհացն : զ / հաց- n. sg. acc. 빵; 양식 [հաց] / ն

զձայն : զ / ձայն

զսերմն : զ / սերմն- n. sg. acc. 정액 [սերմն]

րմպելի : n. sg. acc. 음료 [րմպելի]

րնպիցեն : v. subj. pres. act. 3. pl. 마시다 [րնպեմ]

թովշի : n. sg. gen. 마술사 [թովիշ]

իժի քարբի : n. sg. dat. 독사 [իժ քարբ]

լուիցէ : v. subj. pres. act. 3. sg. 듣다 [լսեմ]

խցեալ : ptc. aor. act. sg. nom. 막다, 닫다 [*խնում*]

հրամայեցին : v. ind. aor. act. 3. pl. 명령하다 [*հրամայեն*]

ճարտարի : adj. sg. gen. 숙련된, 솜씨 좋은 [*ճարտար*]

մի : part. 부정어(not)

յականջացն : *յ* / *ականջաց-* n. pl. abl. 귀 [*ականջ*] / *ն*

յղանայ : v. ind. pres. act. 3. sg. 품다 [*յղանամ*]

նմանիցեն : v. subj. pres. mp. 3. pl. 닮다 c. dat. [*նմանիմ*]

ոմանք : n. pl. nom. 어떤 사람 [*ոմն*]

ուտել : inf. nom. 먹다 [*ուտեմ*]

ուտիցեն : v. subj. pres. act. 3. pl. 먹다 [*ուտեմ*]

ուտիցես : v. subj. pres. act. 2. sg. 먹다 [*ուտեմ*]

օրէնքն : *օրէնք-* n. pl. nom. 법, 율법 [*օրէն, աւրէն*] / *ն*

---

25. 수달에 관하여

աղիսն : *աղիս-* n. pl. acc. 내장 [*աղի*] / *ն*

առն : n. sg. gen. 남자; 남편; 사람 [*այր*]

աւետեօք : n. pl. instr. 복음 [*աւետիք*]

բաց : adj. sg. acc. 열린 [*բաց*]

բնութիւնս : n. pl. acc. 본성 [*բնութիւն*]

գետ : n. sg. acc. 강 [*գետ*]

դժոխս : n. pl. acc. 지옥 [*դժոխք*]

եհան : v. ind. aor. act. 3. sg. 옮기다, 가져가다; 제거하다; 산출하다
　　　[*հանեմ*]

զամենայն : զ / ամենայն

զառաջ : զ / առաջ- adj. indecl. 앞선 [*առաջ*]

*զարմանք : n. pl. nom. 경탄스러움, 놀라움 [*զարմանք*]

զխայթոց : զ / խայթոց- n. sg. acc. 독침 [*խայթոց*]

զհողեղէն : զ / հողեղէն- adj. indecl. 땅의 [*հողեղէն*]

*զուարճացոյց : v. ind. aor. act. 3. sg. 기쁘게 하다
    [*զուարճացուցանեմ*]*

զկորն : զ / փոր / ն

զքարթոշն : զ / քարթոշ- n. sg. acc. 수달 [*քարթոշ*] / ն

կաւն : կաւ- n. sg. nom. 진흙 [*կաւ*] / ն

*կերպարանի : n. sg. gen. 모습 [*կերպարան*]

*կիտէ : n. sg. abl. 지점, 중앙, 목적 [*կէտ*]

կոկորդիլոսն : կոկորդիլոս- n. sg. nom. 악어 [*կոկորդիլոս*] / ն

*կորզեաց : v. ind. aor. act. 3. sg. 탈취하다; 해방하다 [*կորզեմ*]

յարութեան : յ / արութեան- n. sg. loc. 부활 [*արութիւն*]

*յավշտակեաց : v. ind. aor. act. 3. sg. 폭압하다 [*յավշտակեմ*]

*Նեղոս : prop. n. sg. acc. 넬로스(나일) 강 [*Նեղոս*]

*ննջեսցէ : v. subj. aor. act. 3. sg. 잠자다 [*ննջեմ*]

շնշրին : շնշրի- n. sg. nom. 수달 [*շնշրի*] / ն

*ուտիցէք : v. subj. aor. act. 2. pl. 먹다 [*ուտեմ*]

վախճանեալան : վախճանեալս- ptc. aor. mp. pl. acc. 마치다; 죽이다
    [*վախճանեմ*] / ն*

տիղմն : տիղմ- n. sg. acc. 진창 [*տիղմ*] / ն

*ցամաքի : v. ind. pres. mp. 3. sg. 마르다 [*ցամաքիմ*]

*փշրեաց : v. ind. aor. act. 3. sg. 분쇄하다 [*փշրեմ*]

վորն : վոր- n. sg. acc. 배, 복부 [վոր] / ն

քարթուշին : քարթուշի- n. sg. gen. 수달 [քարթուշ] / ն

---

26. 일각수(유니콘)에 관하여

ամենային : adj. sg. nom. subst. 모든 [ամենային]

ամենայնի : adj. sg. dat. subst. 모든 [ամենային]

առաջի : prep. c. gen. ~앞에, ~이전에

բնակեաց : v. ind. aor. act. 3. sg. 거주하다, 살다 [բնակեմ]

գազանն : գազան / ն

գլուխն : գլուխ- n. sg. loc. 끝; 머리; 완성 [գլուխ] / ն

Դաւթի : prop. n. sg. gen. 다윗 [Դաւիթ]

դիմէ : v. ind. pres. act. 3. sg. 달리다 [դիմեմ]

ել : v. ind. aor. act. 3. sg. 나가다, 오르다 [ելանեմ]

եղջերու : n. sg. nom. 사슴 [եղջերու]

եղջեւր : n. sg. nom., acc. 뿔 [եղջեւր, եղջիւր]

եմք : v. ind. pres. act. 1. pl. 있다, ~이다(be) [եմ]

զօրութիւնք : n. pl. nom. 힘, 권능 [զօրութիւն]

ծառայի : n. sg. gen. 종 [ծառայ]

ծոց : n. sg. acc. 가슴, 품 [ծոց]

կարացին : v. ind. aor. act. 3. pl. 할 수 있다(can) [կարեմ]

կուսին : կուսի- n. sg. gen. 동정녀, 처녀 [կույս] / ն

մի : num. sg. nom. 하나 [մի]

միեղջերն : միեղջեր- n. sg. gen. 일각수 [եղջեւր, եղջիւր] / ն

միեղշերն : *միեղշեր-* n. sg. nom. 일각수 [*միեղշեր*] / ն

յարոյց : v. ind. aor. act. 3. sg. 일으키다 [*յարուցանեմ*]

յոյժ : adj. sg. nom. 많은 | adv. 매우 [*յոյժ*]

ուլոյ : n. sg. dat. (염소나 사슴의) 새끼 [*ուլ*]

շկարէ : շ / *կարէ*

պաղատ : n. sg. acc. 궁전 [*պաղատ, պալատ*]

ջեռուցանէ : v. ind. pres. act. 3. sg. 따뜻하게 하다, 가열하다

    [*ջեռուցանեմ*]

սուրբ : adj. sg. acc. 순결한, 깨끗한; 거룩한 [*սուրբ*]

տանէն : *տանէ-* n. sg. abl. 집 [*տուն*] / ն

փափաքէ : v. ind. pres. act. 3. sg. 갈망하다 [*փափաքեմ*]

փոքր : adj. sg. nom. 작은 [*փոքր*]

փրկութեան : n. sg. gen. 구원 [*փրկութիւն*]

---

27. 비버에 관하여

արծաթ : n. sg. acc. 은 [*արծաթ*]

արծաթսիրութիւն : n. sg. acc. 탐욕 [*արծաթսիրութիւն*]

բառնայք : v. imp. pres. act. 2. pl. 강탈하다, 없애다 [*բառնամ*]

բժշկութիւն : n. sg. nom. 약 [*բժշկութիւն*]

գնացուցին : v. ind. aor. act. 3. pl. 걷게 하다 [*գնացուցանեմ*]

դառնայ : v. ind. pres. mp. 3. sg. 돌아서다 [*դառնամ*]

եւս : adv. 다시, 더이상

զայն : զ / *այն*

զառաջին ։ զ / առաջին

զգօն ։ adj. sg. nom. 온화한 [զգօն]

զկաղն ։ զ / կաղ- adj. sg. acc. subst. 다리가 불편한, 못 걷는 [կաղ] / ն

զկարևորան ։ զ / կարևորս- adj. pl. acc. 중요한 | subst. 생식기 [կարևոր] / ն

զկղբէ ։ զ / կղբէ- n. sg. abl. 비버 [կուղբ]

զհարկն ։ զ / հարկ / ն

զհետ ։ զ / հետ

զպարտս ։ զ / պարտս- n. pl. acc. 의무 [պարտ]

զտեղին ։ զ / տեղի / ն

ընկենուցուս ։ v. subj. pres. act. 2. sg. 떨어지게 하다; 내던지다 [ընկենում]

ընկեցուք ։ v. subj. pres. act. 1. pl. 떨어지게 하다; 내던지다 [ընկենում]

թոյլ տայ ։ 허용하다, 보내주다, 내버려두다

ի բաց ։ adv. 열린 채로; 멀리(away)

խնդրէ ։ v. ind. pres. act. 3. sg. 요구하다, 찾다 [խնդրեմ]

կայ ։ v. ind. pres. act. 3. sg. 서다; 있다, 존재하다 [կամ]

կասդրիոս ։ n. sg. nom. 비버 [կասդրիոս]

կասդրիոսին ։ կասդրիոսի- n. sg. gen. 비버 [կասդրիոս] / ն

կարևորք ։ adj. pl. nom. 중요한 | subst. 생식기 [կարևոր]

կորեա ։ v. imp. aor. act. 2. sg. 자르다 [կորեմ]

կորեցուք ։ v. subj. pres. act. 1. pl. 자르다 [կորեմ]

հանդարտ ։ adj. sg. nom. 조용한, 태평한 [հանդարտ]

հանդիպի ։ v. ind. pres. mp. 3. sg. 마주치다 [հանդիպիմ]

հատուցուք ։ v. subj. pres. act. 1. pl. 돌려주다, 갚다 [հատուցանեմ]

հատուցէք ։ v. imp. aor. act. 2. pl. 돌려주다, 갚다 [հատուցանեմ]

հարկ ։ n. sg. nom. 세금 [հարկ]

մերձենայ ։ v. ind. pres. mp. 3. sg. 다가오다, 다가가다 [մերձենամ]

յոյս ։ n. sg. acc. 소망 [յոյս]

յորսորդն ։ յ / որսորդ / ն

նոցա ։ dem. pron. pl. dat. 그(he, she, it) [նա]

շնութիւն ։ n. sg. acc. 간음 [շնութիւն]

ոսկի ։ n. sg. acc. 금 [ոսկի]

որում ։ rel. pron. sg. dat. 그(것) [որ]

չար ։ adj. indecl. 악한 [չար]

պատուիրեաց ։ v. ind. aor. act. 3. sg. 명령하다 [պատուիրեմ]

Պետրոս ։ prop. n. sg. nom. 베드로 [Պետրոս]

պոռնկութիւն ։ n. sg. acc. 간통 [պոռնկութիւն]

տէրն ։ տէր / ն

տունս ։ n. pl. loc. 집 [տուն]

տուր ։ v. imp. aor. act. 2. sg. 주다 [տամ]

ցուցանէ ։ v. ind. pres. act. 3. sg. 나타내다, 보여주다 [ցուցանեմ]

ցատանայ ։ g / սատանայ

---

28. 하이에나에 관하여

ամենային ։ adj. indecl. 모든 [ամենային]

այժմ ։ part. 지금, 이제

ապաուրեմն : conj. 그러므로

ասաց : v. ind. aor. act. 3. sg. 말하다, 이야기하다 [*ասեմ*]

ասեն : v. ind. pres. act. 3. pl. 말하다, 이야기하다 [*ասեմ*]

ասէ : v. ind. pres. act. 3. sg. 말하다, 이야기하다 [*ասեմ*]

արանց : n. pl. gen. 남자; 남편; 사람 [*այր*]

արու : adj. sg. nom. subst. 남자의, 수컷인 [*արու*]

արտաքս : adv. 바깥으로, 바깥에서

աւրէնքն : *աւրէնք*- n. pl. nom. 법, 율법 [*որէն, աւրէն*] / *ն*

բազումք : adj. pl. nom. 많은 [*բազում*]

բարեաւք : adj. pl. instr. 좋은; adj. instr. | adv. 잘(well) [*բարի*]

բարոյախասան : prop. n. sg. nom. 자연학자(physiologus)

     [*բարոյախոս, բարոյախասս*] / *ն*

բարս : n. pl. acc. 관습, 습성, 자연본성 [*բարք*]

բորենոյ : n. sg. gen. 하이에나 [*բորեան*]

գազանն : *գազան* / *ն*

ելանեն : v. ind. pres. act. 3. pl. 나가다, 오르다 [*ելանեմ*]

երբեմն : adv. 예전에, 한때; 이따금씩

երեմիաս : prop. n. sg. nom. 예레미야 [*երեմիաս*]

երկմիտ : adj. sg. nom. 두 마음을 가진, 표리부동한 [*երկմիտ*]

և = եւ : conj. 그리고(and); 역시, 또한(even)

զադփադփուն : adj. sg. nom. 불안정한 [*զադփադփուն*]

զբնութիւնն : *զ* / *բնութիւն* / *ն*

զբորեան : *զ* / *բորեան*- n. sg. acc. 하이에나 [*բորեան*]

զբորենոյ : *զ* / *բորենոյ*

զկանանց : *զ* / *կանանց*- n. pl. gen. 여자 [*կին*]

է : v. ind. pres. act. 3. sg. 있다, ~이다(be) [եմ]

էգ : adj. sg. nom. 여자의 [էգ]

թէ : 목적절을 이끄는 conj. ~라고(that); 조건절을 이끄는 conj. ~라면(if);
또는(or)

ժառանգութիւն : n. sg. nom. 유산, 상속 재산 [ժառանգութիւն]

ժողովրդենէն : n. pl. abl. 회중 [ժողովուրդ] / ն

իբրև = իբրև : prep. c. acc. ~처럼; conj. ~할 때(when)

իմ : poss. adj. 1. sg. gen. 나(I) [ես]

ինչ : indef. pron. sg. acc. 어떠한(certain) [ինչ]

իւր : refl. pron. sg. gen. 자기의 [իւր]

լինի : v. ind. pres. mp. 3. sg. 되다(become) [լինիմ]

կերպարանս : n. pl. acc. 모습, 외형 [կերպարան]

ճանապարհս : n. pl. loc. 길 [ճանապարհ]

մարդ : n. sg. nom. 사람 [մարդ]

մի́ : 부정어(not)

միթէ : adv. ~이지 않은가?

մտանեն : v. ind. pres. act. 3. pl. 들어가다 [մտանեմ]

յամենայն : յամենայն : յ / ամենայն

յեկեղեցիս : յ / եկեղեցիս- n. pl. loc. 교회 [եկեղեցի]

նմա : dem. pron. sg. dat. 그(he, she, it) [նա]

նման : adj. sg. nom. c. dat. ~과 닮은 [նման]

նոյնպէս : adv. 그렇게

որջ : n. sg. nom. 굴 [որջ]

ունին : v. ind. pres. mp. 3. pl. 가지다; 생각하다; 알다 [ունիմ]

ուստի : adv. 그러므로, 거기로부터

ուտիցես : v. subj. pres. act. 2. sg. 먹다 [ուտեմ]

պիղծ : adj. sg. nom. 부정한, 더러운 [պիղծ]

վասն : prep. c. gen. ~때문에; ~에 관하여

փոփոխելոյ : inf. gen. 바꾸다, 변화시키다 [փոփոխեմ]

---

29. 이크니몬에 관하여

ագուն : ագու- n. sg. instr. 꼬리 [ագի] / ն

դիմակաց : n. sg. nom. 적수, 호적수 [դիմակաց]

զամենեսին : զ / ամենեսին- coll. pron. pl. acc. 모두 [ամենեքին]

զերկրային : զ / երկրային- adj. sg. acc. 땅의, 땅에 속한 [երկրային]

զվիշապն : զ / վիշապ / ն

էառ : v. ind. aor. act. 3. sg. 잡다, 가지다 [առնում]

թարգմանի : v. ind. pres. pass. 3. sg. 번역하다 [թարգմանեմ]

թէպէտ : conj. 그럼에도 불구하고

իքնիմոն : n. sg. nom. 이크니몬(이집트몽구스), 그리스어 '이크네우몬'의
    음역 [իքնիմոն]

իքնիմոնին : իքնիմոնի- n. sg. gen. 이크니몬(이집트몽구스) [իքնիմոն]
    / ն

լինել : inf. nom. 되다(become) [լինիմ]

ծեփէ : v. ind. pres. act. 3. sg. 칠하다 [ծեփեմ]

կարեմ : v. ind. pres. act. 1. sg. 할 수 있다(can) [կարեմ]

կաւով : n. sg. instr. 진흙 [կաւ]

կռուի : v. ind. pres. mp. 3. sg. 싸우다 [կռուիմ]

հետահան : adj. sg. nom. subst. 흔적을 쫓는 자 [հետահան]

հողոյ : n. sg. abl. 흙, 땅 [հող]

մեծ : adj. sg. nom. 큰, 강한 [մեծ]

միամիտ : adj. sg. nom. 한 마음의, 순진한, 솔직한, 충직한 [միամիտ]

սպան : v. ind. aor. act. 3. sg. 죽이다 [սպանանեմ]

վասն այնորիկ : 이 때문에

վիշապի : n. sg. gen. 큰 뱀; 악어; 용 [վիշապ]

վիշապին : վիշապի- n. sg. loc. 큰 뱀; 악어; 용 [վիշապ] / ն

ցկենարարն : g / կենարար / ն

փոքր : adj. sg. nom. 작은, 약한 [փոքր]

քան : adv. ～보다(than)

---

30. 페리덱시온이라는 나무에 관하여

աղաունին : աղաունի / ն

աղաունիք : n. pl. nom. 비둘기 [աղաունի]

աղաունիքն : աղաունիք / ն

աղաունոյն : աղաունոյ- n. sg. dat. 비둘기 [աղաունի] / ն

ամենեցուն : coll. pron. pl. gen. 모든 [ամենեքեան]

անդ : adv. 거기에, 거기에서

առնլոյ : inf. gen. 잡다, 가지다 [առնում]

արեւմուտս կոյս : 서쪽 방향

բարձրելոյն : ptc. aor. mp. sg. gen. subst. 올리다, 높이다; 지극히
　　　높으신 분 [բարձրանամ]

Գաբրիէլ ։ prop. n. sg. nom. 가브리엘 [Գաբրիէլ]

գիտութենէ ։ n. sg. abl. 지식, 앎 [գիտութիւն]

գտանիցիս ։ v. subj. pres. pass. 2. sg. 찾다, 발견하다, 얻다 [գտանեմ]

եկեսցէ ։ v. subj. aor. act. 3. sg. 오다 [գամ]

գհոգին ։ գ / հոգի / ն

գձեզ ։ գ / ձեզ- pers. pron. 2. pl. acc. 그대들, 당신들 [դուք]

գմշտանչենաւոր ։ գ / մշտնչենաւոր- adj. indecl. 영원한

        [մշտնչենաւոր]

գօրութիւն ։ n. sg. nom. 힘, 권능 [գօրութիւն]

ընդունին ։ v. ind. pres. act. 3. pl. 받아들이다, 맞아들이다 [ընդունիմ]

իմաստութիւնն ։ իմաստութիւն / ն

լինիցիս ։ v. subj. pres. mp. 2. sg. 되다(become) [լինիմ]

լիցի ։ v. subj. aor. mp. 3. sg. 되다(become) [լինիմ]

ծառ ։ n. sg. nom. 나무 [ծառ]

ծառն ։ ծառ / ն

ծառոյ ։ n. sg. gen. 나무 [ծառ]

ծառոյն ։ ծառոյ / ն

կան ։ v. ind. pres. act. 3. pl. 서다; 있다, 존재하다 [կամ]

կշտապանակ ։ n. sg. nom. 팔찌 [կշտապանակ]

կոյս ։ n. sg. acc. 방면 [կոյս]

հանգեաւ ։ v. ind. aor. mp. 3. sg. 쉬다, 머무르다; 그치다 [հանգչիմ]

հանգիցէ ։ v. subj. aor. mp. 3. sg. 쉬다, 머무르다; 그치다 [հանգչիմ]

հանդիպել ։ inf. nom. 만나다, 찾다; 다가가다 [հանդիպեմ]

Հնդիկս ։ prop. n. adj. pl. loc. subst. 인도의 [Հնդիկ]

հոգին ։ հոգի / ն

հովանի : n. sg. acc. 그림자, 그늘 [*հովանի*]

հովանին : *հովանի* / ն

հովանոցէն : *հովանոցէ*- n. sg. abl. 그늘 [*հովանոց*] / ն

ձեզ : pers. pron. 2. pl. dat. 그대들, 당신들 [*դուք*]

մեկնիցի : v. subj. pres. mp. 3. sg. 떠나가다, 떼어놓다, 없애다
　　　[*մեկնիմ*]

մերձենալ : inf. nom. 다가오다 [*մերձենամ*]

միածին : adj. sg. nom. 독생하는, 홀로 있는 [*միածին*]

յաղաւնիս : յ / *աղաւնիս*- n. pl. acc. 비둘기 [*աղաւնի*] / ն

յաստուածային : յ / *աստուածային*

յարեւելս : յ / *արեւելս*- n. pl. acc. 동쪽 [*արեւելք*]

յարեւելս կոյս : 동쪽 방향

յարեւմուտս : յ / *արեւմուտս*- n. pl. acc. 서쪽 [*արեւմուտք*]

նմանեցին : v. subj. aor. mp. 3. pl. c. dat. 닮다 [*նմանիմ*]

նմին : dem. adj. sg. dat. 바로 그(the same) [*նոյն*]

որդին : *որդի* / ն

ունիցիք : v. subj. pres. mp. 2. pl. 가지다; 생각하다; 알다 [*ունիմ*]

ուտեն : v. ind. pres. act. 3. pl. 먹다 [*ուտե*]

Պերիդեքսիոն : prop. n. sg. nom. 페리덱시온, 그리스어 '페리덱시온'의
　　　음역 [*Պերիդեքսիոն*]

պտուղ : n. sg. nom. 열매 [*պտուղ*]

պտուղն : *պտուղ* / ն

վիշապն : *վիշապ* / ն

վնասել : inf. nom. 해하다, 상하게 하다 [*վնասեմ*]

տեսլեան : n. sg. gen. 봄(vision) [*տեսիլ*]

քաղցրութիւն : n. sg. acc. 감미로움, 달콤함 [քաղցրութիւն]

քան զ : ~보다(than)

օձն : օձ / ն

օտարացեալ : ptc. aor. mp. sg. nom. 낯설어지다, 이방인이 되다
[օտարանամ]

օրինակի : n. sg. dat. 예시, 예형(type) [օրինակ]

---

31. 까마귀에 관하여 1

ագռաւին : ագռաւի- n. sg. gen. 까마귀 [ագռաւ, ագրաւ] / ն

ագռաւոյ : n. sg. gen. 까마귀 [ագռաւ, ագրաւ]

աղօթս : n. pl. acc. 기도 [աղօթք]

առաքեալն : առաքեալ / ն

առնել : inf. nom. 만들다, 행하다 [առնեմ]

բարւոք : adj. sg. nom. 좋은 [բարւոք] | adv. 잘

գթոյն : գթոյ- n. sg. abl. 연민; 간구, 간청 [գութ] / ն

գողք : n. pl. nom. 도둑 [գող]

զագռաւ : զ / ագռաւ- n. sg. acc. 까마귀 [ագռաւ, ագրաւ]

զագռաւէ : զ / ագռաւէ- n. sg. abl. 까마귀 [ագռաւ, ագրաւ]

զարարիչն : զ / արարիչ- n. sg. acc. 창조주 [արարիչ] / ն

զբան : զ / բան

զկոյս : զ / կոյս

զհայրն : զ / հայր / ն

զվարումն : զ / վարումն- n. sg. acc. 수컷 [վարումն]

ժողովուրդն : ժողովուրդ- n. sg. nom. 모임, 회집; 회당 [ժողովուրդ]
／ն

լինիցիմք : v. subj. pres. act. 1. pl. 되다(become) [լինիմ]

խօսեցայ : v. ind. aor. mp. 1. sg. 말하다, 가르치다; 약혼시키다
[խօսիմ]

հակառակորդն : հակառակորդ ／ն

Հրէից : Հրէից- prop. n. pl. gen. 유대인 [Հրեայ] ／ն

մատուցանիցես : v. subj. pres. act. 2. sg. 끌어가다, 나아가게 하다,
바치다 [մատուցանեմ]

մերոց : poss. adj. 1. pl. gen. 우리의(our) [մեր]

մերում : poss. adj. 1. sg. loc. 우리의(our) [մեր]

միայնայր : adj. sg. nom. 한(մի) 남편(այր)만 가지는, 일부일처인
[միայնայր]

միայնացեալ : ptc. pres. mp. sg. nom. 홀로 있다, 혼자가 되다
[միայնանամ]

միշտ : adv. 항상

մտանիցեն : v. subj. pres. act. 3. pl. 들어가다 [մտանեմ]

մտաց : n. pl. abl. 기억, 생각 [միտ]

մտի : n. sg. loc. 기억, 생각 [միտ]

մօտ ի : prep. c. acc. ～ 가까이, ～ 근처에

յայլ : յ ／ այլ- adj. indecl. 다른 [այլ]

յանապատի : յ ／ անապատի- n. sg. loc. 광야 [անապատ]

յանդիման : prep. c. gen. ～ 앞에서

յաներևույթ : յ ／ աներևույթ

յանձին : յ ／ անձին- n. sg. loc. 생명, 영혼 | refl. pron. 개인, 자신

[անծն]

նրստար ։ v. ind. aor. mp. 2. sg. 앉다 [ն(ր)ստիմ]

շնացան ։ v. ind. aor. mp. 3. pl. 간통하다 [շնամ]

շնացողն ։ շնացող- ptc. pres. act. sg. nom. 간통하다 | subst. 난봉꾼
　　　　[շնամ] / ն

ունիցիմք ։ v. subj. pres. mp. 1. pl. 가지다; 생각하다; 알다 [ունիմ]

չկոշեցաւ ։ չ / կոշեցաւ- v. ind. aor. pass. 3. sg. 부르다 [կոշեմ]

սպանին ։ v. ind. aor. act. 3. pl. 죽이다 [սպանանեմ]

վարուձանն ։ վարուձան- n. sg. nom. 수컷 [վարուձան] / ն

վերացի ։ v. subj. aor. mp. 3. sg. 오르다; 사라지다 [վերանամ]

տուն ։ n. sg. acc. 집 [տուն]

գեղ ։ n. sg. nom. 종, 부류 [գեղ]

վայրի ։ n. sg. dat., loc. 나무 [վայր]

քարի ։ n. sg. dat., loc. 돌 [քար]

---

32. 산비둘기에 관하여

առանձինն ։ առանձին- adj. sg. nom. 혼자의, 홀몸의 | adv. 혼자서,
　　　　고독하게 [առանձին] / ն

բազմամբոխ ։ adj. indecl. 밀집한, 다수가 모인 [բազմամբոխ]

բարբառ ։ n. sg. nom. 음성, 목소리; 말, 이야기 [բարբառ]

բնակել ։ inf. nom. 거주하다, 살다 [բնակեմ]

բնակիլ ։ inf. nom. 거주하다, 살다 [բնակեմ] բնակիլ 〉 բնակել

դա ։ dem. pron. sg. nom. 그(iste, ista, istud) [դա]

դմա : dem. pron. sg. dat. 그(iste, ista, istud) [դա]

ելանելով : inf. instr. 나가다, 오르다 [ելանեմ]

եկեղեցւոյ : n. sg. gen. 교회(ecclesia) [եկեղեցի]

Եղիա : prop. n. sg. nom. 엘리야 [Եղիա]

երամացն : երամաց- n. pl. abl. 무리, 군중 [երամ] / ն

երեւեցան : v. ind. aor. mp. 3. pl. 나타나다 [երեւիմ]

զատ : adj. sg. nom. 고립된, 혼자의 | adv. 혼자서 [զատ]

զգեցեալ : ptc. pres. act. sg. nom. (옷)입다 [զգենում]

զտատրակէն : զ / տատրակէ- n. sg. abl. 산비둘기 [տատրակ] / ն

էք : v. ind. pres. act. 2. pl. 있다, ~이다(be) [եմ]

Թաբոր : prop. n. sg. acc. 타보르(다볼) [Թաբոր]

լեառն : n. sg. acc. 산 [լեառ(ր)ն]

լուարուք : v. imp. aor. mp. 2. pl. 듣다 [լսեմ]

լսելի : adj. sg. nom. 들리는 [լսելի]

կայր : v. ind. impf. act. 3. sg. 서다; 있다, 존재하다 [կամ]

մանկունք : n. pl. nom. 젊은이, 청년, 소년 [մանուկ]

մեկնեալ : ptc. pres. mp. sg. nom. 별거하다, 떨어져 지내다 [մեկնիմ]

մեկնի : v. ind. pres. mp. 3. sg. 별거하다, 떨어져 지내다 [մեկնիմ]

յաղօթս : յ / աղօթս- n. pl. loc. 기도 [աղօթք]

յամպոյն : յ / ամպոյ- n. sg. abl. 구름 [ամպ] / ն

յանապատ : յ / անապատ- adj. indecl. 외딴, 한적한 | subst. 광야
    [անապատ]

որիշ : adj. sg. nom. 떨어진 | adv. 떨어져서 [որիշ]

ուսուցէ : v. subj. aor. act. 3. sg. 가르치다 [ուսուցանեմ]

սիրելի : adj. sg. nom. 사랑하는 [սիրելի]

սիրեցէք : v. imp. aor. act. 2. pl. 사랑하다 [*սիրեմ*]

տատրակ : n. sg. nom. 산비둘기 [*տատրակ*]

տատրակին : *տատրակի*- n. sg. gen. 산비둘기 [*տատրակ*] / *ն*

օրհնութեանցն : n. pl. gen. 노래; 축복 [*օրհնութիւն*]

օրհնութիւն : n. sg. nom. 노래; 축복 [*օրհնութիւն*]

---

33. 제비에 관하여

այլ ոչ : 더이상 ~ 않다

աչք : n. pl. nom. 눈(eye) [*աչ*]

զաղաւնի : զ / *աղաւնի*- n. sg. acc. 비둘기 [*աղաւնի*]

զժամանակս : զ / *ժամանակս*- n. pl. acc. 철, 때, 시간 [*ժամանակ*]

զծիծառէն : զ / *ծիծառէ*- n. sg. abl. 제비 [*ծիծառն*] / *ն*

խաչեցաւ : v. ind. aor. pass. 3. sg. 십자가 형에 처하다 [*խաչեմ*]

ծանեան : v. ind. aor. act. 3. pl. 알다 [*ծանաչեմ*]

ծիծառն : n. sg. nom. 제비 [*ծիծառն*]

ծիծռան : n. sg. gen. 제비 [*ծիծառն*]

հաւատ : n. sg. nom. 믿음 [*հաւատ*]

ձագք : n. pl. nom. 새끼 [*ձագ*]

ճչեցի : v. ind. aor. act. 1. sg. 울다 [*ճչեմ*]

մեռելոց : ptc. aor. mp. pl. abl. 죽다 [*մեռանիմ*]

մի անգամ : 한 번

մնչեցի : v. ind. aor. act. 1. sg. 신음하다 [*մնչեմ*]

յարեաւ : v. ind. aor. mp. 3. sg. 일어나다 [*յառնեմ*]

յղացաւ : v. ind. aor. pass. 3. sg. 잉태하다 [յղանամ]

նուաղեցաւ : v. ind. aor. mp. 3. sg. 약해지다 [նուաղիմ]

վայրենիք : adj. pl. nom. 야생의 [վայրենի]

տեսանելոյ : inf. abl. 보다 [տեսանեմ]

34. 사슴에 관하여

աղաղակէ : v. ind. pres. act. 3. sg. 울부짖다 [աղաղակեմ]

առաքինութենէն : առաքինութեն- n. sg. abl. 미덕
[առաքինութիւն] / ն

բարոյախօսն : բարոյախօս / ն

եղջերու : n. sg. nom. 사슴 [եղջերու]

եղջերուին : եղջերուի- n. sg. gen. 사슴 [եղջերու] / ն

եղջերուն : եղջերու / ն

եսպան : v. ind. aor. act. 3. sg. 죽이다 [սպանանեմ]

երկնային : adj. indecl. 하늘의, 천상의 [երկնային]

զբարան : զ / բարս / ն

զբերան : զ / բերան

զեղջերուէ : զ / եղջերուէ- n. sg. abl. 사슴 [եղջերու]

զմեծ : զ / մեծ- adj. indecl. 큰, 강한 [մեծ]

զսատանայ : զ / սատանայ

ժուժկալել : inf. nom. 저항하다, 맞서다 [ժուժկալեմ]

իմաստութենէն : իմաստութեն- n. sg. abl. 지혜 [իմաստութիւն] /
ն

ծակն ։ ծակ- n. sg. acc. 구멍 [ծակ] / ն

կարէր ։ v. ind. impf. act. 3. sg. 할 수 있다(can) [կարեմ]

կոխէ ։ v. ind. pres. act. 3. sg. 짓밟다 [կոխեմ]

հեղու ։ v. ind. pres. act. 3. sg. 쏟다, 붓다 [հեղում]

մտաւ ։ v. ind. aor. mp. 3. sg. 들어가다 [մտանեմ]

յաղբերս ։ յ / աղբերս- n. pl. acc. 샘, 시내; 근원 [աղբեր]

յանճառ ։ յ / անճառ- adj. indecl. 형언할 수 없는 [անճառ]

ուր ։ adv. ~한 곳(where)

ջուրց ։ n. pl. gen. 물 [ջուր]

ջրոյն ։ ջրոյ- n. sg. dat. 물 [ջուր] / ն

ջրով ։ n. sg. instr. 물 [ջուր]

ջրովն ։ ջրով / ն

uտակէ ։ v. ind. pres. act. 3. sg. 죽이다 [uտակեմ]

uտակի ։ v. ind. pres. pass. 3. sg. 죽이다 [uտակեմ]

վաղվաղակի ։ adv. 곧, 즉시

փափագէ ։ v. ind. pres. act. 3. sg. 갈망하다 [փափագեմ]

---

35. 물총새(할키온)에 관하여

անստուեր ։ adj. sg. acc. 그늘 없는, 그림자가 드리우지 않는
  [անստուեր]

աշխատութեամբ ։ n. sg. instr. 일, 수고; 곤경 [աշխատութիւն]

աշօք ։ n. pl. instr. 눈(eye) [աչք]

բնակարանէս ։ բնակարանէ- n. sg. abl. 거처 [բնակարան] / ս

բունէ : v. ind. pres. act. 3. sg. ~을 둥지로 삼다 [*բունեմ*]

բռնադատ : adj. indecl. 강압적인, 폭력적인; 거친, 험한 [*բռնադատ*]

դիր : n. sg. acc. 장소 [*դիր*]

ելանեմք : v. ind. pres. act. 1. pl. 나가다, 오르다 [*ելանեմ*]

ելեալ : ptc. aor. act. sg. nom. [*ելանեմ*]

երկրայինս : adj. pl. acc. 땅의, 땅에 속한 [*երկրային*]

Երուսաղէմ : prop. n. sg. acc. 예루살렘 [*Երուսաղէմ*]

զագիր : adj. indecl. 추한 [*զագիր*]

զծագն : զ / *ծագ* / ն

զծուն : զ / *ծու* / ն

զօրաց : n. pl. abl. 군세 [*զօր*]

թշնամեաց : n. pl. abl. 천적 [*թշնամի*]

թշնամեացն : n. pl. gen. 천적 [*թշնամի*] / ն

ժահահոտ : adj. indecl. 악취나는 [*ժահահոտ*]

ժամանակս : n. pl. acc. 철, 때, 시간 [*ժամանակ*]

ծրահաւ : n. sg. nom. 물총새(할키온) [*ծրահաւ*]

ծրահաւն : *ծրահաւ* / ն

ծրահաւուն : *ծրահաւու*- n. sg. gen. 물총새(할키온) [*ծրահաւ*] / ն

խորս : adj. pl. acc. 깊은; subst. 깊음 [*խոր*]

ծնունդ : n. sg. acc. 탄생, 기원, 생산; 세대, 혈통, 자손 [*ծնունդ*]

ծնունդս : n. pl. acc. 탄생, 기원, 생산; 세대, 혈통, 자손 [*ծնունդ*]

ծովէս : *ծովէ*- n. sg. abl. 바다 [*ծով*] / ս

ծովու : n. sg. loc. 바다 [*ծով*]

ծովուն : *ծովու* / ն

կամօք : n. pl. instr. 의지, 뜻 | adv. 의도적으로, 계획적으로 [*կամք*]

կերակրէ : v. ind. pres. act. 3. sg. 먹이다 [կերակրեմ]

կերակրովն : կերակրով- n. sg. instr. 음식 [կերակուր] / ն

հազիւ : adv. 거의 ~ 않다.

հայեցեալ : ptc. pres. mp. sg. nom. 바라보다 [հայիմ]

հայի : v. ind. pres. mp. 3. sg. 바라보다 [հայիմ]

հաւ : n. sg. nom. (작은)새 [հաւ]

հաւն : հաւ / ն

ձագուն : ձագու- n. sg. gen. 새끼 [ձագ] / ն

ձագուց : n. pl. gen. 새끼 [ձագ]

ձու : n. sg. acc. 알 [ձու]

մայրն : մայր / ն

մեծագոյն : adj. comp. sg. acc. 더 큰 [մեծագոյն]

մեղաց : n. pl. gen. 죄 [մեղ]

յանդնդոց : յ / անդնդոց- n. pl. abl. 심연 [անդունդք]

յատակ : n. sg. acc. 면, 바닥 [յատակ]

նախախնամէ : v. ind. pres. act. 3. sg. 공급하다, 돌보다; 섭리하다
     [նախախնամեմ]

ովկիանոսի : n. sg. gen. 오케아노스, 대양 [ովկիանոս]

որսողաց : n. pl. abl. 사냥꾼 [որսող]

սնուցանէ : v. ind. pres. act. 3. sg. 기르다, 양육하다 [սնուցանեմ]

սնուցեալ : ptc. pres. act. sg. nom. 기르다, 양육하다 [սնուցանեմ]

վերուստ ի վայր : 위에서부터 아래까지

ցամաք : adj. indecl. 마른, 건조한 [ցամաք]

քաղցր : adj. indecl. 부드러운, 사랑스러운 [քաղցր]

օգնական : n. sg. acc. 도움 [օգնական]

ամենեցուն : coll. pron. pl. dat. 모든 [*ամենեքեան*]

այնմիկ : dem. pron. sg. loc. 그(that) [*այն*]

անալի : adj. sg. nom. 사리분별을 못하는 [*անալի*]

անախտ : adj. sg. nom. 건장한; 순수한 [*անախտ*]

անխափան : adj. sg. nom. 자유로운, 방해가 없는 | adv. 자유롭게
[*անխափան*]

անհաս : adj. sg. nom. 이해할 수 없는; 도달할 수 없는 [*անհաս*]

անուշահոտութիւն : n. sg. acc. 감미로운 향기 [*անուշահոտութիւն*]

անքուն : adj. sg. nom. 잠들지 않는 [*անքուն*]

աշխարհիս : *աշխարհի* / ս

աստուածային : adj. sg. acc. 신적인, 거룩한 [*աստուածային*]

աստուածապաշտութեամբ : n. sg. instr. 경건함
[*աստուածապաշտութիւն*]

արժանի : adj. indecl. 가치 있는, 합당한, 값진 [*արժանի*]

բանաւորացս : *բանաւորաց*- adj. pl. gen. 이성적인 [*բանաւոր*] / ս

բաւական : adj. sg. nom. 충분한 | adv. 충분히 [*բաւական*]

բջիջ : n. sg. acc. 칸(cell) [*բջիջ*]

գիշերի : n. sg. loc. 밤 [*գիշեր*]

գործեցից : v. subj. aor. act. 3. pl. 일하다, 만들다 [*գործեմ*]

գործն : *գործ* / ն

զբոլոր : զ / *բոլոր*- adj. indecl. 온, 전체의 [*բոլոր*]

զգործն : զ / *գործ*- n. sg. acc. 행위, 일 [*գործ*] / ն

զմիմեանս : զ / միմեանս- reci. pron. pl. acc. 각각, 각자 [միմեան]

զշտեմարանս : զ / շտեմարանս- n. pl. acc. 저장고, 창고
[շտեմարան]

զօրհնութիւնս : զ / օրհնութիւնս- n. pl. acc. 노래; 축복 [օրհնութիւն]

ժառանգեսցուք : v. subj. aor. act. 1. pl. 상속하다, 물려받다
[ժառագեմ]

ժողովել : inf. nom. 모으다 [ժողովեմ]

ժողովեսցուք : v. subj. aor. act. 1. pl. 모으다 [ժողովեմ]

ինքեանս : ինքեանս- intens. pron. pl. loc. 자기 자신 [ինքն]

ինքն : intens. pron. acc. sg. 자기 자신 [ինքն]

իւրոցն : իւրոց- refl. pron. pl. dat. 자기의 [իւր] / ն

խաղաղի : adj. sg. gen. & loc. 평온한, 고요한 [խաղաղ]

խորհի : n. sg. gen. & loc. 생각, 사고 [խորհ]

ծաղկանց : n. pl. abl. 꽃 [ծաղիկ]

կատարէ : v. ind. pres. act. 3. sg. 이루다, 완성하다 [կատարեմ]

կարծէ : v. ind. pres. act. 3. sg. 생각하다 [կարծեմ]

համարիր : v. imp. aor. mp. 2. sg. 합하다, 추산하다; 추정하다,
생각하다 [համարիմ]

համբարել : inf. nom. 저장하다 [համբարեմ]

հանդերձ : prep. c. instr. ~과 함께

հրահանգոյն : n. sg. abl. 기질; 배열 [հրահանգ] / ն

մեղուին : մեղուի- n. sg. gen. 꿀벌 [մեղու] / ն

յօրինէ : v. ind. pres. act. 3. sg. 꾸미다, 형성하다 [յօրինեմ]

նախանձել : inf. nom. 열망하다 [նախանձիմ]

ոչ միայն ... , այլ ... : ··· 만이 아니라, ··· 역시도(not only ..., but also...)

պարգեւողէն : *պարգեւողէ-* ptc. pres. act. sg. abl. subst. 선사하다, 베풀다 [*պարգեւեմ*] / *ն*

սիրտս : n. pl. acc. 마음 [*սիրտ*]

սպասաւրաց : n. pl. dat. 종, 하인 [*սպասաւոր*]

վաստակոց : n. pl. gen., abl. 일; 공로 [*վաստակ*]

վտիտ : adj. sg. nom. 여윈 [*վտիտ*]

տիեզերս : n. pl. acc. 세계, 우주 [*տիեզերք*]

տուէ : n. sg. loc. 낮 [*տիւ*]

փանաքի : adj. sg. nom. 작은 [*փանաքի*]

քաղցրութեամբ : n. sg. instr. 달콤함 [*քաղցրութիւն*]

---

37. 호랑이에 관하여

ամանովն : *ամանով-* n. sg. instr. 그릇, 항아리 [*աման*] / *ն*

առիւծու : n. sg. dat. 사자 [*առիւծ*]

արագրնթաց : adj. sg. acc. 날렵한 [*արագրնթաց*]

արուեստիւ : n. sg. instr. 기교, 묘기 [*արուեստ*]

գորովոյն : *գորովոյ-* n. sg. dat., abl. 자애 [*գորով*] / *ն*

երկայն : adj. sg. nom. 돌기가 난, 긴 [*երկայն*]

զանունն : *զ* / *անուն* / *ն*

զառիւծ : *զ* / *առիւծ*

զկորեանց : *զ* / *կորեանց-* n. pl. abl. 새끼 [*կորիւն*]

զկորիւն : *զ* / *կորիւն*

զհողմ : *զ* / *հողմ-* n. sg. acc. 바람 [*հողմ*]

գմի : գ / մի

գշիշն : գ / շիշ / ն

գվագրն : գ / վագր / ն

իշխէ : v. ind. pres. act. 3. sg. 지배하다, 다스리다; 추정하다; 감히
　　～하다 [իշխեմ]

կողմն : n. sg. acc. 지방, 지역 [կողմն]

կոչեն : v. ind. pres. act. 3. pl. 부르다, 일컫다 [կոչեմ]

հասանէ : v. ind. pres. act. 3. sg. 달성하다, 도달하다; 얻다 [հասանեմ]

հեռացեալ : ptc. aor. mp. sg. nom. 멀리 가버리다, 떠나다, 벗어나다
　　[հեռանամ]

Հնդկաց : prop. n. pl. gen. 인도 [Հնդիկ]

հոլովելով : inf. instr. 바꾸다; 구르다; 움직이다 [հոլովեմ]

ձեւացուցանեն : v. ind. pres. act. 3. pl. 꾸미다, 형성하다, 모습을
　　갖추게 하다 [ձեւացուցանեմ]

մանրել : inf. nom. 썰다; 다지다; 빻다 [մանրեմ]

յապակեղէն : յ / ապակեղէ- n. sg. abl. 유리 | adj. 유리재질의
　　[ապակեղ] / ն

նրբաքիթ : adj. sg. nom. 코가 얇은 [նրբաքիթ]

շիշ : n. sg. acc. 잔 [շիշ]

վագերն : վագեր- n. sg. gen. 호랑이 [վագր] / ն

վագր : n. sg. nom. 호랑이 [վագր]

վայր : n. sg. acc. 곳, 장소; 바닥 [վայր]

վնասի : n. sg. gen. 상처, 상해 [վնաս]

տանելն : տանել- inf. nom. 옮기다; 인도하다, 이끌다 [տանիմ] / ն

փութով : n. sg. instr. 근면; 주의(caution) | adv. 즉시, 급히 [փութ]

38. 곰에 관하여

ադիան ։ *ադիս-* n. pl. acc. 내장 [*ադի*] / *ն*

ադտ ։ n. sg. nom. 얼룩 [*ադտ*]

ադտեղութիւն ։ n. sg. nom. 더러움, 오물 [*ադտեղութիւն*]

ամաւթոյ ։ n. sg. gen. 수치, 불명예 [*ամաւթ, ամօթ*]

ամենևին ։ adv. 전혀, 일절 ~않고

ամիս ։ n. sg. acc. 달, 월(月) [*ամիս*]

ամիսն ։ *ամիս* / *ն*

այժմ ։ part. 지금, 이제

այլ ։ adj. sg. nom. 다른; conj. 그러나 [*այլ*]

այնպէս ։ adv. 그렇게, 그래서

անդ ։ adv. 거기에, 거기에서

անկանի ։ v. ind. pres. mp. 3. sg. 빠져들다 [*անկանիմ*]

անտի ։ adv. 거기서

ապա ։ conj. 그러므로; 이어서

առ ։ prep. c. gen. ~때문에; c. acc. ~대하여, ~반(反)하여; c. abl. ~위하여; c. instr. ~에서, ~때에

առաւել ։ adv. 무척, 극도로

առնէ ։ v. ind. pres. act. 3. sg. 만들다, 행하다 [*առնեմ*]

առնու ։ v. ind. pres. act. 3. sg. 잡다, 가지다 [*առնում*]

ասէ ։ v. ind. pres. act. 3. sg. 말하다, 이야기하다 [*ասեմ*]

աստուծոյ ։ n. sg. dat. 신, 하나님 [*աստուած*]

արջոյ ։ n. sg. gen. 곰 [*արջ*]

բազում ։ adj. indecl. 많은 [բազում]

բան ։ n. sg. nom. 말씀; 것(thing), 사건 [բան]

բանայ ։ v. ind. pres. mp. 3. sg. 열다 [բանամ]

բարոյախաւսն ։ prop. n. sg. nom. 자연학자 [բարոյախօս, բարոյախաւս] / ն

բարուցն ։ pl. dat. & abl. 관습, 습성, 자연본성; 행실 [բարք] / ն

բնութեամբն ։ n. sg. instr. 본성 [բնութիւն]

բոյն ։ n. sg. nom. 둥지, 서식지 [բոյն]

գազան ։ n. sg. nom. 동물 [գազան]

գազանային ։ adj. indecl. 야생적인, 동물 같은 [գազանային]

գարուն ։ n. sg. nom. 봄 [գարուն]

գիշակեր ։ adj. sg. nom. 고기를 먹는, 육식성의 [գիշակեր]

գիտէ ։ v. ind. pres. act. 3. sg. 알다 [գիտեմ]

գնայ ։ v. ind. pres. mp. 3. sg. 가다 [գնամ]

գոհանայ ։ v. ind. pres. mp. 3. sg. 감사하다 [գոհանամ]

գործիցէ ։ v. subj. aor. act. 3. sg. 일으키다, 만들다 [գործեմ]

են ։ v. ind. pres. act. 3. pl. 있다, ~이다(be) [եմ]

երեք ։ num. pl. nom. 셋, 삼 [երեք]

երթան ։ v. ind. pres. mp. 3. pl. 가다 [երթամ]

երիս ։ num. pl. acc. 셋, 삼 [երեք]

եւս = եւս ։ adv. 게다가, 더

զամենայն ։ զ / ամենայն

զամենայն ։ զ / ամենայն

զայն ։ զ / այն

զաստուծոյ ։ զ / աստուծոյ- n. sg. abl. 신, 하나님 [աստուած]

զարթնու ։ v. ind. pres. mp. 3. sg. 깨어나다 [զարթնում]

զբերանն ։ զ / բերան / ն

զգալ ։ inf. nom. 느끼다, 인지하다 [զգամ]

զգայուն ։ adj. sg. nom. 영리한, 기민한 [զգայուն]

զի մի́ ։ c. subj. ~하지 않도록

զինչ ։ զ / ինչ

զիր ։ զ / իր

զոր ։ զ / որ- rel. pron. sg. acc. 그(것) [որ]

զորովայնն ։ զ / որովայն- n. sg. acc. 자궁, 내장 [որովայն] / ն

զշուրն ։ զ / շուր / ն

թագուցանեն ։ v. ind. pres. act. 3. pl. 감추다, 숨기다 [թագուցանեմ]

իբրև զի = իբրեւ զի ։ c. conj. ~가량, ~동안

իմանայ ։ v. ind. pres. mp. 3. sg. 알다, 깨닫다 [իմանամ]

ինչ ։ indef. pron. sg. nom. 어떠한(certain) [ինչ]

իսկ ։ part. 또한, 게다가, 그런데

իցէ ։ v. subj. pres. act. 3. sg. 있다, ~이다(be) [եմ]

լինի ։ v. ind. pres. mp. 3. sg. 되다(become) [լինիմ]

լուանայ ։ v. ind. pres. mp. 3. sg. 씻다 [լուանամ]

խոստովանել ։ inf. acc. 고백하다, 고해하다 [խոստովանեմ]

խոստովանութիւն ։ n. sg. acc. 고백, 고해 [խոստովանութիւն]

խոց ։ n. sg. acc. 상처 [խոց]

կայ ։ v. ind. pres. mp. 3. sg. 서다; 있다, 존재하다 [կամ]

կերակրի ։ v. ind. pres. pass. 3. sg. 먹이다 [կերակրեմ]

կորուստ ։ n. sg. acc. 손해, 상실 [կորուստ]

հարաւոյն ։ հարաւոյ- n. sg. abl. 남쪽 [հարաւ] / ն

հնազանդ ։ adj. indecl. 순종적인 [հնազանդ]

հնազանդի ։ v. ind. pres. act. 3. sg. 순종하다 [հնազանդիմ]

հողմ ։ n. sg. nom. 바람 [հողմ]

հրապարակին ։ հրապարակի- n. sg. gen. 법정, 심판 [հրապարակ] / ն

ձմեռնային ։ adj. indecl. 겨울의 [ձմեռնային]

մատիցէ ։ v. subj. aor. act. 3. sg. 다가가다, 가까이 가다 [մատչին]

մարդասէր ։ adj. sg. nom. 사람을 좋아하는, 온화한 [մարդասէր]

մարդիկ ։ n. sg. nom. 인류, 사람 [մարդիկ]

մարդն ։ մարդ- n. sg. nom. 사람 [մարդ] / ն

մեծի ։ adj. sg. gen. 큰, 위대한 [մեծ]

մեղացն ։ մեղաց- n. pl. gen. 죄 [մեղ] / ն

մեղաւորաց ։ n. pl. dat. 죄인 [մեղաւոր]

մեռեալ ։ ptc. aor. mp. sg. acc. 죽다 [մեռանիմ]

մինչև = մինչև ։ conj. ~까지(until)

մնայ ։ v. ind. pres. mp. 3. sg. 남다, 머무르다 [մնամ]

մնացեալ ։ ptc. aor. act. sg. nom. 남다, 머무르다 [մնամ]

մտանէ ։ v. ind. pres. act. 3. sg. 들어가다 [մտանեմ]

յաղագս ։ prep. c. gen. ~에 관하여; ~을 위하여

յաղտոյ ։ յ / աղտոյ- n. sg. abl. 오물, 배설물 [աղտ]

յայտնի ։ adj. sg. nom. 명백한, 분명한, 드러난 [յայտնի]

յանդիմանիչ ։ adj. sg. nom. subst. 꾸짖는, 책망하는 [յանդիմանիչ]

յառնէ ։ v. ind. pres. act. 3. sg. 일어나다 [յառնեմ]

յաւիտենից ։ յ / աւիտենից- n. pl. gen. 세대; 영원 | adv. 영원히
    [յաւիտեան]

յաւուր ։ *յ / աւուր-* n. sg. loc. 날, 낮 [*աւր, օր*]

յեղանակին ։ n. sg. dat. 계절, 시기 [*յեղանակ*]

յորժամ ։ 시간절을 이끄는 conj. ~할 때(when)

շարժի ։ v. ind. pres. mp. 3. sg. 움직이다 [*շարժիմ*]

շնչել ։ inf. acc. (바람이)불다; 숨 쉬다 [*շնչեմ*]

շնչէ ։ v. ind. pres. act. 3. sg. (바람이)불다; 숨 쉬다 [*շնչեմ*]

շոյտ ։ adv. 곧장, 곧바로

ողոյն ։ *ողոյ-* n. sg. dat. 영 [*հոգի*] / *ն*

ողողէ ։ v. ind. pres. act. 3. sg. 씻다, 적시다 [*ողողեմ*]

ոչինչ ։ adj. sg. nom. subst. 아무 것도 ~가 아닌, 전혀 ~이지 않은
　　[*ոչինչ*]

որչափ ։ adv. 얼마나, 어느 정도

որպէս ։ part. & conj. ~처럼(like)

ուսուցանեն ։ v. ind. pres. act. 3. pl. 알려주다, 가르쳐주다
　　[*ուսուցանեմ*]

ուրախութեամբ ։ n. sg. instr. 기쁨 [*ուրախութիւն*]

ուրանայ ։ v. ind. pres. mp. 3. sg. 부정하다, 부인하다 [*ուրանամ*]

որ ։ indef. pron. sg. nom. 어느 [*որ*]

պահի ։ v. ind. pres. pass. 3. sg. 지키다, 보존하다 [*պահեմ*]

պարտ է ։ c. inf. ~하는 것이 마땅하다, ~ 해야만 한다

ջուրց ։ n. pl. gen. 물 [*ջուր*]

սահմանն ։ n. sg. acc. 경계, 한계, 법도 [*սահման*] / *ն*

սատակի ։ v. ind. pres. pass. 3. sg. 죽이다 [*սատակեմ*]

սուրբ ։ adj. sg. nom. 깨끗한; 거룩한 [*սուրբ*]

սրբել ։ inf. nom. 깨끗하게 하다, 정화하다 [*սրբեմ*]

վասն : prep. c. gen. ~때문에; ~에 관하여

վարդապետն : վարդապետ- n. sg. acc. 스승; 장상(長上), 수도원장
    [վարդապետ] / ն

վտակս : n. pl. acc. 시내, 흐르는 물 [վտակ]

տեսակ : n. sg. acc. 부류, 형태 [տեսակ]

ցրտագին : adj. sg. nom. 차가운 [ցրտագին]

փորն : փոր- n. sg. acc. 배, 복부 [փոր] / ն

քահանայն : քահանայ- n. sg. acc. 사제 [քահանայ] / ն

քուն : n. sg. acc. 잠 [քուն]

---

39. 까마귀에 관하여 2

ագռաւ : n. sg. nom. 까마귀 [ագռաւ, ագրաւ]

ագռաւուց : n. pl. gen. 까마귀 [ագռաւ, ագրաւ]

ագրաւու : n. sg. gen. 까마귀 [ագռաւ, ագրաւ]

այն : dem. pron. sg. nom. 그(that) [այն]

անասնոց : n. pl. dat. 동물, 짐승 [անասուն]

ասէ : v. ind. pres. act. 3. sg. 말하다, 이야기하다 [ասեմ]
    (※ 성경 인용구의 도입으로 자주 사용됨)

աստուած : n. sg. acc. 신, 하나님 [աստուած]

բերանոցն : բերանոց- n. pl. abl. 입 [բերան] / ն

բոլորով : adj. sg. instr. 온, 전체의 [բոլոր]

գիշուցենէ : n. sg. abl. 습기, 축축함 [գիշուցիւն]

գիշուցիւն : n. sg. nom. 습기, 축축함 [գիշուցիւն]

գնան : v. ind. pres. act. 3. pl. 가다 [*գնամ*]

գոչեն : v. ind. pres. act. 3. pl. 울부짖다, 포효하다 [*գոչեմ*]

զագրաւս : զ / *ագրաւս*- n. pl. acc. 까마귀 [*ագռաւ, ագրաւ*]

զի : conj. ~하기 위하여(in order that, so that); ~때문에(because)

զկերակուր : զ / *կերակուր*

զծագն : զ / *ծագ* / ն

զնոսայ : զ / *նոսայ*- dem. pron. pl. acc. 그(he, she, it) [*նա*] *զնոսայ* 〉 *զնոսա*

ժողովին : v. ind. pres. pass. 3. pl. 모으다, 집합시키다 [*ժողովիմ*]

ի ձխջ : 146(편)에서 | 아르메니아어 숫자로 *ձ*는 100을 뜻하며, *խ*는 40을 뜻하며, *ջ*는 6을 뜻한다.

իսկ : part. 또한, 게다가, 그런데

լինի : v. ind. pres. mp. 3. sg. 되다(become) [*լինիմ*]

լինին : v. ind. pres. mp. 3. pl. 되다(become) [*լինիմ*]

խնամոցն : *խնամոց*- n. pl. abl. 돌봄, 배려, 관심 [*խնամ*] / ն

ծնանի : v. ind. pres. pass. 3. sg. 낳다, 출산하다 [*ծնանիմ*]

ծնաւղացն : *ծնաւղաց*- ptc. mid. pl. gen. subst. [mid.] 낳다 | [pass.] 태어나다 [*ծնանիմ*] / ն

※부정사 *մոռանալ*의 의미상 주어

կարդան : v. ind. pres. act. 3. pl. 부르짖다, 울다 [*կարդամ*]

կերակուր : n. sg. acc. 먹이, 먹을 것 [*կերակուր*]

կերակրին : v. ind. pres. pass. 3. pl. 먹이다 [*կերակրեմ*]

հայր : n. sg. nom. 아버지 [*հայր*]

հանէ : v. ind. pres. act. 3. sg. 옮기다, 가져가다; 제거하다; 산출하다 [*հանեմ*] հառաչեն : v. ind. pres. act. 3. pl. 탄식하다 [հառաչեմ]

հնձեն : v. ind. pres. act. 3. pl. 추수하다 [հնձեմ]

հոգւոյն : հոգւոյ- n. sg. gen. 영 [հոգի] / ն

ձագ : n. sg. nom. 새끼 [ձագ]

ձագուց : n. pl. dat. 새끼 [ձագ]

ձուլոյն : ձուլոյ- n. sg. abl. 알 [ձու] / ն

ճանճոցն : ճանճոց- n. pl. abl. 파리 [ճանճ] / ն

ճանճք : n. pl. nom. 파리 [ճանճ]

մայրն : մայր- n. sg. nom. 어머니 [մայր] / ն

մարդիկ : n. sg. acc. 인류, 사람 [մարդիկ]

մեղաւորք : n. pl. nom. 죄인 [մեղաւոր]

մժղուկք : n. pl. nom. 모기 [մժղուկ]

մոռանալ : inf. acc. 잊다, 망각하다 [մոռանամ]

մոռանան : v. ind. pres. act. 3. pl. 잊다, 망각하다 [մոռանամ]

յաստուծոյ : յ / աստուծոյ- n. sg. gen. 신, 하나님 [աստուած]

Յոբ : prop. n. sg. nom. 욥 [Յոբ, Յովբ]

յորժամ : 시간절을 이끄는 conj. ~할 때(when)

նեխոյ : n. sg. gen. 부패, 썩은 것 [նեխ]

նորա : dem. pron. sg. gen. 그(he, she, it) [նա]

նոցա : dem. pron. pl. dat. 그(he, she, it) [նա]

որդն : n. sg. nom. 벌레, 해충 [որդն]

պատրաստեաց : v. ind. aor. act. 3. sg. 마련하다, 준비하다
    [պատրաստեմ]

սաղմոսին : սաղմոսի- n. sg. gen. 시편 [սաղմոս] / ն

սերմանեն : v. ind. pres. act. 3. pl. 파종하다, 씨 뿌리다 [սերմանեմ]

սրտիւ ։ n. sg. instr. 마음 [*սիրտ*]

տայ ։ v. ind. pres. act. 3. sg. 주다 [*տամ*]

տեսէք ։ v. imp. aor. act. 2. pl. 보다 [*տեսանեմ*]

տէր ։ n. sg. acc. 주(主) [*տէր*]